德意志历史

从古至今的德国发展史

deutsche

[德] 恩斯特·克里斯蒂安·舒特 著

崔旭东 译

重庆出版集团 重庆出版社

© Elsengold Verlag, Berlin, Germany, 2017

The simplified Chinese translation rights arranged through Rightol Media

（本书中文简体版权经由锐拓传媒取得 Email: copyright@rightol.com）

版贸核渝字（2020）第 132 号

图书在版编目（CIP）数据

　　德意志历史：从古至今的德国发展史 /（德）恩斯特·克里斯蒂安·舒特著；崔旭东译 . — 重庆：重庆出版社，2022.3
　　ISBN 978-7-229-15934-4

　　Ⅰ . ①德… Ⅱ . ①恩… ②崔… Ⅲ . ①德国—历史 Ⅳ . ① K516

　　中国版本图书馆 CIP 数据核字（2021）第 132905 号

德意志历史：从古至今的德国发展史
DEYIZHI LISHI:CONGGUZHIJIN DE DEGUO FAZHAN SHI
[德] 恩斯特·克里斯蒂安·舒特　著　崔旭东　译

选题策划：刘　嘉　李　子
责任编辑：刘　嘉　何　晶
责任校对：李小君
封面设计：荆棘设计
版式设计：侯　建

重庆出版集团
重 庆 出 版 社　出版

重庆市南岸区南滨路 162 号 1 幢　邮政编码：400061　http://www.cqph.com
重庆市国丰印务有限责任公司印刷
重庆出版集团图书发行有限公司发行
E-MAIL: fxchu@cqph.com　邮购电话：023-61520678
全国新华书店经销

开本：889mm×1194mm　1/16　印张：19　字数：530 千
2022 年 3 月第 1 版　2022 年 3 月第 1 次印刷
ISBN 978-7-229-15934-4

定价：198.00 元

如有印装质量问题，请向本集团图书发行有限公司调换：023-61520678

目录

从起源到法兰克王国

日耳曼人

民族迁徙

法兰克王国

查理·马特于 732 年 10 月 25 日，在图尔战役（普瓦提埃战役）中战胜阿拉伯人

日耳曼人

德意志的早期历史，可以追溯到史前古代日耳曼民族，由斯堪的纳维亚南部和如今与之接壤的德国西北部的多个部落族群逐渐发展而来。

人口过剩和气候变化，使得这一文化圈，向南扩展到阿尔卑斯山脉以北德国的中海拔山脉地区，向东扩展到维斯瓦河下游地区，向西扩展到今天的荷兰北部。此外，在这一时期又一次部落族群的迁徙活动中，日耳曼人第一次在公元前2世纪与罗马相遇，这是后来德国历史的开始。

至于"日耳曼人"一词的来历和确切含义，至今没有统一解释。可能是以某一日耳曼部落的名称来概括的，由凯尔特人首先使用，为了区分他们自己和这些莱茵河右岸的民族，这个名称之后被罗马人采用。

将军和历史学家们，例如盖乌斯·尤利乌斯·凯撒、普布利乌斯·科尔奈利乌斯·塔西陀和盖乌斯·普林尼·塞孔杜斯（史学上常被称为老普林尼或大普林尼——译者注），已将有关日耳曼族群风俗习惯的信息留给了后世。

塔西陀和老普林尼记载了古罗马帝国时期在北欧和中欧居住的3个日耳曼部落族群：居住在北海沿岸的因格沃内人；居住在易北河沿岸、从现在的捷克共和国一直到易北河北海入海口的赫米诺人；居住在莱茵河和威悉河之间其他地区的伊斯特沃内人。

日耳曼部落

居住在北海沿岸的日耳曼部落，有盎格鲁人、乔西人、弗里斯兰人和辛布里人。在5—6世纪，盎格鲁人和朱特人以及部分今天德国石勒苏益格－荷尔斯泰因州的撒克逊人，一起移居到不列颠北部，组成了那儿的"盎格鲁－撒克逊人"。

那些居住在埃姆斯河和易北河之间人工丘坡（防涝土墩）上的乔西人，可能北上进入了撒克逊人的地域。而以莱茵河口和威悉河之间的地区为故乡的弗里斯兰人，后来则被法兰克人征服。

公元前2世纪末，应该是在一次大洪水后，辛布里人离开了他们日德兰半岛北部的家园。在寻找新的居住地时，他们作为第一批日耳曼部落之一，遭遇了罗马人。经过几次成功的战争，他们在塞纳河下游地区，统一了赫尔维蒂人和条顿人部落。在这之后，他们又继续南进，渗透到了高卢南方地区和意大利。

公元前102—前101年间，罗马将军盖乌斯·马略，在普罗旺斯战胜条顿人和在韦尔切利战胜辛布里人的战役，阻止了这次日耳曼人对罗马人所构成的威胁。

易北河沿岸的日耳曼部落，包括了黑蒙杜伦人、伦巴底人、马科曼尼人、夸迪人、苏维汇人和塞姆诺嫩人；而莱茵河－威悉河流域的日耳曼部落，则由在莱茵河中下游、美因河下游和威悉河之间生活的巴达维人、布鲁克特勒人、夏登人、切鲁西人以及乌比尔人等组成。夏登人可能是如今的黑森州居民的祖先，黑蒙杜伦人约在公元前3世纪，在图林根地区形成部落，而切鲁西人则同一些其他部落一起，融入了撒克逊大联盟。

有历史记载的早在213年就被首次提及的阿勒曼尼部落同盟，追本溯源，是由美因河下游以北的部分苏维汇人部落组成。同样从词源上看，施瓦本作为族裔名称，也是从苏维汇部落衍生而来的。

各个部落之间，绝不应理解为属于一个整体的日耳曼人，他们只忠实于各自的文化及定居同盟。因此，在日耳曼部落内部及其部落之间，冲突争斗经常发生。

日耳曼人生活在氏族、定居同盟及在乡村和农庄里族权制下组成的大家庭中。草皮、木材和黏土荆棘是他们房屋墙壁的建材，人和动物生活在一个屋顶下。除了蔬菜，他们主要还种植大麦、燕麦、小米、亚麻、黑麦

日耳曼人生活的小居住区中由木材和黏土建成的房屋。彩色石版画，1890 年

和小麦。

　　乡村农庄的财产，依据集体所有原则，农业耕地（公地）公共使用，围栏财产属于特殊财产。能给族区集体带来危险的犯罪行为，则由族区根据部落法追究；其他罪行的惩罚，交由受害者或其所属氏族执行。谋杀或过失杀人的抵罪，通常通过犯罪者本人或一个他的氏族宗亲之死来抵消；在某些情况下，也可通过交付给受害者氏族赎罪款（死亡赔偿金）的形式而免死。

　　日耳曼人有 3 个阶层：自由人，指的是有法权、能打仗的部落成员；半自由人，即被征服部落的成员和被释放者；奴隶，由战俘、非自由人的孩子和无力偿还债务者构成。

　　贵族来自自由人。在神权基础上产生的宗教式神圣王权，是在部落迁徙中被（世袭）皇家王权取代的。神

圣王权的核心是基于假设，认为国王与神明有着特殊的亲近关系，并拥有特殊的、近乎神奇的力量。而皇家王权，则是通过战争中统帅的威权建立的。这种王权形式，建立在个人追随者的基础上，是后来的附庸制度和封建制度的初级形式。

　　塔西陀的《论日耳曼人的起源和领地》，又常被称为《日耳曼尼亚志》，公布于 98 年。这是一份关于日耳曼领地及其民族的最重要的文献。

　　关于日耳曼人的起源，塔西陀写道："我自己也持与那些人相同的看法，他们认为，日耳曼族群居民，把与任何其他部落族群的混合视为完全自由，而更多于只是一个自己的、纯粹的和单一的族群状态。"塔西陀用真正具有力量的家伙来描述那些战士："无畏、野性和蓝色的眼睛，略微发红的头发，高大的身体。"然而令

阿米尼乌斯高举瓦卢斯战役的胜利之剑。依据安东·霍夫曼画作的木刻版画，1909 年

人担忧的是他们的懒散偏好，"他们在没有战事时，不会花费太多时间在狩猎上，而是更多地无所事事，贪睡贪食"。他们过度热衷于玩骰子和善饮，"日夜酗酒竟然没让他们中的任何一个人感到耻辱"。

　　塔西陀自己本身从未到过日耳曼地区，而是钻研于文学记载和口述资料。他对来自北方"野蛮人"的自由思想、知足节俭、严格的婚姻忠诚和家庭概念的赞美，反衬着罗马帝国的颓废奢侈。在他死后不久，这些描述就被人遗忘了。

　　直到中世纪，《日耳曼尼亚志》才被人重新发现，并于 1470 年重新出版。19 世纪末，塔西陀的著作在德意志帝国被用来作为很受欢迎的"日耳曼人文化"素材，日耳曼人被美化为"第一德意志人"和杰出的文化传承者。

罗马人和日耳曼人

　　与罗马人的交往，给日耳曼人带来了文化上的进步，丰富了他们的日常生活，但他们却并不总是相安无事的。

　　约在公元前 71 年左右，苏维汇国王阿里奥维斯特跨过莱茵河上游，并在那儿定居。罗马大帝凯撒同他相遇，且于公元前 58 年在今天的贝尔福附近将他打败。

　　乌比尔人与罗马人相处得较好。最初他们居住在美因河和锡根河之间，罗马人于公元前 38 年使他们移居到莱茵河的左岸。在他们的中心重镇奥皮杜姆·乌比奥卢姆，罗马皇帝克劳狄乌斯于 50 年建立了科隆尼亚·克劳迪亚·阿拉·阿格里皮内西姆，即今天的科隆。

　　罗马人对特里尔的影响，可以追溯到更久远的时代。在日耳曼时代，特雷维里人部落最早的首府和文化中心，是在公元前 15 年，由奥古斯都皇帝在此建立的科隆尼亚·奥古斯塔·特雷维里奥卢姆（特雷维里人的奥古斯都殖民城市）。在提贝里乌斯在位时，特里尔成为当时罗马帝国比利时省的首府，然后是整个高卢行省的首府。260—399 年，摩泽尔河边的这座城市，曾作为皇帝的宫邸城市。

　　罗马人向北扩展的尝试，很快导致了一场该由阿米尼乌斯（"切鲁西人的赫尔曼"）为此负责的军事灾难。

　　罗马视这位切鲁西部落酋长之子为盟友，并因为他的军事功绩，授予他罗马公民权利，甚至让他拥有骑士称号的荣誉。

　　因为反对罗马将军普布利乌斯·昆克蒂利乌斯·瓦卢斯用粗暴的手段，在莱茵河右岸的日耳曼人居住区强行实施罗马的行政、税收和法律制度，阿米尼乌斯串通

阿米尼乌斯

因为消灭了 28 个罗马军团中的 3 个，切鲁西酋长阿米尼乌斯被称为"日耳曼解放者"。

作为切鲁西部落酋长瑟吉米尔的儿子，他于公元前 17 年左右出生。他在年幼时就去了罗马，在那儿长大并接受军事训练。4—6 年，他已取得军队副将官阶，并在提比略皇帝在日耳曼地区的征战中，成为一支切鲁西军队的首领。

当他回到切鲁西部落故乡后，他的亲罗马姿态，显然发生了根本变化。瓦卢斯之战 7 年后，这位切鲁西人在威悉河边，可能在如今的哈默尔恩附近，在对阵罗马人的伊迪达维索战役中，遭到重大挫败。尽管阿米尼乌斯和许多战士得以逃脱，但他的岳父塞格提斯，却仍然将他的妻子图内尔达和他的儿子图梅利库斯交给了罗马人。

部落间的争斗，决定了切鲁西酋长的命运：19 年或 21 年，他被亲戚谋杀。

了其他好几个部落结成同盟。大约是在 9 年秋天，将军瓦卢斯率领着他的军队，正从其夏令营返回莱茵河岸边的冬令营。这支军队约有 15000 名正规士兵，3600 名辅助士兵，以及 1200 名骑兵和一群奴隶、妇女和儿童，中途在经过一片难以行走的森林和沼泽地时，遭到由阿米尼乌斯率领的切鲁西战士、布鲁克特勒战士、马西战士和夏登战士组成的联军伏击。经过 3 天血战，罗马军队大部分遭到屠杀，只有很少的罗马人幸存。而瓦卢斯和几个高级军官，则为了避免被俘而自杀。

如今，人们认为战斗现场是在维恩山边的卡尔克里泽，属于奥斯纳布吕克大区布拉姆舍地区，所以这场战役被称为条顿堡森林战役，也称为瓦卢斯战役。最初定位战争的地方是在代特莫尔德，那儿有座纪念这场战役的赫尔曼纪念碑，至今还在供人凭吊。

瓦卢斯战役以及之后的战斗，对德意志历史有着广泛深远的影响。尽管罗马人想尽快弥补这令人痛苦的失败，继而向北部派遣了新的军团，但是从长远看，

这个地区终究难以征服。此外，占领所得的经济利益，与占领所需的耗费不成比例。

然而，在罗马人和日耳曼人之间，仍然继续存在着文化和经济的联系。

罗马人后撤到莱茵河边和古罗马界墙，其他地区成为后来的德国而保持了不被占领。公元后几个世纪中，那儿形成了多个大型部落联盟，并因此决定了后来的历史，其中最重要的是法兰克人、萨克森人和伦巴底人的

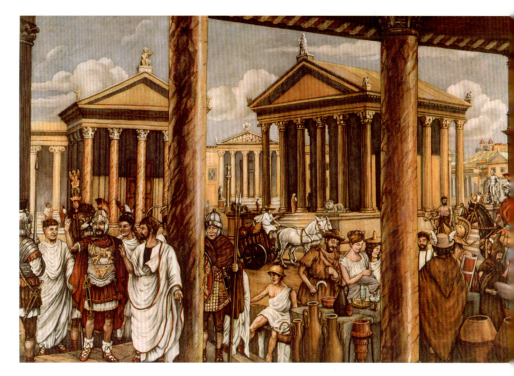

界墙防线后的罗马市场生活，久而久之，防线也没能给罗马帝国带来安全感。依据水彩画的彩色印刷，1958 年

大型部落联盟。

古罗马界墙，是一条罗马人从 83 年开始建造的防线，用以保护莱茵河和多瑙河之间的罗马帝国免受攻击。

其中上日耳曼尼亚防线长达 382 公里，始于莱茵河边的莱茵布罗尔，穿越韦斯特林山脉和陶努斯山脉，沿着韦特河直达美因河。然后从那儿越过奥登林山脉到达内卡河，再继续向南到达洛尔希（洛尔希城处于罗马帝国古罗马界墙东部防线，即上日耳曼尼亚防线和北部防线即拉埃提亚防线的交点，如人体膝盖点，所以整条防线的这个点又被称为"防线膝盖"——译者注）。

从"防线膝盖"开始，是总长 166 公里的拉埃提亚防线，它穿过弗兰克侏罗山脉之后，在凯尔海姆城以西到多瑙河结束。

几十年来，罗马人不断加固防线。他们在上日耳曼尼亚防线上，增高土堤堆砌，并在拉埃提亚防线范围内的部分区段，建造了石墙。士兵们驻扎在界墙防线后的要塞中，要塞之间相隔大约 15 公里，并始终按照相同的模式建造。它们是矩形的，位于两条直角交叉的主道上，指挥官的楼房处于交点上。

90 年左右，罗马人重新划分了行政管理区，并将上日耳曼尼亚军事区和下日耳曼尼亚军事区与比利时省分开。以这种方式，形成了上日耳曼尼亚省和下日耳曼尼亚省，并分别以美因茨和科隆作为首府。

在罗马占领区，发展了密集的道路网和许多大块领地。在重要河流通道边的罗马营地，渐渐发展成繁华的城镇，如奥格斯堡、波恩、雷根斯堡和克桑腾。

尽管也发生了几次冲突，但局势在随后的几十年中基本保持稳定。

上日耳曼尼亚防线，一直存在到 260 年。然后，阿勒曼尼部落同盟越过边界，他们占领了莱茵河和多瑙河之间的狄古马特农垦区，并挺进到阿尔萨斯和今天的瑞士。在拉埃提亚，罗马人直到 400 年左右还能一直保持统治，但出于对罗马帝国心脏地区威胁不断增长的考虑，他们最终还是放弃了莱茵河以东古罗马界墙的最后一个要塞。

民族迁徙

日耳曼人的大规模迁徙活动，结束了罗马人在西欧的统治。395 年，在狄奥多西一世皇帝去世后，罗马帝国的统治分为东西两半。西罗马和东罗马不是两个独立的帝国，而是继续一起组成了罗马帝国。

以拜占庭（君士坦丁堡）为首都的东罗马帝国（拜占庭帝国）长久称霸，但后来在 1453 年被奥斯曼帝国打败，而西罗马帝国则在日耳曼人的冲击下分裂。

通过大范围的民族迁徙活动建立起来的王国有：苏维汇人在加利西亚 - 阿斯图里亚斯高地地区，于 411—585 年建立的苏维汇王国；西哥特人在高卢南部和西班牙地区，于 412—711 年建立的西哥特王国；汪达尔人在北非，于 429—534 年建立的汪达尔王国；东哥特人在意大利，于 493—553 年建立的东哥特王国以及伦巴底人在意大利北部，于 568—774 年建立的伦巴底王国。

虽然这些王国存在的时间有限，但它们对欧洲的发展却有着重要的意义。就日耳曼文化而言，希腊 - 罗马

暴徒对罗马的洗劫。木刻版画，1865 年

的文明传承和发展中的基督教信仰，在这里得到了融合。

阿提拉和亚拉里克

375 年，游牧民族匈奴人在黑海北边将哥特人驱逐，引发了日耳曼人的大规模民族迁徙。

匈奴人在阿提拉国王（德国《尼伯龙根之歌》传奇中的埃策尔）率领下的抢掠，使恐惧和惊慌蔓延。451 年6 月，西罗马帝国将军弗拉维乌斯·埃提乌斯，在法兰克人和西哥特人的协助下，在加泰罗尼亚地区击败了阿提拉。两年后，阿提拉死亡，匈奴帝国瓦解。

410 年 8 月 24 日，西哥特国王亚拉里克一世征服了罗马，并洗劫了这座城市 3 天。然后他率军南下，但却死在他计划中的穿越西西里岛之前。他的继任者阿陶尔夫率领西哥特人来到高卢，并在那里定居，定都托洛萨（图卢兹）。所以至少在 507 年之前，那儿也被称为托洛萨王国或图卢兹王国。到 8 世纪末，王国范围已经覆盖了西班牙和高卢的大部分地区，直至卢瓦尔河。由于法兰克人的扩张政策，西哥特人又被赶回伊比利亚半岛，并成为 711 年阿拉伯人大举进犯的牺牲品。

在意大利，日耳曼军队首领奥多克，于 476 年 8 月罢免了最后一位西罗马帝国皇帝罗慕路斯·奥古斯都。而奥多克的统治，又被东哥特国王狄奥多里克大帝结束——他受东罗马帝国皇帝芝诺派遣，于 488 年进攻意大利，在多次战役中击败奥多克，并于 493 年 3 月在拉文纳战役结束后亲手杀死了他，为自己夺得了权力。

至此，意大利的西西里岛、达尔马提亚、普罗旺斯和拉埃提亚的部分地区（瑞士东北部和符腾堡东部）、伊利里亚（巴尔干地区和希腊）以及诺里库姆行省（今天的奥地利大部分地区），都属于狄奥多里克的统治范围。

狄奥多里克在很大程度上保留了罗马帝国的行政系统，并使拉文纳成为了一个古典晚期文化中心。他容忍天主教，但严格禁止当地人和哥特人的混合。哥特人追随所谓阿利乌教派的信仰，即基督是天父从无到有的造物，基督和天父本质不同。阿利乌教派是非三位一体的基督教教义，拒绝上帝三位一体（圣父、圣子和圣灵）的神学理论。

狄奥多里克以迪特里希·冯·伯尔尼的形象进入日耳曼传奇。一位无从考据的匿名作者给他以最高赞颂："他非常优秀，而且在各方面都充满善念。他统治了 33 年，而在他统治下的意大利和幸运相伴了 30 年，即便是旅者也能享有和平。因为他做任何事都无错误，所以能统治罗马人和哥特人两个民族如一体。"

狄奥多里克于 526 年 8 月 30 日去世后，这份遗产很快就丢失了，他的女儿阿玛拉逊莎让她表弟狄奥达哈德共同执政，而狄奥达哈德却在 535 年囚禁了阿玛拉逊莎，将她关在一个小岛上，最后谋杀了她。

552 年 10 月，在离维苏威火山不远的地方，最后一位东哥特国王德亚，在与拜占庭人的战斗中死亡。拜占庭帝国在查士丁尼一世大帝的统治下，重新夺回了地中海东部地区的霸权。

10 年后，伦巴底人侵入意大利北部，并于 568 年，在那儿建立了一个王国，定都帕维亚，历时两个世纪。长着长长的胡须，并不是、也不单是伦巴底人的特别标识，但他们可能还真因其长胡须而得名——在向南的途中，他们在多瑙河遇到了匈奴人并击败了他们。对此有一位不知名的作家写道："伦巴底人让他们的女人，把头发绑在脸颊和下巴上，以男人的扮相……来迷惑并显示力量。据说两支军队中都流传着一个声音，'这是那些长胡须'；这个民族声称，这是他们称之为上帝的战神奥丁所言。"

法兰克王国

在民族迁徙时期的日耳曼王国中，只有法兰克王国坚持保存了下来。

最初由莱茵河下游部落联盟组成的法兰克人（意为"自由勇敢的人"），从3世纪中叶开始侵入罗马边境各省和高卢。他们征服了其他日耳曼部落和非日耳曼部落，并整合发展成为一个大联盟。

他们的统治者出自墨洛温家族。墨洛温家族的祖先，是一个名叫墨洛维的法兰克小国王，根据传说，一

克洛维一世洗礼是中世纪历史上中心事件之一。法国细密画，14世纪

圣波尼法爵使日耳曼人皈依。彩色石版画，1905 年

圣波尼法爵——"德意志使徒"

　　本尼狄克派（本笃会）的修士圣波尼法爵，于 673 年出生于韦塞克斯。

　　他于 716 年将弗里斯兰人皈依的首次尝试未能成功。3 年后，719 年 5 月 15 日，教皇格里高利二世，亲自委托他到后来成为德国的地区传教，并向法兰克王国宫相查理·马特举荐了他："我们得知您，基督的挚爱，在许多场合所证明的虔诚，因此，我们通知您，我们已将我们的兄弟波尼法爵……派出，向日耳曼部落和莱茵河东部各地区的民族传教。

那儿的民众仍然沉溺于异教邪说之中，或者到目前为止，还陷没在无知的黑暗中。"

　　圣波尼法爵奠定了法兰克教堂和罗马教皇之间紧密联系的基础。从 721 年开始，他在图林根和黑森布道，722 年成为主教，732 年成为大主教。723 那年，他在吉斯玛附近，砍倒了日耳曼人作为主神象征的多纳尔橡树，以此证明古北欧诸神的无能和基督教信仰的胜利。754 年 6 月 5 日，波尼法爵在弗里斯兰殉难。

个海怪参与了他的创造。墨洛温家族的崛起，始于 425 年左右。

　　克洛维一世，使墨洛温家族达到权力的高峰。他自 481 年或 482 年开始成为撒利族法兰克人的国王，并征服了法兰克人统治的地区以及其他日耳曼部落。因此，

他被认为是法兰克王国的创建人，并把巴黎立为首都。

　　在 482 年，他 16 岁的时候，克洛维一世得到国王称号，然后除掉了他氏族中的所有竞争对手。498 年，他还在兰斯接受了天主教的洗礼，此举受他妻子影响很大。他的妻子克洛蒂尔德是勃艮第国王的女儿。克洛维

一世皈依天主教而不是阿利乌教，对教会和法兰克王国在西方的地位起了决定性作用，因为日耳曼人坚持信仰阿利乌教。教会为法兰克王国的统一作出了重要贡献，从而使法兰克王国跃升成为一个在欧洲与东罗马帝国并驾齐驱的大国。

墨洛温王朝因家族争斗和王位继承分配而败落。

如果有几个儿子，那么统治者去世时，王国就会像私有财产一样被分配。当克洛维一世于511年去世时，有4位"分国王"继位，他们分别在巴黎、苏瓦松、奥尔良和兰斯继位为国王。

开始时，他们的权力范围还能扩大，如居住在苏瓦松的克洛泰尔一世，在531年征服了图林根人，在532—534年间又征服了勃艮第人，整个王国得以再次统一。然而，在他于561年去世后，王国又一次被分配。通过这种方式，形成了3个"分王国"：奥斯特拉西亚王国、纽斯特利亚王国和勃艮第王国。奥斯特拉西亚王国拥有莱茵河、马斯河和摩泽尔河边法兰克王国东部，包括香槟地区及梅斯和兰斯等城市，并对莱茵河右岸日耳曼部落享有主权。西边是纽斯特利亚王国，疆域大约是斯海尔德河和卢瓦尔河之间的一片地区。南边是勃艮第王国，区域一直到普罗旺斯边界。

加洛林王朝

内部的世仇和统治争斗，导致法兰克王国的权力从7世纪中叶移交给了"宫相"。

宫相是中世纪早期王宫内掌管行政事务的一个部门主事，开始时他的主要职责是负责监督王宫内那些属于非自由人的王宫奴仆，但这些王宫家政主事，却能够逐渐将他们的权力扩展到整个王室财产的管理。他们成为国王最重要的亲信，并最终在7世纪掌管了王国的朝政。

加洛林的祖先不仅掌管了奥斯特拉西亚王国，而且成功地接管了整个法兰克王国的宫相职责。当奥斯特拉西亚王国宫相丕平，在687年的泰尔特里战役中成功击败了纽斯特利亚和勃艮第国王提乌德里克三世和他的宫相贝尔卡尔时，他成为了整个法兰克王国事实上的统治者，并通过让宫相成为他的家族的世袭职位来确保权力。

从那时起，墨洛温王朝的国王仅拥有表面上的权力。法兰克学者艾因哈德这么描述说："他们只剩下满足于光秃秃的国王名字、长长的头发和没剪过的胡须，坐在御座上，扮演着统治者。"

所以，宫相获取王位只是时间早晚的问题。丕平的儿子查理·马特率领他的法兰克军队，于732年10月，在图尔战役（普瓦提埃战役）中击败了从西班牙入侵的摩尔阿拉伯人。接着，他被赞颂为"西方的救星"，并自737年后，以"法兰克公爵和亲王"的头衔执掌王权，统治了法兰克。

在法兰克王国联盟中，在仍然信奉异教或不信教的日耳曼人中传教的进展缓慢，因此宫相让盎格鲁－撒克逊传教士进入了王国，其中包括埃希特纳赫修道院的创建者圣威利布罗德和他的学生温弗里斯，后者以圣波尼法爵之名成为"德意志使徒"。

在747年继承权的冲突中，查理·马特的儿子、继任者丕平三世（绰号"矮子丕平"——译者注），战胜了他的兄弟卡尔曼。在他的统治下，罗马教皇与法兰克王国之间的紧密联系开始了，加洛林家族也开始涉足意大利。

丕平三世剥夺了墨洛温王朝最后一个影子国王希尔德里克三世的权柄，剃去了他墨洛温王朝地位象征的长发，并让他去到一个修道院出家。此前，他曾让教皇匝加利亚出具证明，如果真正的统治者也被称为国王，那是件好事，"这样，自然的秩序将不会受到干扰"。

随后，751年11月，丕平三世在苏瓦松加冕成为国王，并通过涂圣油膏的仪式来确证王朝的改变。受膏者通过这一仪式，得到上帝的圣灵精神传递，同时也被视为顺服上帝的象征。

3年后，丕平三世与新教皇斯德望二世结成了保护同盟。作为得到"罗马贵族"的头衔并举行一次新的圣

亚琛主教座堂，当年查理大帝皇帝行宫的心脏，这里是由南向北的视角

膏仪式的回报，教皇获得了丕平三世的捐赠，这随后成为教皇国的基础。754 年复活节前，法兰克统治者向前来拉昂附近基耶尔济皇帝行宫的教皇保证，教皇将得到被伦巴底人占领的拜占庭意大利地区。至于该捐赠所覆盖土地的确切大小，至今尚不清楚。

通过两场成功对阵伦巴底国王阿埃斯托夫的战役，丕平三世结束了伦巴底人对罗马的威胁。按照承诺，756 年，教皇得到了拉文纳总督区，并从那时起，以此与罗马领地及其他地区一起，组成了教皇国。

这样，法兰克王国同时也成了罗马教皇的保护力量。当丕平三世于 768 年 9 月 24 日去世的时候，最初他的两个儿子查理和卡洛曼共同成为法兰克国王。在小他 4 岁的弟弟卡洛曼于 771 年 12 月去世后，查理成为唯一的统治者。卡洛曼的妻子杰贝卡和其子女的可能继承权诉求，被查理所忽略。

查理大帝

为了征服萨克森人，法兰克统治者查理大帝在 782 年的利普施普林格王国议院会议上，将国家划分为多个法兰克伯爵领地（伯国）。他残酷地镇压了一场萨克森人的起义，并在同年 10 月，在阿勒尔河畔费尔登的所谓血腥法庭上，处决了大约 4500 个萨克森人。

对此，他的密友艾因哈德在 830 年左右的传记《查理大帝传》中写道：“他（查理国王）下令所有高贵的萨克森人面对他，并命令他们向他供出起义策划者的名字。……他们一致声称，是维杜金德策划了这一罪行，但他们无法交出他。……其他那些人，那些由他唆使而因此犯了罪的，被交予国王。4500 人，国王在一天之内，在阿勒尔河畔费尔登将他们所有人砍了头。”3 年后，维杜金德受洗。

作为对抗西班牙东北部伊斯兰倭马亚哈里发王朝的堡垒，查理大帝于 795 年创建并强化了西班牙边界。通过两次成功的战役（796 年和 803 年），他征服了东欧的阿瓦尔人汗国：“所有匈奴贵族在这场战争中丧生，他们的声誉尽数跌落。所有金钱和长期积累下来的珍宝，都落入法兰克人手中。在人们所能记忆的所有战争中，没有像这次带来如此多的财富和权力。”艾因哈德这样

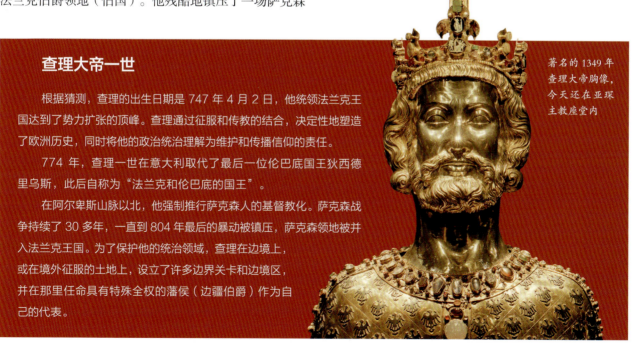

查理大帝一世

根据猜测，查理的出生日期是 747 年 4 月 2 日，他统领法兰克王国达到了势力扩张的顶峰。查理通过征服和传教的结合，决定性地塑造了欧洲历史，同时将他的政治统治理解为维护和传播信仰的责任。

774 年，查理一世在意大利取代了最后一位伦巴底国王狄西德里乌斯，此后自称为“法兰克和伦巴底的国王”。

在阿尔卑斯山脉以北，他强制推行萨克森人的基督教化。萨克森战争持续了 30 多年，一直到 804 年最后的暴动被镇压，萨克森领地被并入法兰克王国。为了保护他的统治领域，查理在边境上，或在境外征服的土地上，设立了许多边界关卡和边境区，并在那里任命具有特殊全权的藩侯（边疆伯爵）作为自己的代表。

著名的 1349 年查理大帝胸像，今天还在亚琛主教座堂内

盎格鲁-撒克逊王国

约克

北海

丹麦王国

考文垂

牛津

伦敦

坎特伯雷

弗里斯兰

汉堡

不来梅

巴多维克

威斯特法伦

费尔登

萨克森

奥斯纳布吕克

帕德博恩

埃勒斯堡

英吉利海峡

里尔

埃斯塔勒

奈梅亨

科隆

亚琛

奥斯特
拉西亚

富尔达

布拉格

科尔比

鲁昂

阿蒂尼

特里尔

英格尔

法兰克福

美因茨

洛尔施

波西米亚

布尔诺

布列塔尼
（786—799年属法
兰克王国）

圣但尼

泰昂维
海姆

弗兰肯

纽伦堡

阿尔特艾希

巴黎

雷恩

纽斯特利亚

桑斯

埃尔旺根

雷根斯堡

瓦讷

布列塔尼边区
（边疆伯爵辖区）

奥尔良

吕克瑟伊莱班

阿尔萨斯

阿勒曼尼

莱希菲尔德

奥斯特边区
（边疆伯爵辖区）

南特

图尔

贝桑松

赖歇瑙

萨尔茨堡

沙瑟讷伊

博格斯

欧坦

圣加伦

巴伐利亚

潘诺尼亚/阿瓦尔边区
（边疆伯爵辖区）

利摩日

勃艮第

日内瓦

阿尔卑斯山

伦巴第

弗留利

波尔多

里昂

圣莫里斯

米兰

阿奎莱亚

阿基坦

昂布兰

都灵

帕维亚

威尼斯

扎达尔（扎拉）

图卢兹

阿维尼翁

意大利王国

博洛尼亚

拉韦纳

达尔马提亚

西班牙边区
（自812年属
法兰克王国）

阿尔勒

艾克斯

普罗旺斯

热那亚

比萨

佛罗伦萨

亚得里亚海

拉古萨

科托尔

萨拉戈萨

纳博讷（马赛）

托斯卡纳

教皇国

都拉斯

巴塞罗那

科西嘉岛

贝内文托
公国

科尔多瓦
酋长国

罗马

卡西诺

卡普阿

那不勒斯

塔兰托

巴利阿里群岛
（754—798年属法兰
克王国）

撒丁岛

萨莱诺

奥特朗托

查理大帝统治下的法兰克王国 768—814 年

- 法兰克王国 768 年
- 查理大帝至 814 年所获的疆域
- 边境区
- 依附王国地区
- 教皇国
- 法兰克统治和伊斯兰统治交替区
- 东罗马帝国地区（拜占庭帝国）
- 伊斯兰统治的世界

第勒尼安海

巴勒莫

伊奥尼亚海
（也译爱奥尼亚海）

西西里岛

拜占庭帝国

锡拉库萨

大保加利亚

贝尔格莱德

奥赫里德

凯法利
尼亚岛　科林斯

叙述这场胜利的重要性。

805—806 年，查理大帝使波西米亚成为进贡国。在他的统治结束时，帝国的北部边界也通过与奥伯德里特人（804 年）和丹麦人（811 年）达成协议而获得保障。

无可争议，查理大帝的权力发展到顶点是在 800 年圣诞，由教皇利奥三世在罗马为他授了皇帝加冕礼。那顶冕冠和罗马 - 德国皇帝的头衔，与巨大的象征性力量联系在一起。查理大帝将罗马帝国的统治转变为法兰克王国统治，将罗马帝国的传统，和法兰克 - 基督教政体相结合。当他还在世时，他已被尊崇为信仰基督的君主典范。

通过召集和吸引众多高水平学者，如掌管宫廷学院的盎格鲁 - 撒克逊人阿尔琴、建筑师兼传记作家艾因哈德和中世纪拉丁语历史学家保罗·迪亚科努斯，查理大帝最喜欢的行宫亚琛，也成为欧洲的精神文化中心。

几个世纪以来，他的行宫礼拜堂发展成为一座宏伟的教堂，到 1531 年，共有 30 位德意志王国国王在这儿加冕，其建筑艺术和绘画，展示了加洛林文艺复兴与基督古典晚期的联系。拥有三殿廊巴西利卡形式的教堂建筑，就继承了罗马早期基督教教堂的传统。浮雕、绘画，尤其是细密画，也以古代样板为范本。

当查理大帝于 814 年 1 月 28 日在亚琛去世后，王国的统一很快瓦解。

840 年 6 月 20 日，查理大帝的继任者、他的第三个儿子虔诚者路易去世后，其早年已任命为共同摄政官的长子洛泰尔却没能力掌控全部权力。洛泰尔的弟弟路易（史书又将其称为德意志人路德维希——译者注）和查理（又称秃头查理）结成同盟反对洛泰尔。

他们于 842 年 2 月 14 日，在斯特拉斯堡誓言中重申了他们的同盟，这也是一份法兰克东部语言和法兰克西部语言不同发展的、最古老的书面证据：路德维希用古法语，以便另一方的下级军官们能理解，秃头查理则用古高地德语。缔约方是双方的下级军官，他们都使用自己的语言誓约。兄弟相争通过 843 年的《凡尔登条约》得以避免：秃头查理得到西法兰克，路德维希得到东法兰克，洛泰尔一世保留着没被分割的皇帝身份，统治着从弗里斯兰到普罗旺斯的中部王国（史书又叫中法兰克王国——译者注），以及对意大利的主权。

855 年 9 月 29 日，洛泰尔一世去世，他的三个儿子再次分割了这个中部王国。从弗里斯兰到高勃艮第的地区被称为洛泰尔王国，属于他中间的儿子洛泰尔二世。因为洛泰尔二世没有留下合法的继承人，秃头查理和德意志人路德维希在他死后，于 870 年通过《梅尔森条约》瓜分了洛泰尔王国。该协议以及随后在 880 年缔结的《里布蒙划分条约》，使前中法兰克王国的西边界成为西法兰克王国和东法兰克王国的边界。

一直到今天为止，日耳曼语和罗曼语之间的分界也大致沿着这条边界，而政治边界一直保持到《威斯特伐利亚和约》（1648 年）。尽管胖子查理（查理三世）于 885 年曾再次统一了整个王国，但两年后，他被侄子阿努尔夫·冯·克恩顿推翻，而阿努尔夫的继承人路德维希，人称孩子，911 年去世时才 18 岁，没有后裔，这决定了西法兰克和东法兰克之间的最终分割。

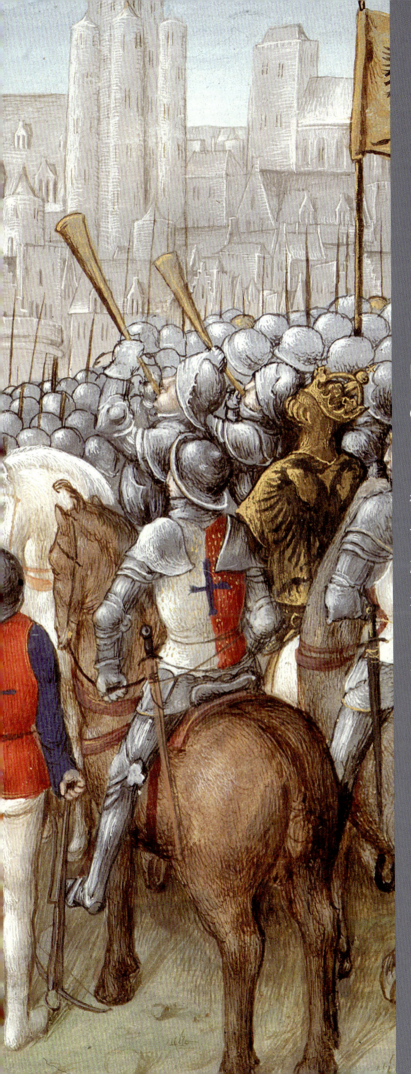

中世纪中期至末期
870—1500

1148 年，大马士革在第二次十字军东征时被围困。弗拉芒细密画，约 1480 年

德意志帝国的产生

由法兰克人、萨克森人、阿勒曼尼人和巴伐利亚人的代表，于911年选举的法兰克大公康拉德一世，是第一位德意志国王，这也标志了从东法兰克王国向德意志帝国的过渡。

康拉德一世没有被洛林人认可，他为此所作的努力也成徒劳。外部的威胁来自马扎尔人，这是一个出自乌拉尔游牧民族的中欧族群，他们从蒂萨河边和多瑙河中游的定居点出发，向中欧和南欧发动了凶猛的战争。在907年7月的普雷斯堡战役中，他们消灭了由藩侯卢伊特波尔特统率的巴伐利亚军队，藩侯在战役中阵亡。法兰克王国失去了其东部地区，从此查理大帝时代的边界线再也没有到达过。

康拉德一世在918年12月23日去世，在此之前，他已确定让萨克森大公亨利一世作为继任者。

科维的修道士和历史学家维杜金德对此进行了报道，在他的《萨克森编年史》中有这样一段话："国王……叫他的兄弟（埃贝哈德）来探望他。他来了，国王对他说：'我的兄弟，我们拥有许多军队，可以召集和率领他们。我们拥有宝藏、城市、武器和王室徽章以及所有物品，这些构成国王的标志，除了国王的幸运。而国王的幸运，

我的兄弟，却始终追随着亨利。一切之上，站立着萨克森部族。因此，你应该带着所有这些徽章……金臂环、国王的披风、老国王们的剑和这顶国王王冠去找亨利，与他和解，并永远赢得他作为盟友。'……然后国王死了。"

据传，萨克森大公收到康拉德的消息时正在捕鸟，这给他带来了一个"捕鸟人"的外号。亨利一世在919—936年间戴着王冠，果然比他的前任更幸运。最初仅由法兰克人和萨克森人推选，但他还是强迫巴伐利亚

萨克森大公亨利在捕鸟时得到信息，他将继康拉德之后成为国王。19世纪的历史画

采邑制度

与法国或英国的土地所有形式不同，那儿所有土地全部交出，即不存在所谓的个人自己的土地。在德国，土地最初被认为是具有自由属性的私产。权力不可能集中在最高的封建领主（国王）手中，这里有强大的亲王藩侯作为领主，而在法国或英国没有。

根据日耳曼人的习俗，当跟随者从主人那里获得土地和物品时，追随者就应效忠于主人。在这个采邑系统的顶端是国王，国王给了王室附庸（公爵、伯爵和主教）地产、职位或其他实用的权利和收入，附庸者则为他作相应的服务。

就他们而言，他们继而封赠依赖于他们的教会和世俗贵族，而那些教会和世俗贵族，则允许去要求农民为其劳动，并征收他们的收成。如果这种采邑关系没有因故意背叛而解除，那么只有当双方之一去世时，这种关系才会结束。

随着时间的发展，封地的继承权和新的采邑要求占了上风。在 10 世纪，对国王直接授予的王室采邑，（强迫）继续采邑成为惯例：国王无法收回这些封地，而且必须在一年又六个星期零三天的时间内重新采邑。这确保了国王无法通过扣留封地来增强权力。

人、阿勒曼尼人，到了 925 年再加上洛林人，都认可了他的统治。

他通过防线和城堡加强了国家边界。此外，在 933 年的里亚德战役中，他成功战胜了自 10 世纪初以来不断袭扰王国且被认为无敌的马扎尔人。同样重要的一点是，亨利结束了法兰克的传统，即在过世时将国家分割划分给有统治实力的儿子们，他果断地将自己的长子奥托，命名为唯一的继任者。

奥托王朝

从那时起，人们才能说是德意志帝国的开始。"德意志"这个词（"theodisc"，本意是"属于人民"），开始时还在寻求确立自己的位置，后来渐渐地从书面应用于口语，直到 11 世纪被广泛接受。

"德国"（"Deutschland"）一词，是从 15 世纪开始才被使用，当时它还不是表示现代意义上的"国家"。行使权力的基础，仍然是土地的所有权以及由此产生的采邑制度。在这个制度中，受封者从领主那里获取土地，并为此必须跟随领主。

奥托一世是奥托家族中最重要的统治者，他于 936 年 8 月 7 日在亚琛行宫礼拜堂中被加冕为国王。美因茨大主教递交给他权力徽记——帝国宝剑、加冕披风、法杖、君主权杖和王冠，作为为信仰和为对所有臣民的父爱而奋斗的象征。

在这个为国王登基而举行的辉煌的宫廷会议上，洛林、法兰克、施瓦本（阿勒曼尼）和巴伐利亚的大公担任宫廷职位，作为司库、膳务总管、掌酒官和内廷总监，他们监管财务、王室餐桌、葡萄酒储备和宫廷事务。

但是，国王与他的王室附庸之间的关系，并没能保持毫无磨擦。奥托一世强制实行王权不可分割，并在授予职位时坚持霸道决策。

在好几次战争冲突之后，他将公国爵位改变成只授予他的亲戚和亲信。他还让神职人员支持王权，同时让神职人员大范围地参与行政，这就使王室对建立在帝国或王家庄园上的教堂和修道院有了主权要求。同时，国王又以"受膏者"和信仰捍卫者的身份和地位，行使主教和修道院院长的任命权。奥托一世在帝国的北部和东部建立了多个新的教区，包括 968 年马格德堡宣教大主教区。

951 年，通过在帕维亚接管了伦巴底王室的王位，奥托一世成为了意大利实际上的统治者。他与后来被封圣的勃艮第国王的女儿雅德蕾德的婚姻，不仅确立了他对勃艮第的宗主权，而且还让他得到了在那个时代最具影响力、同时在精神上最独立的一位女性，以妻子和顾问的身份在自己身边相助。

瑞典王国

北海

丹麦王国

波罗的海

里伯

罗斯基勒

隆德

奥托大帝统治下的帝国
（卒于973年）

德意志王国

意大利王国

帝国边界 972 年.

比隆边区
（边疆伯爵辖区）

汉堡

北部边区
（边疆伯爵辖区）

易北河

不来梅

英格兰
王国

乌得勒支

萨克森公国

马格德堡

莱茵河

希尔德斯海姆

戈斯拉尔

奎德林堡

劳西茨边区
（边疆伯爵
辖区）

伦敦

坎特伯雷

安特卫普

科隆

梅泽堡

梅森边区
（边疆伯爵辖区）

波兰王国

佛兰德伯国

列日

亚琛

安德纳赫

富尔达

蔡茨边区
（边疆伯爵
辖区）

布拉格

克拉考
（克拉科夫）

法兰克福

特里尔

美因茨

梅斯

巴黎

兰斯

施派尔

诺高封地

波西米亚公国

摩拉维亚

布尔诺

雷根斯堡

奥尔良

特鲁瓦

斯特拉斯堡

巴伐利亚公国

法兰西王国

施瓦本
公国

奥斯特边区（边疆伯爵
辖区，也译东部边区或奥
地利边区——译者注）

普雷斯堡
（布拉迪
斯拉发）

勃艮第公国

巴塞尔

康斯坦茨

莱希菲尔德
（955年，莱希菲尔
德战役）

萨尔茨堡

克恩顿边区
（边疆伯爵
辖区）

克雷恩边区
（边疆伯爵辖区）

德拉瓦河

里昂

伦巴第

米兰

波河

维罗纳边区
（边疆伯爵辖区）

阿奎
莱亚

帕多瓦

威尼斯

阿格拉姆
（萨格勒布）

萨瓦河

勃艮第王国

热那亚

维罗纳

威尼斯
（约1000年独立）

克罗地亚

尼姆

博洛尼亚

拉韦纳

扎拉

马赛

比萨

佛罗伦萨

安科纳

斯普利特

托斯卡纳边区
（边疆伯爵辖区）

佩鲁贾

拉古萨
（杜布罗夫尼克）

科西嘉岛

教皇国

斯波莱
托公国

亚得里亚海

阿雅克肖

罗马

都拉斯
（都拉佐）

地中海

巴利阿里群岛

撒丁岛

贝内文托

第勒尼安海

0   100   200   300 km

两次大事件让奥托一世赢得了"大帝"的名声。

955 年 8 月 10 日，奥托一世在奥格斯堡附近的莱希费尔德战役中战胜马扎尔人，这不仅使帝国摆脱了持续受到的威胁，同时也成为奥托一世最大的军事胜利之一。巴伐利亚人、波西米亚人、法兰克人、施瓦本人和萨克森人，在国王的领导下共同作战，国王举着神圣的长矛（据说是一根钉在耶稣基督十字架上的钉子）冲入战场。

战斗开始时的形势并不十分有利。人数上占优势的马扎尔轻装骑兵，冲击由乌尔里希主教防守的奥格斯堡，并摧毁了救援部队的后卫。然而，奥托一世还是设法包围了马扎尔人，用他的重装骑兵将敌人几乎尽数碾压消灭。这是一个值得庆贺的理由，就像修道士维杜金德在他的编年史中评价的那样："在一个隆重的凯旋仪式上，这位光荣的国王，像祖国的父亲和罗马帝王那样，受到迎接和欢呼。……的确，这是两百年以来没有一个国王享受过的如此的胜利喜悦。"

马扎尔人停止了袭击，并在蒂萨河和多瑙河边定居了下来。

不久之后，在意大利又有了新的麻烦。教皇若望十二世受到意大利国王贝伦加二世的威胁，他除了向奥托一世寻求帮助外别无他法。奥托一世第二次进军意大利，俘虏了贝伦加二世，并直逼罗马。

现在是答谢奥托一世帮助的时候了。962 年 2 月 2 日，若望十二世为这位德意志国王加冕而成皇帝。从那时起，意大利政治权力和尽可能通过教皇亲授的皇帝加冕礼，便成为了德意志国王强权政治的一部分。通过对罗马教皇的保护以及接受伦巴底王国的铁王冠，奥托一世完全有意识地延续了查理大帝的统治，为德意志在意大利上部和中部长达 300 年的统治奠定了基础。

奥托大帝的继位者

奥托一世于 973 年 5 月 7 日，在他的现在位于萨克

奥托赢得他的"大帝"的名声，全在于莱希费尔德战役中战胜马扎尔人。细密画，15 世纪

森－安哈尔特州的梅姆莱本行宫去世。他的继任者们没有能力保全奥托一世的遗产。

在其儿子奥托二世统治的最后一年即 983 年，一次斯拉夫人的大暴动，彻底摧毁了奥托王朝在奥得河与易北河东部地区的统治。

同样，孙子奥托三世也实现不了自己异想天开的"罗马帝国复兴"计划。他给人们留下的主要记忆是成为一位新教徒，相关作品是西方细密画中最有价值的宝藏之一，现在被保存在巴伐利亚州立图书馆中。在编年史上，奥托三世被指责为过分追求罗马的闲适无为："就像一个古代的老国王，囚禁于自我意念中，无力从已失去辉煌而腐朽的罗马空想中自拔。"

奥托三世于 22 岁时去世，无子嗣。他的男系亲戚、亨利一世的曾孙亨利二世，在 1002 年成为继他之后的下一个国王。1004 年，亨利二世又成为意大利国王，并于 1014 年通过加冕成为帝国皇帝。奥托王朝这位末代帝王与奥托三世不同，他把精力集中在阿尔卑斯山脉以北地区的统治。随着他于 1024 年 7 月 13 日的死亡，奥托世家的直系男性血统断绝。

世俗和教会的力量

1024 年 9 月 4 日，康拉德二世戴上王冠，是萨利安王朝的开始。

这支法兰克东部贵族血统，统治神圣罗马帝国直到 1125 年。根据原始资料，这也应该归功于他的努力和正直，康拉德二世才能得到帝国高层的支持。此外，他是奥托家族的亲戚，他所出身的康拉德家族在黑森、美因法兰

得到教皇克莱孟二世加冕为皇帝的亨利三世从意大利回来，图左是退位教皇额我略六世。湿壁画，1879—1897 年

克和莱茵河中部，拥有广阔的地产。

康拉德二世从 1024 年起成为东法兰克王国国王，1026 年成为意大利国王，1033 年成为勃艮第国王。当勃艮第的最后一位国王鲁道夫三世于 1032 年 9 月去世时，因为没有子嗣，根据继任规定，他的权力移交给了康拉德二世，这使康拉德二世得到了重要的阿尔卑斯山脉通道以及通往意大利的控制权。

皇帝加冕礼在 1027 年举行。在内部，他通过提拔地位较低的贵族和公职人员来应对大公和神职人员，从而巩固他的统治地位。那些公职人员以前也属于非自由的

仆人，担任着高级行政职务，其权力地位自 11 世纪起变为继承。总的来说，他的统治时期是帝国相对平静的阶段。

亨利三世

康拉德二世的儿子亨利三世，从 1039 年起将王室权力推向了高峰。他不仅仅将波西米亚，有一段时间还加上匈牙利，把它们牢牢地和帝国捆绑在一起。而且与他的父亲不同，他还积极干预教会事务。1046 年 12 月，亨利三世在苏特里和罗马的两次教会会议上，罢免了三名互相争斗的教皇，并推举了一个萨克森贵族苏伊德格尔·冯·班贝格，以克莱孟二世身份出任新的教皇。由于亨利三世已被授予罗马贵族，所以他对罗马享有领主权，也因此有提名罗马教皇的合法权利。这样，他使罗马教皇摆脱了对罗马贵族的依赖，而那些人相互之间则为争夺圣座之权总是争执不休。1046 年 12 月 25 日，新教皇为亨利三世和他的妻子加冕为皇帝和皇后。

亨利三世全力在皇家权力中心和教会之间建立了更紧密的联系。在虔诚的妻子艾格尼丝·冯·普瓦图的影响下，他还支持了反对抛弃禁欲主义（义务独身主义）和反对圣职圣事买卖，即反对买卖教会的职务的斗争。

这也是克吕尼改革的关注点。这一改革运动，始于 910 年法国东部的克吕尼本笃会隐修院，他们追求回归修道修行的根源，并与罗马教廷保持紧密联系。克吕尼改革的兴盛期，有超过 1200 个修道院和 20000 多名修士参与，他们主要致力于礼拜仪式。这项改革运动，同时也为中世纪罗马教皇对普世权力的追求奠定了基础。

当亨利三世于 1056 年 10 月 5 日在哈茨山脉的博德菲尔德城堡去世时，享年 39 岁，他继位的儿子亨利四世当时还不满 6 岁。直到 1062 年，亨利四世由他的母亲艾格尼丝摄政，后来再由科隆大主教安诺和汉堡不来

在这幅约 1050 年创作的细密画上，是艾格尼丝·冯·普瓦图和她的丈夫亨利三世，中间御座上坐着圣母玛利亚。在 1056 年亨利三世去世后，艾格尼丝为她儿子亨利四世摄政

亨利四世只穿一件简单僧袍围着城堡走了 3 天后，才被允许见教皇额我略七世。彩色木刻版画，1878 年

梅大主教阿德尔伯特主掌政务。1065 年 3 月底，在美因茨的一个宫廷会议上，亨利四世终于被宣布成年，却马上面临着与萨克森贵族的冲突，而他们则从一开始就为他的统治权艰苦抗争。

这场冲突究其根本，是关于世俗力量和教会力量之间关系的争论。

叙任权争夺

争论在于谁最终应该拥有统治权，是世俗君主还是教会君主？例如，是否应该仍然按照惯例，由世俗君主任命主教和修道院院长担任他们的职务，从而使他们视忠于世俗权威为责任？这种做法已经受到一些神职人员的批评，额我略七世（史书上也称他为格列高利七世——译者注）也认为，这种惯例应该是彻底结束的时候了。

额我略七世曾经是克吕尼本笃会隐修院的修士，于 1073 年 4 月在罗马人民的压力下当选为教皇。现在，他特别想限制德意志国王的权力，从而引发了叙任权争夺。

额我略七世在其 1075 年 3 月写的共有 27 条准则的《教宗训令》中，要求世俗完全服从于罗马教皇的威权，其中指出：“只有罗马主教才有权被称为普天之下的权威。仅他一个人才能拥有罢免和恢复主教职位的权力。诸侯必须亲吻的只有教皇的脚。他可以废黜皇帝。他可以废除臣民对于不公的统治者的效忠誓约。没有人拥有对他的司法权。罗马教会从来没有犯过错，根据圣经的证词，也永远不会犯错。”

受到这些原则的挑战，亨利四世召集了德意志王国主教们前往沃尔姆斯参加宫廷会议。额我略七世上任违反了罗马教皇选举法的规定，在一长串指控的结尾，是要求教皇退位。

3个星期后，额我略七世作出革除亨利四世及其追随者的教籍决定，并废除了所有亨利四世臣民对君主的效忠誓约。根据一个同时代人的说法，这一裁决"让罗马世界颤抖"。

1076年10月的黑森特雷布尔王侯会议决定，如果亨利四世不能与教皇迅速沟通，并结束教皇对他的"逐出教会令"，他将失去拥戴而被罢免。必须赶快行动，国王决定与被他的反对者邀请来德国的教皇会面。随后便是著名的卡诺萨之行。尽管是一个异常寒冷的冬季，亨利四世仍只带着少量随从，带着他的妻子伯莎和两岁的儿子康拉德，出发翻越阿尔卑斯山脉。

他们在意大利北部的卡诺萨城堡遇到教皇。在围着城堡走了3圈的"罚走"形式后，国王才以悔罪人的身份于1077年1月28日早晨，请求解除教会对他的逐出令。但是这样做的代价极高，亨利四世必须承诺，将来仅在教皇的同意下解决争端，并保证教皇前往帝国旅行期间的自由护送。国王以他顺服的姿态，虽然维护了帝国的统一，但不得不放弃国王仅是上帝子民的权力，这极大地削弱了德意志王国的地位。

尽管教会正式宣布恢复了他的教籍，但亨利四世的反对者不愿再承认他为国王。1077年3月，反对派诸侯聚集在福希海姆，宣布亨利被罢免，并推举施瓦本公爵鲁道夫·冯·莱茵费尔成为国王。

因此，亨利四世是德意志统治者中，第一位由大公们选出来但后来又经大公集体决定罢免的国王，而且还面临一个选出来的对立国王。

然而鲁道夫不太幸运，他在1080年10月15日魏瑟埃尔斯特河（也意译为白鹊河——译者注）边的战役中受了致命伤。此后不久，亨利四世率军队进攻意大利并征服了罗马。一个由国王任命的教会会议，宣布已逃到圣天使堡的额我略七世被废黜，大主教威伯特·冯·拉文纳，即克莱孟三世成为新一任教皇。1084年3月31日，亨利四世被加冕为皇帝，实现了他的目标。

最终使亨利四世丧失王位的不是公侯或教皇，而是他自己的儿子。亨利五世1104年起来与父亲抗衡，而年长的康拉德早在1093年便已转向教皇一边。因为康拉德的死亡，不会再有兄弟相争。亨利五世与一些公侯结盟反叛他的父亲，1106年1月5日他在美因茨被公侯们选举为国王，逼迫亨利四世放弃王冠。尽管亨利四世又一次集结了一支军队，并于1106年的圣周星期四，在维塞的马斯河大桥旁庆祝辉煌的胜利，但在他再次与儿子交战之前，1106年8月7日，亨利四世在列日去世。

父亲去世后，亨利五世被普遍接受承认为新的统治者。他马上改变了立场，继续他父亲的反教皇政策。他监禁了1099年登位的教皇帕斯卡里斯二世和16名枢机主教，迫使教皇承认皇帝的叙任权，然后在1111年4月13日让其为他加冕为皇帝。

关于叙任权的争端不会永远持续下去，为此而发生的冲突，束缚了太多的力量。

因此，在1122年9月23日宣布的《沃尔姆斯政教条约》上，亨利五世"出于对上帝和圣罗马教会的热爱，以及因为我为上帝和圣徒彼得及圣徒保罗，为神圣罗马教会的灵魂救赎"，放弃了叙任权及以此为象征的法环和法杖。作为回报，教皇加理多二世保证，

教皇额我略七世，19世纪历史画

因禁教皇帕斯卡里斯。卡尔·弗里德里希·莱辛，油画作品，1840 年

只有在国王或其代表在场的情况下，才允许在德国举行主教大选。此外，这位国王，也就是皇帝，应该把代表授权世俗政务象征的权杖（权杖采邑），交给新当选的主教，使他得到与神职相对应的主权和特权。

这一妥协，同时也决定了帝国教堂一直以来的状态的结束，并使以前属于帝国公职人员的主教，变成了教会领主。1125 年 5 月 23 日，无子女的亨利五世在乌得勒支去世，萨利安王朝终结。

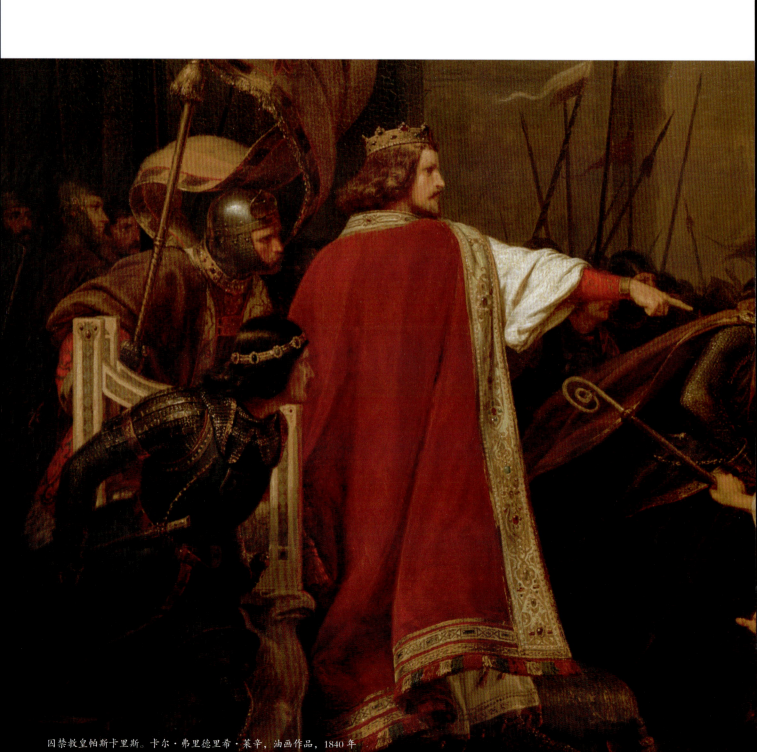

因禁教皇帕斯卡里斯。卡尔·弗里德里希·莱辛，油画作品，1840 年

施陶芬王朝和骑士时代

在位于格平根东北、施瓦本亚汝拉山脉边缘的霍恩施陶芬山上，自 1070 年以来，坐落着施陶芬家族的家族城堡。从 1138 年到 1254 年，这个施瓦本王族，提供了德意志王国的国王和神圣罗马帝国的皇帝。

施陶芬家族获得统治权的通道，多亏了萨利安王朝倒数第二位统治者。在 1079 年，正值叙任权争论冲突

中期，亨利四世将他的一个女儿嫁给了施瓦本伯爵腓特烈，并授予他为施瓦本公爵。当萨利安家族男性血统不复存在时，除了大笔遗产之外，连对德意志王国的王位诉求，也转交给了施瓦本公国。

首先，与韦尔夫王室结盟的苏普林堡洛泰尔三世获得统治权。这位萨克森大公，是 1125 年成为国王及 1133 年成为神圣罗马帝国皇帝的，但他也没有孩子。因此，在他死后，施陶芬家族的康拉德三世索求国王名位，并获得成功。随着 1138 年 3 月 7 日他的当选，同时也开始了施陶芬和韦尔夫之间长期艰苦的战争。

十字军东征

1147 年 5 月中旬，康拉德三世是作为第一位响应对圣地发动十字军东征呼吁的德意志统治者，这是基督教西方在战略、宗教和经济上，针对中东穆斯林国家发动的战争。

这场持续了近两百年的争夺圣地的战争，始于教皇乌尔巴诺二世于 1095 年 11 月 27 日在克莱芒宗教会议上的强烈呼吁。基督教骑士争取进入基督教圣地和争夺耶路撒冷统治权的战斗，最初的特点是对宗教崇拜奉为圣物的圣髑的关注。耶稣的坟墓，不应该再留在穆斯林"异教徒"手中。但是，在"Deus lo volt"（"上帝要它"）这个口号的背后，隐藏着教皇的政治权力诉求，即世俗统治者应该服从教皇。

对宽恕罪恶的承诺、对永生的期待、当然也是对世俗财富的愿望，导致了几十万的信徒对十字军东征这一念想充满热情。经过 3 年的战争和恐怖的尸横血流，十字军于 1099 年 7 月 15 日占领耶路撒冷。

这第一次十字军东征的结果是，基督教国家出现在巴勒斯坦和叙利亚，其中耶路撒冷王国最初拥有特权。

第二次十字军东征（1147—1149 年）的目的，是"解放"埃德萨（如今的尚勒乌尔法，土耳其）。该伯爵领地，属于第一次十字军东征后新建立的 4 个伯国之一，但随

十字军骑士于 1099 年看到了耶路撒冷，没过多久，他们将在那里进行一场难以描述的血洗。彩色石版画，约 1900 年

红胡子腓特烈一世

1122 年出生的腓特烈·冯·施瓦本，因他的毛发呈金红色而在意大利被称为"巴巴罗萨"（红胡子），当他于 1152 年 3 月 4 日继任国王时已经 30 岁了。3 年后，他的皇帝加冕仪式在罗马举行。

腓特烈一世决心从米兰以及意大利北部和中部那些通过贸易而致富的其他城市要求主权，包括法庭管辖权、关税权、铸币权和市场权。在他看来，作为德国、意大利和勃艮第的统治者，他理所当然应该得到这些，这很快使他陷入了冲突之中。

他 6 次率军出征意大利，并在那里待了超过 12 年，比他之前的任何一个德国统治者都要多。尽管如此，他最终还是必须与对手妥协。

在他 67 岁那年，也就是 1189 年 5 月，他再次出征，这次他作为解放耶路撒冷的第三次十字军东征统帅。1190 年 6 月 10 日，在出征途中，这位或许是中世纪最重要的德国统治者在小亚细亚萨利夫河（如今的格克苏河）溺水而亡。

后在 1144 年，这里被摩苏尔埃米尔占领。

康拉德三世和法国国王路易七世，共同组织和领导了这次十字军东征，并率领约 24 万武装人员对抗穆斯林。这次东征以军事上的惨败而告终，康拉德三世回到德国后，于 1152 年 2 月 15 日在班贝格去世。他不是选择未成年儿子作为自己的继任者，而是选择了他的侄子施瓦本公爵腓特烈一世。作为一个施陶芬父亲和一个韦尔夫母亲的儿子，腓特烈一世有良好的先决条件来结束两个王族之间的冲突。

红胡子腓特烈（腓特烈·巴巴罗萨）

1176 年 5 月 29 日，在第五次出征意大利时，巴巴罗萨（腓特烈一世）在莱尼亚诺战役中被伦巴底城市联盟军队击败，他只得放弃在意大利恢复皇帝特权的念想。这个事实以及与韦尔夫家族的冲突，影响了他几乎 40 年的统治。

他的最大敌手是韦尔夫人狮子亨利，这个在同代人中被形容成"几乎所有人中最易怒和最残忍"的萨克森统治者，以狡计和暴力聚集了许多较小的王侯，通过建立城市和教区成为西北地域最重要的领主。

巴巴罗萨给了他很长时间考虑，但狮子亨利断然拒绝了巴巴罗萨，给其在莱尼亚诺对伦巴底联盟作战中的对手提供军事支持，这导致了冲突再次爆发。腓特烈一世以滥用王权罪名将这个韦尔夫人告上法庭，1179—1180 年，狮子亨利在缺席的情况下被判处"剥夺法律保护令"，他的巴伐利亚公爵和萨克森公爵封号被帝国没收。然后他流亡英国，萨克森被瓜分，巴伐利亚公爵被授予维特尔斯巴赫家族。狮子亨利仅仅为后代保留了不伦瑞克 – 吕讷堡公国的房产。

根据当时的普遍观点，社会阶层分为祈祷者（神职人员）、战斗者（贵族）和劳动者，劳动者包括所有那些必须挣得生计的人。以当时同代人的认知，巴巴罗萨的统治时期，也是宫廷骑士文化的鼎盛时期。就像 1184 年的圣灵降临节（五旬节），欧洲所有贵族都被邀请参加的美因茨宫廷大会，就以它特别壮观华丽的隆重庆典而一直留存在历史记忆里。

宫廷游吟诗人亨里克·范·费尔德克兴奋地描述道："我相信现在生活的每一个人，都还从未见过比这更大的节日。"多达四万余名贵族，赶来参加了巴巴罗萨

腓特烈·巴巴罗萨的卡彭贝格头像，约 1160 年完成，如今仍然保存在卡彭贝格的天主教修道院

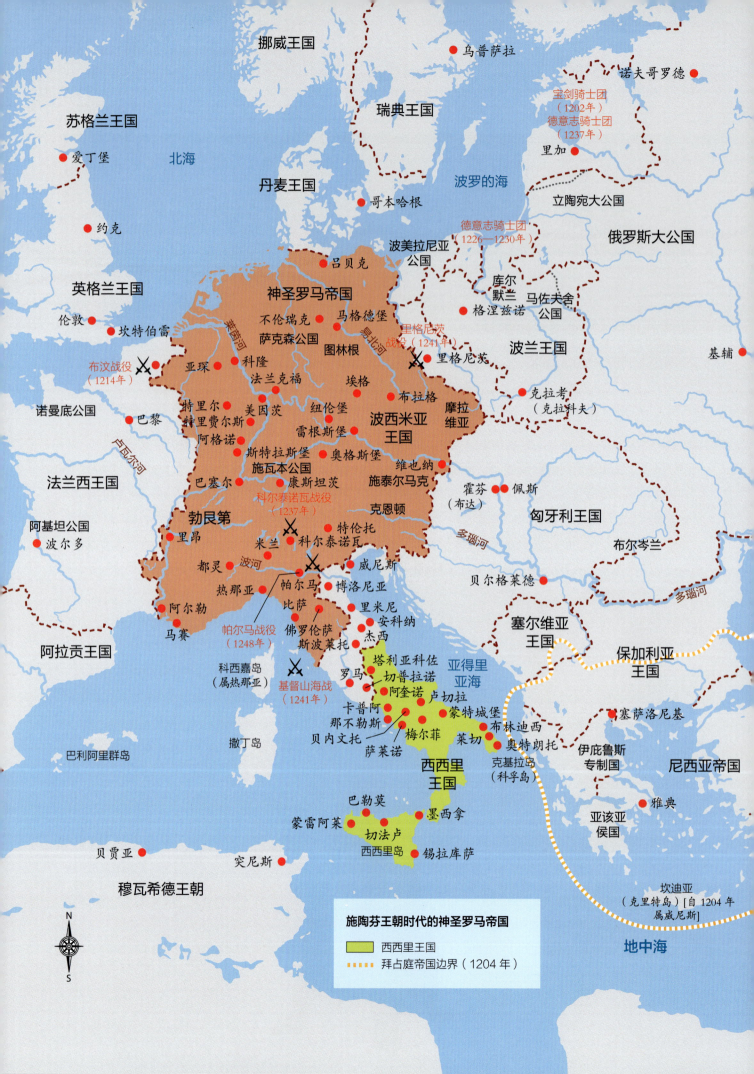

挪威王国

苏格兰王国

瑞典王国

● 乌普萨拉

● 诺夫哥罗德

宝剑骑士团
（1202年）
德意志骑士团
（1237年）

● 爱丁堡

北海

丹麦王国

波罗的海

● 里加

立陶宛大公国

● 约克

● 哥本哈根

德意志骑士团
1226—1230年

俄罗斯大公国

英格兰王国

吕贝克 ●

波美拉尼亚
公国

● 伦敦

● 坎特伯雷

神圣罗马帝国

库尔
默兰

马佐夫舍
公国

● 格涅兹诺

波兰王国

● 基辅

布汶战役
（1214年）

马格德堡 ●

里格尼茨
战役（1241年）

● 里格尼茨

莱
茵
河

不伦瑞克 ●

萨克森公国

易
北
河

诺曼底公国

● 亚琛

科隆 ●

图林根

● 克拉考
（克拉科夫）

法兰克福 ●

埃格 ●

● 布拉格

摩拉
维亚

● 巴黎

特里尔 ●
特里费尔斯

美因茨 ●

纽伦堡 ●

波西米亚
王国

卢
瓦
尔
河

阿格诺 ●

雷根斯堡 ●

奥格斯堡 ●

法兰西王国

斯特拉斯堡 ●

施瓦本公国

● 维也纳

● 霍芬
（布达）

● 佩斯

巴塞尔 ●

康斯坦茨 ●

施泰尔马克

阿基坦公国

勃艮第

科尔泰诺瓦战役
（1237年）

克恩顿

匈牙利王国

● 波尔多

● 里昂

米兰 ●

特伦托 ●

科尔泰诺瓦 ●

多
瑙
河

布尔岑兰

波
河

都灵 ●

● 威尼斯

● 贝尔格莱德

多
瑙
河

热那亚 ●

帕尔马 ●

博洛尼亚 ●

阿拉贡王国

阿尔勒 ●

比萨 ●

● 里米尼

塞尔维亚
王国

保加利亚
王国

马赛 ●

帕尔马战役
（1248年）

佛罗伦萨 ●

斯波莱托 ●

安科纳 ●

杰西 ●

科西嘉岛
（属热那亚）

基督山海战
（1241年）

罗马 ●

塔利亚科佐 ●

切普拉诺 ●

阿奎诺 ●

卢切拉 ●

亚得里
亚海

塞萨洛尼基 ●

伊庇鲁斯
专制国

尼西亚帝国

卡普阿 ●
那不勒斯 ●
贝内文托 ●

蒙特城堡 ●

梅尔菲

布林迪西 ●

萨莱诺

莱切 ●

奥特朗托 ●

撒丁岛

西西里
王国

克基拉岛
（科孚岛）

亚该亚
侯国

● 雅典

巴利阿里群岛

巴勒莫 ●

墨西拿 ●

坎迪亚
（克里特岛）[自1204年
属威尼斯]

蒙雷阿莱 ●

切法卢

● 贝贾亚

● 突尼斯

西西里岛

锡拉库萨 ●

地中海

穆瓦希德王朝

N

S

施陶芬王朝时代的神圣罗马帝国

西西里王国

拜占庭帝国边界（1204年）

两个儿子的骑士圣事。当时 19 岁的亨利和年轻 16 个月的腓特烈，必须跪在教堂前的祭坛前发誓，永远保持光荣、高尚、虔诚和慷慨。然后，他们的父亲把宝剑和长矛交给了他们，这意味着他们不仅加入了骑士团，而且还成为了成年人。随后，贵族们用了丰盛的早餐来准备骑士"比武"，这是一场多彩的马术比赛，他们在比赛中用模拟战斗和竞争表演来表现各自的力量。

骑士与宫廷爱情

在中世纪，一直到 11 世纪，只有拥有马匹和盔甲的贵族才被视为骑士。但从那以后，那些以同样装备参战的非自由家臣也算骑士了。从那时起，只要有骑士的行为举止，所有高等或低等贵族的家属成员都可以成为骑士。

然而，从 13 世纪中叶开始，成为骑士已不再那么容易。骑士阶层，已成为相对封闭的世袭身份。要成为骑士中的一员，需要拥有证明身份的"骑士出身"，即骑士祖先的直系血统。

尽管在古罗马社交场，已经有享誉盛名的骑术团体，但骑士阶层的起源主要是在当今的法国。从那儿成功地经过荷兰 – 洛林语言区向东发展，形成了一个包括"宫廷爱情"和格斗竞技的骑士文化，其文学见证是宫廷诗歌、情歌和骑士罗曼史。他们对社会给以理想描绘，对生活赋予积极态度（"乐观高昂的情绪"），确立的价值观是"体面的社会名誉""有序的生活方式"和"奉献的爱情"。

就像骑士阶层一样，从 12 世纪中叶到 14 世纪末存世的情诗，也经历了社会变革。在 1170 年至 1200 年之间，诗人主要歌颂柏拉图式的对尊贵女性的爱，对"贵族夫人"高级的爱即"纯洁的爱"，一个骑士应该因此而经历道德的净化。

与此相反，中世纪的重要诗人瓦尔特·冯·德·福格尔魏德，表达所谓的"低级"情爱，这是一种与相互吸引相连的对下层阶级受人尊重妇女的"心爱"。因此，他在形式和内容上，都克服了宫廷诗歌的传统惯例。在超过 25 篇诗人的手稿中，共有 500 段诗节得以留传。作为旅者，他从一个宫廷到另一个宫廷，之后在 1220 年，他从腓特烈二世国王那儿，获得了一块采邑封地，并在那儿定居下来。

腓特烈二世热衷于鹰猎，甚至还写过一本关于鹰猎的书。这张他的文稿《关于鹰猎》的细密画封面，描绘了腓特烈和他的鹰猎师

普利亚的孩子

腓特烈·巴巴罗萨死后，统治权交给了他的第二个儿子亨利六世（史书中也有按德语发音译为"海因里希六世"——译者注）。由于亨利六世与西西里岛国王鲁杰罗二世的女儿科斯坦察结婚，这位新的统治者名义上也是西西里岛国王。

但他想让德意志国王王位在施陶芬家族中成为世袭的意图，在德意志王侯的反对下却无法得到实现。1197年9月28日，亨利六世在墨西拿为一次十字军东征做准备时，死于疟疾。

次年，帝国历史上第一次进行了两个大选。一些王侯支持腓特烈·巴巴罗萨一世的小儿子菲利普·冯·施瓦本，而其他王侯则支持韦尔夫家族的奥托四世。

这两个选举过程，都并非没有瑕疵。菲利普是在错误的地点美因茨被加冕为国王，但有正确的帝国象征物；而奥托四世虽然是根据规定在亚琛登基，却没有合适的主权标志物和加冕饰品。

教皇意诺增爵三世站在韦尔夫家族一边，因为他认为，这将在意大利为他带来政治利益。菲利普派的支持者们愤怒地抗议，并向教皇解释："智慧无法想象，常理无法相信，怎么一切正义，都在迄今法律基础仍未动摇的地方被推翻。以教皇之神圣，怎能伸张他从未拥有的权力？"

这场关于王位的争吵，是德意志历史的转折点——德国终于成为选举君主制国家，而不是像英国或法国那样的世袭君主制。

菲利普于1208年6月21日，在班贝格被巴伐利亚伯爵奥托八世·冯·威特尔斯巴赫谋杀。在这之后，奥托四世作为统治者获得了普遍的认可。然而，他所施行的意大利政策，很快与教皇发生冲突，教会领袖遂又支持巴巴罗萨的孙子腓特烈二世，后者被反对者嘲笑为"来自普利亚的孩子"。

意诺增爵三世直到1208年都是腓特烈二世的监护人。在还未满18岁时，腓特烈二世于1212年12月9日被加冕为国王，并迅速在德国取代了那个越来越失去影响力的奥托四世。

腓特烈二世把主要精力放在了他广泛的兴趣上，如诗歌、数学、自然科学和哲学。他还把西西里岛发展成为一个组织完善的公务员国，但在德国和意大利北部，国王还必须通过势力来实现意愿。

1228年7月，在教皇的强力催促下，腓特烈二世兑现了他13年前给教皇的诺言。1215年国王在亚琛重新加冕之时，他曾向教皇保证，将对圣地发动十字军东征，但出发的日期却不得不几次推迟。

经过多次谈判而不是血战，腓特烈二世于1229年2月实现了基督教朝圣地的权力移交，并于1229年3月18日在圣墓教堂自我加冕为耶路撒冷王国国王。

在施陶芬王朝的统治下，出于传统习惯而被承认的法律，第一次以书面形式制定出来。由骑士艾克·冯·莱普哥夫在1220年至1230年之间编写的《萨克森之镜》（在一些汉语文献中，按照德语读音被译成"萨克森斯皮格尔"，但以其德语意译，"镜"为法律文献名更恰当——译者注）在某些德国地区，直到19世纪仍然有效。

这是德国的第一部法律法规，系统性地将地方法概括为私法、刑法、诉讼法和司法审判组织法以及采邑法。莱普哥夫从上帝的旨意和神权的规矩中导出律法，例如，对于严重的财产犯罪和危害人身和生命的罪行，采取严厉的惩罚："盗贼应该被处以绞刑。……所有杀人犯以及抢劫犁、磨坊、教堂、墓地的罪犯和烧杀者……都应立即被车裂。那些杀害、关押或抢劫别人者……那些破坏和平和通奸被抓者，应该被砍头。"

1250年12月13日，腓特烈二世在意大利佛罗伦萨去世。一位同代人矛盾地评判道："腓特烈一直喜欢与教会争吵，并多次与那些抚养、捍卫和抬高他的人斗争，对上帝的信仰于他而言是陌生的。有时他也是一个积极活跃的人，如果他想表现出自己的修养和礼貌，则会表现得友善、舒服和愉快。"

随着腓特烈二世的去世，施陶芬王朝的力量瓦解了。他的儿子康拉德四世，在 1254 年去世时年仅 26 岁，这也同时结束了德意志王国国王对意大利大部分地区的主权。

康拉丁是最后一位合法的施陶芬君主，在他尝试夺取西西里王国王位失败之后，于 1268 年 10 月 29 日在那不勒斯被斩首，年仅 16 岁。

通往东方之路

一个一直持续到 15 世纪中叶的全球气候变暖，以及农业领域的技术成就和进步，推动了欧洲人口在 1100 年至 1400 年之间几乎翻了三倍。为了能够供养所有人，必须加强土地的利用：居民区域被扩大，沼泽地带被排干，

大片森林被砍伐而变为耕地。

但是，从长远来看，这些措施还不够，帝国必须向东方扩张。

从 1125 年到 1137 年，在苏普林堡王朝洛泰尔三世

德意志骑士团推动了东方殖民。教室墙壁画，约 1935 年

的统治时期，帝国东边和东南边的地区，已进入帝国政治视野。而在那些斯拉夫人、阿瓦尔人和匈牙利人的边缘地区，恰恰人烟稀少。

从12世纪中叶开始，东北地区新的定居区的开发得到了推动，尤其是通过萨克森统治者狮子亨利和勃兰登堡潘侯阿尔布雷希特一世的努力。狮子亨利创立了拉策堡、奥尔登堡和梅克伦堡的教区，并让弗兰芒、荷兰和低地德意志的农民进入该地区。

在今天的东荷尔斯泰因、梅克伦堡、波美拉尼亚和东普鲁士，在哈弗尔兰、劳西茨、萨克森以及西里西亚，都开始小规模地、逐步地形成德意志居住区。

移民扩张

大约从1200年开始，有计划地移民取代了军事征服。

那些已经皈依了基督教的斯拉夫王侯，也开始招纳德国农民、商人和手工业者。部分斯拉夫人被驱离，部分则加入新定居点的建设。

两个世纪中，超过25万人从西向东迁移，移民运动直到1350年左右才渐渐放缓并最终停止。

通常，定居是在合同基础上进行的。当地领主各自委托所谓的定居办事人（土地分派人），来招纳新的定居者，并分派仍未开垦的土地。新村庄的位置和田舍的规模，由双方共同确定，每个定居者通常得到一个胡符（德国农村土地的计量单位，大小因地而异——译者注），每一胡符取决于所用的测量单位，约介于16.8—24公顷之间。

招纳人（土地分派人）通常因此得到的奖励是，他不仅得到最大的田舍，而且得到定居点的长官职位，他被允许代表领主行使较低的诉讼管辖权，而且还被允许

马尔堡城堡至今仍是一个气势壮观的建筑群

传承这个职位。

个别的德国骑士和宗教修会，尤其是熙笃会，也参与了移民扩张，其动机主要是出于经济考虑。新移民希望获得比旧故乡更多的经济收益、更大的自由度和更好的生活，而领主们则想通过增加经济实力，来加强他们的统治。

一般情况下，1188 年官方正式宣布的《马格德堡法律》，依然适用于新兴城市。在许多西斯拉夫地区，包括一直深入到今俄罗斯地区，都已有内部制度，规定了城市居民的权利和义务，规定了商务法、婚姻财产法、继承法以及刑法。

德意志骑士团

德意志骑士团在向东方移民中发挥了重要作用（德意志骑士团在许多汉语文献中被译为"条顿骑士团"，因为日耳曼人或德意志人最早也常被译为"条顿人"——译者注）。

这是一个在 1190 年十字军东征到阿卡（位于现在的以色列北部）之前，由德国商人作为医院兄弟会而建立的社团，并在 1198 年转变为教会的骑士团。在十字军东征结束后，这个社团在东方找到了一个他们新的活动领域。

1226 年，统治着马佐夫舍侯国部分领地和库亚维（波兰）的康拉德·冯·马佐夫舍，请求骑士团帮助他对抗异教徒古普鲁士人，一个在维斯瓦河和尼曼河波罗的海入海口之间居住的波罗的海民族部落。作为回报，他给予骑士团对波兰库尔默兰地区的主权。骑士团团长赫尔曼·冯·舒尔茨马上答应了他，从而利用了这一意外得到的机会。

波兰历史画画家扬·马泰伊科于 1878 年所绘的坦能堡战役，画的中央是立陶宛大公维陶塔斯，其左是容金根的死亡（穿白色骑士僧袍）

赫尔曼兴奋地让神圣罗马帝国皇帝腓特烈二世，将维斯瓦河右岸格鲁琼兹城和托伦之间的地区，在一份"里米尼的黄金诏书（皇帝金玺诏书）"上划归于他。此外，他和其后的所有骑士团团长，都能获得帝国侯爵头衔。

这是德国人和波兰人之间，千变万化的共处时代的开始。穿着白色外套和佩戴黑色十字架的教团弟兄，残暴地征服了那些还没有皈依教会的古普鲁士人，并使其在 1283 年几乎被彻底灭绝。支持还来自教皇额我略九世，他于 1234 年在一份"列蒂的黄金教谕（教皇教谕）"中，将这个未来的骑士团国家置于他的统治之下，并以这种方式使波兰失去了对这个骑士团国家的掌握，在法律上使其直属罗马教会。

在这片土地上，修建了许多新的城市和城堡，包括诺加特河畔（维斯瓦河入海支流）的马尔堡城堡，成为 1309 年至 1457 年之间德意志骑士团团长宫邸。

骑士团对领土扩张的兴趣，随着骑士团人数的增加而增加，通过 1237 年对立窝尼亚宝剑骑士团的接收，骑士团控制了如今在爱沙尼亚和拉脱维亚领土上的更大区域。但是，他们试图征服俄罗斯西北贸易都会诺夫哥罗德的尝试失败了，在 1242 年 4 月 5 日的楚德湖冰面战役中，骑士团被诺夫哥罗德大公亚历山大·涅夫斯基击败。

尽管如此，短时间的获取库尔兰、苏达温、瑟米加利亚、哥得兰岛和勃兰登堡的诺伊马克，对整顿巩固骑士团有很大帮助，也使其成功地在 1308 年至 1309 年间，将波兰包括但泽在内的"维斯瓦波美拉尼亚"收为己有，从而使波兰失去了通向波罗的海的通道。

德意志骑士团是分层级组织的，它的顶层是由总会选出的终身最高首领，即骑士团团长。它最重要的高官是所谓的五大领域统领：元帅（负责战争事务）、斯皮特勒（负责医护救助）、特拉皮尔（负责装备）、特雷斯勒（负责财务）以及负责内部行政的骑士团团长代理人"大统领"。一个骑士省的管理，由一个地区统领负责，一个统领主持骑士团驻地及骑士团集会等事务。骑士团国家的任务，是包括土地利用、建立国家行政机构以及促进文化和科学发展。

出于双方对领土主权利益的关注，骑士团与波兰的关系一直紧张。

波兰 - 立陶宛双重国家的出现，导致了骑士团国家的消亡。这一君合国，是 1386 年波兰王位继承人雅德维加与立陶宛大公雅盖沃婚姻的产物，后者为此接受了天主教信仰，并因此以瓦迪斯瓦夫二世·雅盖沃的身份，戴上了波兰王冠。在雅盖沃王朝的统治下，德意志骑士团陷入到这个新的强权政权的夹困之中。

另外，人们对德意志骑士团在波兰传教活动的基督教，以及进而对骑士团国家的存在，从根本上提出了质疑。波兰律师帕维尔·沃德科维茨，针对骑士团的扩张政策汇集整理了 52 项指控，其中包括："1. 尽管异教徒不是教会的羊，但无疑是基督的羊……3. 基督教王侯不允许在没有正当理由的情况下，将犹太人或其他异教徒赶出他们的家园或抢劫他们……31. 不允许用武器或压迫方式，来强逼异教徒信仰基督……43. 如果人们观察那些戴十字架者对异教地的侵略及其他战争行为，那么，这些就该被判定为是一种迷信，而不是一项虔诚的事业……"

坦能堡战役及其后果

1410 年 7 月 15 日，在坦能堡进行了一场决定性的战役。德意志骑士团的惨败，标志了骑士团统治在普鲁士走向衰落，它是波兰－立陶宛崛起而成为欧洲强权的开始。人数占优的波兰－立陶宛军队，摧毁了由高贵的骑士团团长乌尔利希·冯·容金根率领的德意志骑士团，容金根和大多数高级官员在战役中阵亡。

许多城市和骑士团要塞丢失，仅有马尔堡城堡经受住了围困。新任团长海因里希·冯·普劳恩和他的继任者不得不在他们的两个王位任期中签署和约（1411 年和 1466 年），放弃了骑士国大部分领地，并承认波兰对他们占据的剩余领土的主权。

宗教改革之后，最后一位骑士团团长阿尔布雷希特·冯·勃兰登堡－安斯巴赫，取消了骑士披风和骑士团团长的荣誉，并将骑士国变革成一个世俗的普鲁士公国，同时引入宗教变革，在德意志大地上建立了第一块新教领地。1544 年，阿尔布雷希特在他的首府官邸柯尼斯堡创建了一所大学，该大学后来成为波罗的海地区最有名望的大学之一。

国王与选帝侯

最后一个施陶芬君主去世后，开始了一个动荡和权力斗争的时代，即所谓的空位时代。

1257 年 4 月 1 日，发生了一次选举风波：在 7 位有权投票的教会和世俗王侯中，有 3 位投票给西班牙国王阿方索十世作为德意志王国国王，3 位选择了英国国王理查德·冯·康沃尔，而波西米亚国王奥托卡二世同时投票给两个候选人，这就导致了僵局。

参与 1257 年德意志王国国王大选的选帝侯，遂成为王位争夺的对手，同时他们利用投票权来接受贿赂以增加财富，阿方索十世和理查德均买了波西米亚的选票。

选举 6 周后，理查德·冯·康沃尔在亚琛加冕，但他并未能击败阿方索十世，两者也均未获得普遍认可。阿方索十世根本就没在帝国出现过，理查德·冯·康沃尔则到 1269 年穿越海峡四次来到帝国境内。理查德·冯·康沃尔于 1272 年去世，不久后，阿方索十世退位。

哈布斯堡王朝

近 20 年后，第一位出自哈布斯堡家族的选帝侯当选为德意志王国国王，结束了空位时代。

1273 年 10 月 1 日，选帝侯们选择了 55 岁的鲁道夫一世。这位帝国西南部最有影响力的统治者，强行除掉

鲁道夫·冯·哈布斯堡封授封他的两个儿子。细密画，约1555年

黄金诏书（金玺诏书——译者注）

查理四世与诸王侯之间的协定被证明具有持久的重要性：所谓的黄金诏书，是一份皇家证书，得名于所附的金玺。它是于 1355 年 11 月底至 1356 年 1 月上旬在纽伦堡谈判中形成的。31 章节中的 23 章节，于 1356 年 1 月 10 日在纽伦堡公布，其余章节则于 1356 年 12 月 25 日在洛林梅斯的帝国议院公布。这是神圣罗马帝国最重要的法律文件之一，规范了通过选帝侯选举和加冕罗马 - 德意志国王的程序和方式，只有选帝侯允许选举国王。

美因茨大主教的任务是，当一位统治者去世后，他来

金玺，查理四世，1356 年（德语原书为 1376 年，应该是个错误——译者注）

邀请选帝侯们前往美因河畔法兰克福的巴托罗缪教堂举行新的选举。作为宰相大臣，选举投票的组织事务也由他办理。

投票顺序规定：首先是特里尔和科隆的大主教，然后是波西米亚国王，再接着是莱茵行宫伯爵、萨克森腾贝格公爵和勃兰登堡藩侯，美因茨大主教是最后一个投票的。这样，即使出现票数相同的情况，这一票也是决定性的一票。

国王应该始终在亚琛加冕，这之后的皇帝在罗马加冕。

继承权和投票权之间的这种混合形式一直存在，直到 1806 年老帝国结束为止。

了他最强劲的对手——波希米亚国王奥托卡二世，后者利用了"空位时代"来掠夺领土。由于他不承认鲁道夫一世的统治，因此被鲁道夫一世拖上法庭，并要求剥夺他赢得的地盘。奥托卡二世诉诸武力，但在一场欧洲最大的骑士战役之一，即 1278 年 8 月 26 日在下奥地利地区的杜恩克鲁特 - 耶登施派根战役中战败而逃亡。

之后，哈布斯堡王朝竭力在帝国的东南部建立新的势力基础，1282 年在征得帝侯们同意的情况下，鲁道夫一世将奥地利的施蒂里亚、克恩顿及克拉尼斯卡，授封给自己的儿子阿尔布雷希特和鲁道夫。

他一直没戴上皇帝的桂冠，多次的教皇更替使商定好的加冕礼日期一再作废。鲁道夫一世于 1291 年 7 月 15 日在施派尔去世。

此后不久，1291 年 8 月，三个瑞士的"古州"——乌里、施维茨和翁特瓦尔登结成所谓的永恒同盟，哈布斯堡家族开始从他们的发源地被排挤。尽管如此，君王的尊严和荣誉，在很大程度上依然掌握在他们手中。除了 1292 年至 1298 年、1308 年至 1437 年和 1742 年至 1745 年之外，哈布斯堡王朝一直到 1806 年，始终都坐在德意志王国国王或者说坐在神圣罗马帝国皇帝的宝座上。

通过对选帝侯大范围的让步，莱茵河中部的阿道夫·冯·拿骚伯爵，于 1292 年 5 月争取到了王冠。但他攻击性的家族权势扩张政策，使他很快就失宠，任职 6 年后，选帝侯罢免了他。这样，在 1298 年 8 月，哈布斯堡王朝鲁道夫一世的儿子阿尔布雷希特一世在亚琛加冕。1308 年 5 月 1 日，他成为侄子约翰·冯·施瓦本谋杀的受害者，后者从此得到一个别名叫"Parricida"，拉丁语的意思是"父亲或亲戚的谋杀者"。

卢森堡王朝及维特尔斯巴赫王朝

7 个月后，亨利七世成为首位获得德意志国王尊严的卢森堡王朝国王。他于 1312 年 6 月加冕为皇帝，却于 1313 年 8 月因卷入作为皇帝派的吉伯林派与忠于教皇的归尔甫派之间的冲突，在意大利锡耶纳附近去世。

但是，亨利七世通过他的儿子约翰的封邑波西米亚，显著增强了卢森堡王朝的家族权势，这属于他短时间执政期内的中心政治措施之一。

那位通过卢森堡王朝的运作，而于 1314 年 11 月当选为国王的维特尔斯巴赫人路易四世，即那位也被叫作路德维希·德·拜耳的人，首先对阵的是受哈布斯堡王朝支持的美男子腓特烈三世。

在一次进兵意大利时，路易四世于 1328 年 1 月 17 日在罗马的圣彼得大教堂，被主教们以人民的名义加冕为皇帝。当居住在法国南部阿维尼翁的教皇若望二十二世不愿承认时，1338 年 7 月 16 日，统治者和聚集在莱茵河畔伦斯的选帝侯，宣布德国国王和皇帝正式与教皇脱离关系，"皇帝的尊严和威权直接来自唯一的上帝"，这符合"法律和历来公认的习俗"，是"由帝国的选帝侯在不一致的情况下，由他们中的大多数独立选举出来的罗马国王，而不是也并非需要使徒的任命、承认、确认、认可或授权，才来承担帝国财产和权力的管理或者国王头衔的管理"。

但是，这种团结一致并没有持续很长时间，当选帝侯感到路德维希的影响力太大时，他们中的五个人于 1346 年 7 月 11 日选举卢森堡王朝的查理四世为对立国王。这位维特尔斯巴赫人在 15 个月后的一次出游狩猎中，因心脏猝停而死亡，使帝国避免了一场新的权力争斗。

作为中世纪晚期最重要的德意志王国国王之一，查理四世不是通过战争，而是通过政治权谋和外交手腕，提高了自己的家族势力。通过合同协议，他拥有了西里西亚公国、下路萨提亚和勃兰登堡。他与第 4 任妻子伊丽莎白·冯·波美拉尼亚于 1363 年的婚姻，也使他得以进入波罗的海。

许多具有代表性的建筑，如查理大桥和卡尔施泰因城堡，以及布拉格城堡旁城的扩建，使他所住的布拉格成为了"黄金城"。

查理的儿子西吉斯蒙德于 1410 年当选为国王，这也是他的家族中的最后一个国王。

在西吉斯蒙德于 1437 年 12 月去世后，哈布斯堡王朝再次找到了机会：1440—1493 年在位的德意志王国国王腓特烈三世，于 1452 年 3 月成为最后一位在罗马由教皇加冕的神圣罗马帝国皇帝。他的儿子马克西米利安一世，通过与拥有荷兰和勃艮第自由伯爵领地的玛丽亚·冯·勃艮第的婚姻，并借助聪明的婚姻策略，保证了哈布斯堡王朝对西班牙、波西米亚和匈牙利的主权。对马术格斗比赛的偏爱，为马克西米利安一世赢得了"最后一位骑士"的外号。

同时，他着手展开早该进行的帝国改革，但却半途而废。

作为皇帝，他虽然是帝国的最高首领，但立法却由帝国议院负责，并以所谓的"帝国通过"公布。在这里，超过 350 个教会和世俗的帝国政治实体起着决定性的作用。除了选帝侯和其他王侯，世俗代表还包括自由的帝国城市。皇帝与帝国政治实体之间在利益和观点上的矛盾，阻止了一个中央集权国家的出现，即一个统一执政的国家政权。

德国最大城市——科隆在 1493 年出版的《舍德尔编年史》中的图示

最后，帝国议院与马克西米利安一世，在 1495 年的沃尔姆斯帝国议院会议上，达成了一个"永久国家和平"规定，这是对复仇争斗的明确禁止。迄今为止，那些认为自己的权利受到损害者，能够通过如发送复仇信这种传统方式向违法者宣战，并对其对手造成尽可能大的伤害。在中世纪后期，相当多的贵族利用"复仇权"，进行了拦路抢劫或其他暴力犯罪。

在沃尔姆斯帝国议院会议上，另外还决定创建一个帝国枢密法院，这个帝国最高法院位于美因河畔的法兰克福，从 1526 年至 1689 年移往施派尔，然后一直到 1806 年再次迁移到韦茨拉尔。除其他事项外，它也负责处理下人针对领主的指控，惩处针对公共秩序或公共和平的违法行为，在严重情况下，对违法者处以剥夺法律保护的制裁。

但是，所有的改革努力，都无法打破德意志民族神圣罗马帝国的复杂组织结构。

城市空气带来自由

随着中世纪贸易和经济的兴盛，尤其从 13 世纪开始，城市发展成为经济力量的中心，对外以盾徽（也译为纹章——译者注）和城市封印记录表现。

借助它们的经济力量和自己建立的法律制度（例如科隆、吕贝克和马格德堡城市法），它们成为了除教会和贵族之外的政治权力元素。

如果一个城市能摆脱对城市所有者（通常是领地王侯）的依赖，并能任命一个自己的市长，那么其政治影响力就会更大。

城市组织

伴随着城市的蓬勃发展，随之而来的是自信的公民社会的出现，以及从长远来看对传统贵族统治结构的抛弃。

与乡村不同，城市中的生活必需品，是分工合作生产的。虽然人们居住狭窄，但享受自主和人身自由。一个曾经依附于领主的人从乡村搬到城市，并居住了一年零一天后，对此人而言，就是"城市带来自由！"在他完成公民誓约后，他被允许购置地产并遗赠给他人。

在当时，德国各地城市的出现形式不同，除了德国西部和西南部那些老的罗马人定居点（例如奥格斯堡、波恩、科隆和特里尔）以外，还出现了有计划的、有常规平面布局而且交通方便的新建城市。另外，在重要的主教居住地附近，也发展成了城市居民点（例如希尔德斯海姆、马格德堡和维尔茨堡），或者那些皇帝行宫地（亚琛、戈斯拉尔、奎德林堡）也是如此。

新建城市还包括布赖斯高地弗赖堡（1120 年建）和吕贝克。吕贝克建于 1143 年，以前是斯拉夫侯爵府所在地。这座城市被赋予一个城市宪法及一个自己的城市法，后来成为许多城市的典范。

在人口方面，德国城市无法与那些在 14、15 世纪时城墙内已经不时超过 10 万人口的"世界城市"伦敦、巴黎和威尼斯比肩，但作为中世纪晚期德国最大的城市，科隆约有 4 万多居民。

城市居民在面临日常生活和卫生条件的问题时，基本上无能为力。瘟疫夺走了无数受害者的生命，由于收成不好，饥荒不会在城门口止步，它也困扰城内的居民。在战争时期，火灾使建筑拥挤的住宅区和它们曲直蜿蜒的街巷变成废墟。木材和黏土是桁架砖木结构最重要的

工匠建造亚历山德里亚城。湿壁画，1408—1409 年

建筑材料，在这种结构形式的房屋中，通常不分隔生活与工作场所。

在狭窄的空间中共同生活，需要一个严格的法律制度，这适用于城市管理以及商业等的变化。为了简化，人们将城市市政划分为多个城区，在较大的城市中，这些城区通常以各自教堂的名称来称呼，被称为教区，它们也监督执行管理城区的共同事务。

任何违反法律的行为都会受到严惩。为了强迫认罪并行使体罚和死刑，在惩罚严重犯罪时经常使用酷刑，被叫做"令人痛苦的审问"。对于抢劫、谋杀、背叛与暴乱以及纵火和伪造钱币等罪行，皆适用死刑。死刑执行有许多方式，例如绞刑、斩首、溺死、桩刑、车裂、火刑或者分身。

但是，法律制度还是有了进一步的发展，再也没有根据旧日耳曼的传统，依照决斗来作出判决。

轻度犯法者由城市居民处以罚款，无力偿债者被置于狱堡中。对通奸、诱奸、诽谤、吵架和酗酒或不道德行为等则处以羞辱，这包括在耻辱柱上的公示和公共场合的体罚。荣誉惩罚是一种较为宽容的体罚形式，它使得受罚者丧失公民身份。例如，失去荣誉的人不再允许出庭作证，不再有公民宣誓资格，以后再也不能从事体

面的职业。

作为其他许多城市范本的吕贝克城市法律，它体现了市议院、市政府和公民之间的互动合作。

公民身份包括可以证明其城墙内的房产和财产所有权，他们是通过生育或支付不少数目钱财而获得公民权的人。

中世纪的法律体系中，令人注目的是议院的强势地位，而议院无论对内还是对外都代表了城市社区。任何能够"自由出生，不是任何人的私生子，不在统治者那儿就职"的人都可以被选入议院。"他有好的声誉，由一个非私生子的自由母亲生育。而且，他不是一个教会的人，也不是一个神父的儿子。他还应该在城墙内拥有自己的地产，没有因为伪证而成为不合法的人，也无需通过手工业而获得食物。"根据这一表述，只有城市中的商人或独立土地所有人才能进入议院，并从其中选出

一位（或有时两位）市长。

在实践中，这导致了本已狭窄的"可选"人员圈子的进一步缩小，"可选"的贵族家庭世代相传，决定了一个城市的命运。

工匠无法进入议院，这导致不时发生争吵和动乱。对他们而言，这些不仅仅涉及参加城市统治，而且还涉及税收的使用或者降低应交税款的问题。

工匠与商人

手工业者通过行会联合在一起，并受到行会规则的严格管理，商人则通过商会合作征收关税。当权者还要求增加货运量，来获取他们的收益。

最早提及行会这个概念的，是 1226 年在巴塞尔的一份文件中针对皮毛业合作体的描述。但是，其实这样

一个汉萨同盟城市的港口。彩色石版印刷，1909 年

的行会更早些就存在过，例如在沃尔姆斯的贩鱼行会（1106年）。

城市工匠试图通过行会来避免不愉快的竞争，行会强制保证了这一点。行会会员身份，是允许其在相应城市内或城市外一定范围内，从事相关行业以及销售产品的前提条件。违反此规定的任何人，都被视为拙劣者、废物或者野兔（北德地区口语）而遭到追究。行会的主要关注点是确保师傅及其家人的生计，这为通过开设更多作坊工场和增加员工来扩展各自的业务设定了狭窄的界限。如果一个行业中已经有太多的经营者挤在一个城市，那么以此就可以限制更多的同行涌入，尤其当某行业由于经济衰退而陷入困境时。对需求量依赖贸易发展的手工业者而言，例如生产桶和缸的木桶匠，他们会受到经济波动的极大影响。

只有师傅才能成为一个行会的正式成员。他们也是推选行会大师的人。大师就是所谓的"老人"，他们监督行规的遵守情况。

但是，行会并不仅仅像今天的同业会，或者像今天的手工艺者协会这样的职业联合会。它在城市社会生活中发挥着至关重要的作用，尤其是行会的正式成员。在发生战争的情况下，行会负有共同的警卫责任，负责守卫城墙的各个部分并参与灭火。行会建筑的房间，为会员提供了社交团聚的空间，并且通过公共金库向患病的行会兄弟及其寡妇借贷和资助。此外，在自愿基础上建立的兄弟会，会办理适当的死者葬礼和庄重的死者纪念活动。

商人商会的运作方式与此类似，当然远洋商人与小商小贩有区别。在大型贸易城市中，经常前往某个目的地的外贸商人，合作组成货运协会。1246年第一次被提及的最早的这类协会之一，是"科隆波罗的海"兄弟会，

汉萨同盟城市施特拉尔松德市印，1329年

即斯科讷兄弟会。

在吕贝克，第一批汉萨同盟商人和水手的协会记载，出现在1365年；在汉堡，这样的货运协会，成立于14世纪下半叶。除了商船联合运输所产生的经济效益，商人联合体对于促进社会凝聚力也贡献了一份力量。另一个重点，是通过慈善事务来拯救灵魂，如捐献祭坛和追思弥撒时的代祷。

汉萨同盟

由于与制造业相比，贸易虽然要承担更高的风险，但所能获得的利润也要大得多。所以贸易城市通常不仅在经济上更强大，而且在政治上也更举足轻重。一方面得益于新贸易之路的德国南部城市是如此，如纽伦堡和奥格斯堡，另一方面如汉萨同盟城市也一样。

为了互相加强各自在政治或经济上的实力，自13世纪以来城市就已经结成同盟。这方面的先驱者，是莱茵城市联盟，在1254年至1257年之间，包括亚琛、吕贝克、雷根斯堡和苏黎世在内的70多个城市属于该城市联盟。到15世纪中叶，这种类型的城市联盟，几乎已经遍布了整个帝国。

国王和王侯们并不喜欢这些联盟，所以这也是1356年的黄金诏书明令禁止各种联盟的原因。

第一次汉萨同盟会议也于1356年举行。会议上，出于共同的经济利益和必要的互相支持，形成的城市联盟"德意志汉萨城市"确立了一份章程。汉萨同盟开放了东部海域地区（即波罗的海，位于德国东部——译者注），并以一种前所未有的方式，将陆地和海洋贸易联系在一起，这使它拥有特殊的地位。

在大城市如布鲁日和伦敦、挪威的卑尔根和俄罗斯

西北部的诺夫哥罗德，汉萨同盟的商人建立了拥有自己法律管辖权的分支机构，并形成了垄断，从而使他们能够提高经济实力并实现利润最大化。在它的鼎盛时期，有超过 160 个商业城市属于汉萨同盟，从莱茵河下游到波罗的海，从斯德哥尔摩到布雷斯劳。

主要贸易商品，是来自德国东部的谷物，来自吕讷堡盐场的盐，来自伦敦和布鲁日的羊毛和布料，来自俄罗斯的皮草以及来自斯堪的纳维亚半岛的木材和鱼类，而鱼类中的鲱鱼和干鱼，作为封斋食品非常重要。

为了成为汉萨同盟的一员，必须承担视汉萨同盟商人与当地商人同等地位的责任，并提供保护使其免受攻击。此外，必须遵守通常每年在吕贝克举行的汉萨同盟会议的决定，而且必须参加共同协定的战争。1284 年，通过对挪威的商业抵制，汉萨同盟已经展现了自己的强大实力：谷物交易被停止，直到挪威人不仅交还了汉萨同盟商人之前的权利，而且还扩大了自己的特权。对布鲁日和佛兰德斯的贸易禁令，在 1358 年同样获得成功。

汉萨同盟针对丹麦国王瓦尔德玛四世阿道戴的行动，是他们能庆祝的最大成功。1361 年，阿道戴将哥特兰岛包括汉萨同盟城市的维斯比吞并，汉萨同盟因此向他宣战。1370 年 5 月 24 日，丹麦国王不得不在《施特拉尔松德和约》中，将赫尔辛堡、玛尔摩、斯卡讷和法尔斯特布的要塞割让给汉萨同盟长达 15 年，并给予及保障了汉萨同盟在整个丹麦和斯卡讷（瑞典南部）的自由贸易权。

汉萨同盟还成功地抵御了海盗。海岛的首领克劳斯·斯托特贝克和戈德克·米歇尔，于 1401 年分别在黑尔戈兰岛和威悉河被逮捕，并随后被斩首。

汉萨同盟在 15 世纪渐渐走向衰落，致使汉萨同盟丧失势力和重要性的关键因素，在于除了日渐加剧的贸易和生产方面的竞争，还有波罗的海地区（英国、丹麦、瑞典和俄罗斯）的领主主权国家日益增长的力量。

在 1669 年 7 月的最后一次汉萨同盟会议上，仅有 6 个城市参加。然后，汉萨同盟终于彻底成为历史。

大瘟疫及其后果

伤寒、霍乱和天花等流行疾病，在中世纪不断造成许多人的死亡。但这些流行病都没有鼠疫来得猛烈，在 14 世纪中叶，它仅在欧洲就杀死了大约 2500 万人，约为当时人口的三分之一。

瘟疫于 1333 年在东方爆发，在随后的几年中，经波斯、俄罗斯和小亚细亚蔓延到西方。鞑靼人在 1346 年至 1347 年包围黑海边的热那亚商业中心卡法（现为费奥多西亚）期间，甚至将己方的瘟疫尸体，用作"生物武器"越过城墙扔进城里，瘟疫立即在整个城市蔓延。瘟疫还通过热那亚商船，从克里米亚传到墨西拿，再经海路传到马赛。随后，鼠疫向北方蔓延，并通过瑞士，于 1349 年也来到德国。

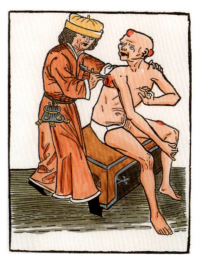

一个中世纪的瘟疫医生割开一个病人的肿块

黑死病的蔓延

黑死病不仅光顾穷人，也照样光顾富人。而富有的神职人员和贵族们，以及商人和医生，能在面对黑死病时，通过逃离来尽快躲避。

瘟疫的后果之一，是城市基础建设和社会规范的崩溃。父母杀死他们的孩子以免去他们饱受煎熬地死亡；病者被自己的家人和朋友抛弃，甚至神职人员都会拒绝协助病人。

瘟疫医生希望通过又长又厚的罩袍以及充满香料和香味化合物的喙状口罩，来保护自己免受感染。

人们认为，空气中的腐烂物质会传播瘟疫，所以希望瘟疫可以通过香水或烟熏来阻隔。事实上，医生也做不了更多，他们也只能割开瘟疫患者的肿块，并排出脓血。

瘟疫肆虐是具有宗教性的。基督徒将瘟疫视为上帝对人类罪恶的惩罚，现在只有通过赎罪来获得上帝的宽宥。大队的所谓盖斯勒（也叫鞭笞派，来自拉丁语"flagellum"）在乞求的人群中，在赞美诗和赎罪的歌声中穿过大地，并用荆棘球击打自身。通过积极忏悔来摆脱瘟疫的希望，让全体人民涌向盖斯勒，他们誓言今后要过更加虔诚的生活来预防瘟疫。

犹太人

犹太人充当了瘟疫发生的罪人：谁该为耶稣基督被钉上十字架负责，那也就可以相信谁就会在井里下毒，

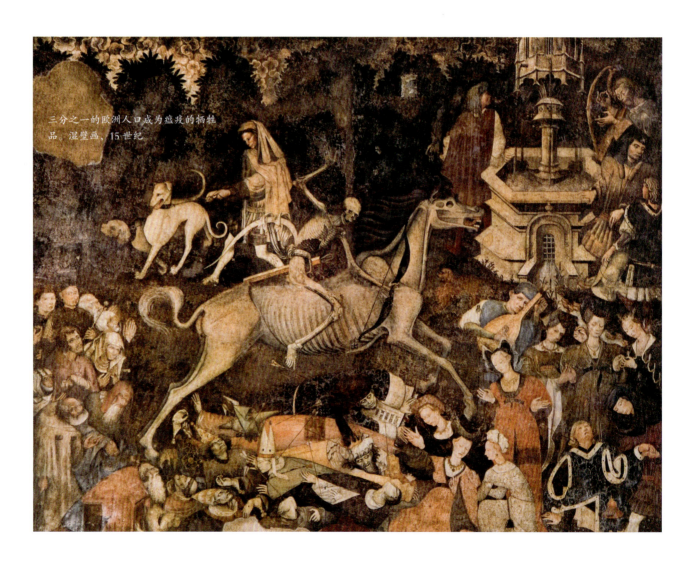

三分之一的欧洲人口成为瘟疫的牺牲品。湿壁画，15世纪

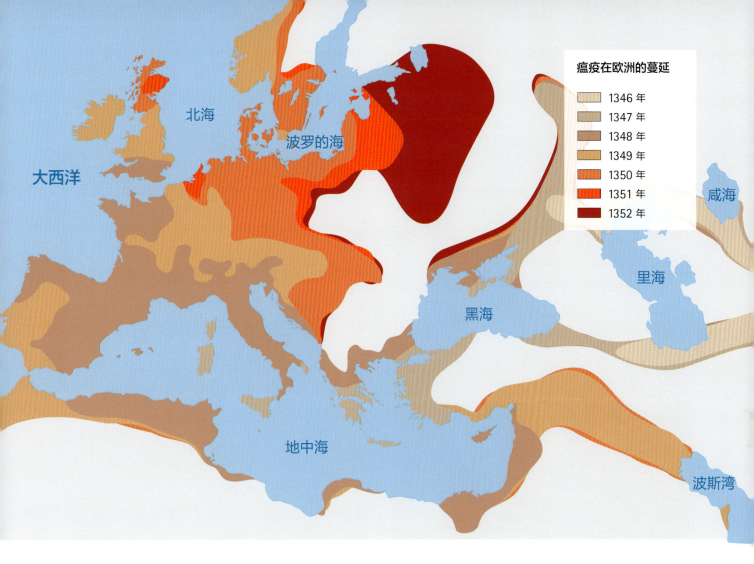

瘟疫在欧洲的蔓延

大西洋

北海

波罗的海

咸海

里海

黑海

地中海

波斯湾

瘟疫在欧洲的蔓延

1346 年
1347 年
1348 年
1349 年
1350 年
1351 年
1352 年

并以这种方式造成瘟疫。1348 年 9 月，日内瓦湖附近的一群犹太人被指控犯有这一罪行，在他们的四肢被打折和双手被压烂之后，他们供认了强加给他们的不法行为。

在许多地方，例如 1349 年 2 月在苏黎世和斯特拉斯堡，以及 1349 年 7 月在巴塞尔，犹太人被驱赶到一起，遭到拷打、吊死或焚烧。

犹太人也死于瘟疫，但这并没有被视为是他们无罪的证据。犹太民族的法律地位，在很大程度上取决于各国君主的立场和态度。

基本上从腓特烈二世皇帝起，犹太人就被认为是这位基督教统治者的所谓付钱奴，也就是说是皇帝的"占有物"，皇帝收取相应钱财，再给犹太人财产保护和贸易自由的保证。

在教会的影响下，犹太人被禁止从事大部分职业。而那时是在中世纪，是基督徒不允许放贷以获取利息的时期，犹太人是唯一官方允许放贷的人。由于放贷总是伴随着信用风险，因此他们要求提供额外的担保，并在某些情况下要求很高的利率，这常常被谴责为暴利盘剥，也助长了对犹太人的偏见。

大瘟疫在 1352 年左右悄然消失，就像它突然而至一样。随后几年又发生了其他流行病，为简单起见，通常也将其称为瘟疫。

直到 1894 年，才首次鉴定识别出瘟疫病原体。这种细菌，通过老鼠身上的跳蚤传播给人类，并在流行病爆发时通过飞沫感染传播。鉴于中世纪城市的卫生条件，所以这类瘟疫能迅速蔓延。

教会与异教徒

中世纪的人们坚信，唯有上帝掌握着他们的命运，面对瘟疫和其他艰难困苦，唯有依靠教会，只有这样，才能逃避阴府炼狱和永世诅咒。

但是，在原罪学说中却明显出现矛盾。亚当和夏娃的堕落，带来了无以逃避的不幸状态，而从那时起，每个人都因是其后代而难辞其咎。根据《旧约全书》，被创造为"上帝形象"的人类，由于他们的欲望而不能虔诚地生活，这就给中世纪的人们带来了灵魂痛苦，无法逃脱。

修士会

宣扬严谨朴素精神的大量新建立的修士会，体现了人们寻求一种真正基督徒式的生活方式。他们鼓励其他宗教团体，在不受教会约束的情况下，以耶稣和使徒为楷模，去过贫瘠的生活。

在这些始于 12 世纪下半叶的运动中，有自称为"纯洁派"的卡特里派、瓦勒度派（以其创始人彼得·瓦勒度命名），以及卡特里派的支派阿尔比派（以法国南部城市阿尔比命名）。卡特里派希望能够通过节制来获得救赎，他们认为物质是魔鬼的工具，只有通过像基督那样的生活，通过禁戒和苦行，人类才能拯救自己的灵魂。

然而，由于他们对教会的占有本质和神职薪俸的批评，构成了对社会基础的质疑，这就是为什么他们被作为"异教徒"而受到迫害的原因。在教皇意诺增爵三世的催促下，法国国王腓力二世·奥古斯都于 1209 年发动了一场针对该教派的十字军东征。经过至少 20 年的征战，卡特里派被击败，法国王室在与法国南部领主的冲突中获得了权势的强劲增长。但尽管如此，异教徒问题却并未因此而得到解决。

宗教法庭

教会通过承认新的托钵修会，如多米尼克修会（道明会）、方济会、加尔默罗会和奥思定隐士会，重新获得了可信度。同时，教会还试图在多米尼克修会或方济会的成员帮助下，找出异端教派的传播者。

发现、皈依和谴责异教徒，是宗教法庭（拉丁语

中世纪的虔诚：神圣的圣丽莎·冯·图林根，由她的告解神父康拉德·冯·马尔堡用节杖鞭打。细密画，13 世纪

"inquirere"，意为调查）的关注。教皇意诺增爵三世和额我略九世引入并采用了这个特殊的司法调查机构，教会能够通过宗教法庭的程序和形式，对异教徒进行判决，但判决的执行还是依赖世俗的权势。教会为此得到了腓特烈二世皇帝的支持，在 1220 年至 1239 年间，他发布了异教法规。在寻找发现和引渡异教徒方面，从教皇意诺增爵四世（1243—1254 年）时期以后，也允许使用酷刑，强硬的反对者将面临火刑的惩罚威胁。

在德国，宗教法庭在传教士康拉德·冯·马尔堡期间达到第一次高峰。1231 年 10 月 11 日，他正式接到教皇的指派，"寻找能消灭那些可恶的异教徒的能干助手"并"积极和有力地消灭异端犯罪"。

作为第一位德国异教法官，他被授权可以不经过主教来执行自己的司法程序。他是原告，同时又是一个辩护律师和法官，在必要时，也可以在没有供词的情况下判罪。

由于害怕死亡，不少被告招认了许多设定的罪行，并指控其他人也同样犯有罪行。用这种方法，康拉德·冯·马尔堡甚至还发现了一个那时还未知的邪教——路西法教派。据说，在他们聚会时，他们会先亲吻一只作为魔鬼象征的雄猫，然后一起狂欢作乐。

当这位努力的审判官还想指控一个贵族为异教徒时，他的命运就被决定了。被马尔堡指控的是亨利三世，亨利·冯·萨因伯爵，莱茵地区最强大的统治者之一。亨利三世强行要求并得到了一个正规法庭上的司法程序，他在那里被宣告无罪。

那位异教法官于 1233 年 7 月 30 日在离城堡不远的回家路上，被伯爵的帮手们（其中包括贵族）打死。在这之后，在德国再也没有出现过教皇任命的宗教法官，直到过了两个世纪，宗教法庭才在女巫案审判中得以复活。

与信仰斗争无关的是，在这段时期新建了许多教堂建筑。

如果罗马式教堂建筑风格，以其巨大的力量给信徒留下深刻的印象，那么哥特式教堂建筑，给人们展示的就是通向上帝的一条新途径。很具特征的是轻盈优美的拱顶结构和大幅多彩的尖拱窗，大量光线通过彩窗泄入教堂的内部空间。

从法国开始，哥特式建筑艺术在 13 世纪最初的三分之一时期进入德国，直到 16 世纪保持了它的主导地位。德语国家最大的哥特式教堂的建造花费了整整 600 多年的时间：1248 年 8 月 15 日，科隆大教堂开始动工，这座拥有两座 157 米高塔的基督教堂的最后竣工时间，是 1880 年 10 月。

阿维尼翁教廷

瘟疫到来后半个世纪，教会本身就让信徒对上帝的信仰进行了一次严峻的考验。

1309 年，腓力四世国王迫使教廷从罗马迁往法国。教会的"巴比伦之囚"也称为"阿维尼翁教廷"时期，历时几近 70 年。在此期间，共有 7 位教皇住在阿维尼翁教廷。

并不光是耽于享乐的教廷风气，罗马教皇的声望和教会的权威在这一时期发生了动摇。教皇额我略十一世，于 1377 年 1 月迁回罗马，他在 1 年后去世。也是迫于人民的压力，16 名枢机主教于 1378 年 4 月又重新选举了一个意大利人乌尔巴诺六世做他的继任者。然而，就在 1378 年 7 月，法国的和几个意大利的枢机主教就宣布这次选举无效，有人认为新教皇可能是一个精神病患者。

西方国家开始了教派大分裂，一个拉丁教会内部的暂时分裂。同年 9 月，在法国国王查理五世的支持下，克莱孟七世被选为第二个教皇，新的对立教皇又居住在阿维尼翁教廷。这本来是法国和意大利之间的一个问题，却使教会内部的分裂一直持续到 1417 年，并影响了整个西方世界。

康斯坦茨大公会议

1409 年，居住在罗马的教皇和居住在阿维尼翁的教皇两方各自的追随者，在比萨举行了一次大会，乌尔巴诺六世和克莱孟七世两人都没到场。约 500 名教会人员参加的这次大会，以重大错误之责宣布罢免了两位教皇，并选举了第三位教皇亚历山大五世，但后者却于 1410 年 5 月就去世了，若望二十三世成为他的继位者。

为了结束西方分裂，德意志国王西吉斯蒙德介入了，他逼迫居住在意大利洛迪的教皇若望二十三世，召集了一个在康斯坦茨举行的大公会议。这次大公会议于 1414 年 11 月 5 日开始，一直举行到 1418 年 4 月 22 日结束，最后通过罢免 3 名互相争斗对立的教皇来恢复教会的统一。

在经历了 40 年的分裂之后，教会终于在 1417 年 11 月 11 日又重新只有一位教皇，即原来的枢机主教奥多内·科隆纳，他的教皇名是玛尔定五世。

大公会议也试图加强自身的地位，在法令《频率》中，规定了定期召集大公会议，包括教皇在内的每个人，都必须遵守大公会议的决定。

康斯坦茨会议的另一个协议点涉及信仰问题，因此，大公会议不仅是在通过结束教会分裂，而且也通过对波希米亚"异教徒"扬·胡斯的审判及随后的火刑，给历史留下记忆。

这位来自布拉格的神学家，在他故乡的大学里担任教授和校长，他的捷克语宗教改革传教布道，被认为是在给罗马教廷抹黑。

胡斯是英国教会改革家约翰·威克里夫的追随者，威克里夫早在 14 世纪就批评过教堂生活的弊病。胡斯抨击教会对世俗财产的占有、神职人员的贪婪和生活方式的腐朽、盛行的赎罪券交易以及过度夸张的圣髑祭拜。作为圣髑（出自拉丁语"reliquiae"，即遗留物），是指身体部位的尘世遗骸或圣人的私有财产，它们是一种特殊形式的敬拜物事。

出于对西吉斯蒙德国王对他所保证的安全护送的信

康斯坦茨大公会议结束了西方世界的分裂和判决了扬·胡斯焚死。老马特乌斯·梅里安，彩色铜版画，1630 年

任，胡斯于 1414 年 11 月前往参加大公会议，但却在那儿被捕。在拒绝放弃他的学说后，他遭到诅咒并被判处火刑。

他的一位学生，描述了于 1415 年 7 月 6 日在康斯

坦茨的公开火刑："他很快就大声歌唱。首先：'基督，活着的上帝之子，给我们怜悯！'然后：'活着的上帝之子，给我怜悯！'最后：'你是圣母玛利亚所生。'当他开始唱第三遍时，风将火焰吹到他的脸上，他自己祈祷着，嘴唇翕动着，头颅晃动着，他终结在主里。"

鉴于瘟疫和教堂内部冲突所引起的震动，中世纪以宗教的超常动荡而告终。人类还能期盼上帝的恩典吗？这可远不只是迷惘。

大阿尔伯特·马格努斯伏在写字台上。湿壁画，1352 年

中世纪的学说

在中世纪，能够阅读和书写的人是很少的。特别是那些受过教育并能够用拉丁语交流表达的人，属于很文雅上流的圈子。

中世纪科学的特征，是它们有很深的基督教烙印，尤其是在哲学领域，几乎容不下任何不同观点。再者，那时正开始一种回归古代哲学家的学风，他们的思想财富，通过阿拉伯学者传到西欧，并在这里得到解释和发展。

在 1000 年左右，经院哲学的神学 – 哲学学派开始发展，这是一种源于亚里士多德哲学的论证方法。除了阅读"Lectio"之外，传播指导主要是通过辩论"Disputatio"，论题从不同方面通过正反论据来解说。经院哲学的出发点，是法国哲学家和神学家彼得·阿伯拉于 1121 年至 1122 年写的《是与否》，他在每个基本问题的旁边，都附上多个"权威"的相关立场，并引用《圣经》和教父的著作。作为解决途径，阿伯拉指出用逻辑，即形式的逻辑推理和人们理解力的一个相应训练。

长期以来，关于普遍存在的方式方法，一直是认知兴趣的中心问题，这导致了所谓的共相争论（即普遍命题争论）：是否存在一个普遍性，即一种类型、属性、差异、特征，是几个对应物体所共有的，或者说普遍概念，即所谓的普遍性或共性，只是人类的设计吗？它们是否独立于具体的各个单一的事物而存在，或是仅在它们相互关联时存在？

这场争执的结果是形成了各种各样的思想流派，一部分人从普遍性概念中，认识到"真实的现实"；而另一部分人则相反，是从各个具体事物来看"真实的现实"，并认为共相仅仅只是名称。

一个具有重大意义的发展，是通过在巴黎和科隆任教的德国多米尼克修士大阿尔伯特·马格努斯，以及他的学生意大利多米尼克修士托马斯·阿奎那的相关讨论而获得。

博学家阿尔伯特尝试将哲学、理性和基督教教义相结合，并以独特的方式，充分掌握他所处时代的知识，并将其写入教科书中。对于托马斯而言，信仰与理性之间没有矛盾，上帝是完美的存在，是可能与现实的结合，不完美的人类可以通过上帝的恩典认知他。

与理性地通过论点和反论点来寻求真理相反，神秘主义者试图通过"沉入内心"，从而解除人类自我与上帝之间存在的隔离。人类灵魂中的"灵魂小闪现"，维持着与神灵的联系，神性始终存在于灵魂的基因中，这是德国多米尼克大师埃克哈特的见解，他是当时最有影响力的神秘主义者。

从 12 世纪开始，由原来拉丁学校和主教座堂学校中产生的大学，成为科学辩论的主要场所，其中首屈一指的是巴黎大学。从这里毕业的学生完成了通才教育，除了神学，还包括法律学和医学，并获得学位。

通才教育的基础，首先是在文艺学院学习。自由七艺（人文七艺）包括语法学、修辞学、逻辑学的辩证法、算术、几何、音乐理论及天文学。

在帝国领土上，经各自君主倡议而设立的第一批大学，是在布拉格（1348 年）、维也纳（1365 年）、海德堡（1386 年）、莱比锡（1409 年）和罗斯托克（1419 年）创建的；而在科隆（1388 年）和在埃尔福特（1392 年），则是由城市建立了大学。在 1348 年和 1506 年之间，在阿尔卑斯山脉以北的德意志帝国，共建立了 17 所大学。与其他教育机构不同，它们拥有广泛的自主权和许多特权，教学和讨论用拉丁语进行。校长是大学的最高权威，对外他代表大学，对内则对大学所有成员行使管辖权。

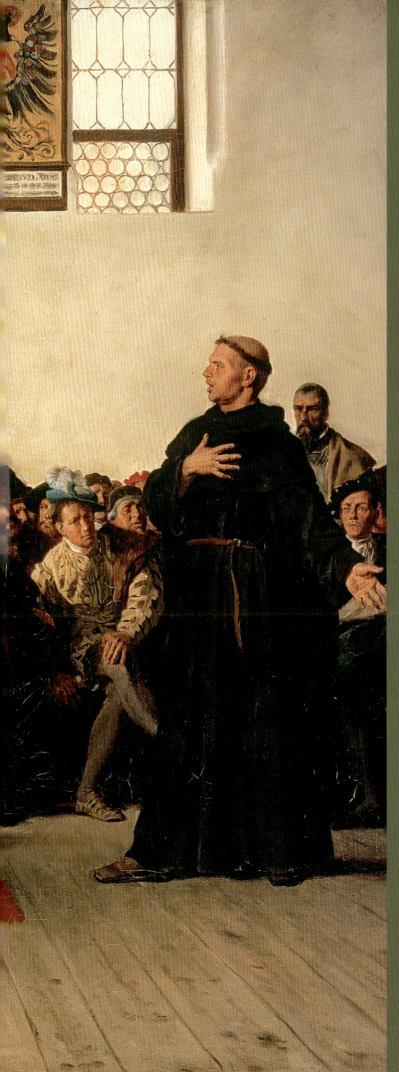

宗教战争和绝对主义
1500—1789

马丁·路德在 1521 年沃尔姆斯帝国议院会议上面对皇帝查理五世。
安东·冯·维尔纳,油画作品,1900 年

近代的诞生

如果没有西方美因茨的约翰内斯·古腾堡，采用移动字母技术发明了活字印刷术，现代将是不可想象的。新的观念和思想潮流，例如人文主义和后来的宗教改革，都能够在短时间内通过印刷，而获得在全德语地区一个迄今为止难以置信的、大量的读者群。

在古腾堡划时代的创新之前，作家和插图画家将知识记录在一件件手稿中，他们先是在修道院和皇室宫廷工作，后来在大城市或大学的工作室工作。新的高压工艺，使机械复制文本成为可能，金属印刷字母也能重复使用，书籍和传单册子从此可以得到大量生产。

古腾堡的印刷术，实质上是将已经存在的复制和印刷方法，进一步发展成一个整体系统。它的发明的中心组成部分，包括一个金属铸造装置和一个印刷机。使用前者，可以在短时间内为整本书的句子产生足够数量的字母。镜像颠倒的字母，虽然有不同的宽度，但它们彼此完全匹配，因此可以产生具有相同单词间距的均衡字体。将金属字母根据字体类型和大小，分类到铅字盒中，然后使用所谓的排版船将它们组合成行和页。

印刷机有一个拉出滑架，一侧安装进了组合在一起并已用印刷油墨着墨的字母，另一侧固定好一页纸或一页羊皮纸，将印刷机和纸张均匀地压在一起，就完成了一页纸的印刷。

新技术迅速传播：大约到 1500 年，在德国 60 多个地区中，都至少有一台印刷机，在欧洲则有 200 多台。

人文主义和文艺复兴

与印刷机同时出现的是人文主义的精神潮流。荷兰神学家和语言学家埃拉斯姆斯·冯·鹿特丹，就试图通过对最大可能程度的宗教宽容要求，将信仰理想与古代

约翰内斯·古腾堡

对于约翰内斯·古腾堡的为人和生活报道很少。

他于 1400 年左右在美因茨出生，于 1468 年 2 月 3 日在那里去世。他的父亲出身于一个贵族家庭，古腾堡大约在 1428 年至 1444 年之间，居住在斯特拉斯堡，并在那里从事各种商业和手工艺职业，如在那儿曾经经营过一个金匠的作坊。

1438 年，他和史特拉斯堡的另外三名市民一起，共同成立了一家机具设备设计公司，并后来把它用于他的印刷所。但是，最晚是在 1448 年回到美因茨后，古腾堡才使这些设备达到应用成熟。美因茨商人约翰·福斯特借给古腾堡资金，以便他可以在 1452 年至 1454 年期间，约雇有 20 名员工来完成一个大型项目：印刷 42 行的《圣经》，一部两卷共 1282 页的作品。为此，古腾堡铸造了 290 种不同的字体，150 本圣经印刷在纸上，30 本印刷在羊皮纸上。

福斯特指控古腾堡将部分免息贷款，用于目的不合的其他印刷项目。经常钱荒的古腾堡，在一场官司中败诉，不得不在 1455 年，将印刷设备转让给了福斯特。

约翰内斯·古腾堡印刷"圣咏经"，依据阿道夫·冯·门采尔一幅素描的木刻版画

阿尔布雷希特·丢勒，用他著名的水彩画《年轻的野兔》（1502 年），指出了一条完全崭新的、走向自然的途径

的楷模思想世界结合起来。他在于 1526 年出版的论战文《自由意志》中表明了他的信念，如果没有个人选择的自由权利，就不可能有基于道德道义的负责任的生活。

特别是在德国，人文主义也带有政治倾向，它针对的是教会的无限权力诉求。

从意大利起源的对古代人文精神的重新发现，发展成为一场涵盖生活和精神各领域的运动，文艺复兴是由中世纪走向近代的文化转折标志。对人格的认识发展与对客观自然认识的追求相结合，人们发现一种全新的生活感知："喔，世纪！喔，科学！这是生活的乐趣！" 1518 年底，德意志帝国骑士和人文主义者乌尔里希·冯·胡滕如是欢呼。

同样，表现艺术也开辟了新路：在此之前一贯的宗教颂扬，让位于对人和自然的真实再现。第一次，人也才完全个性化地在雕塑艺术中重新裸体地得到表现。

古老的立柱和穹顶，如雨后春笋般蓬勃发展，并塑造了城市的面貌，例如佛罗伦萨、米兰、曼托瓦、威尼斯、热那亚、比萨和其他意大利城邦共和国以及罗马，那儿的教皇们也展开了大面积的建筑项目。

银行业发展

不仅是文艺复兴时期的文化起源于意大利，银行业也是从那儿起源，然后越过阿尔卑斯山脉来到德国。金属货币在早期古代就已经被用作交换媒介，拥有可保存和可转让的价值，而黄金作为一种金属货币，也越来越通用。

随着汇票的引入，从 12 世纪开始有了非现金支付形式。一个商人在他动身离开之前，向可信赖的货币兑换商支付一笔钱，并由该货币兑换商签收确认。当这个商人到达目的地后，通过出示收据，他就可以得到他在当地贸易所需的现金，而在他踏上回家的旅程之前，他再次获得一份相应的证书，从而使他有可能换回现金。这类付款凭单，最终具有了一种信贷功能：如果提早赎回汇票，则会产生相应的折扣，即贴息。汇票的卖方收到了折价减少后的汇票金额，因此在汇票到期之前，就已经能够动用汇票金额。

如此，与基督教的利息禁令相反，银行业和信贷业得以发展。银行这个概念也源自意大利，它是从货币兑换商和货币放贷方的桌子（意大利语：banca）衍生而来的。非现金银行业务变得越来越复杂，从简单的单一账簿发展成复式簿记，并很快遍及整个欧洲。

在德国，成功效仿意大利的做法，主要是富格尔家族。纺织匠汉斯·富格尔于 1367 年来到奥格斯堡，3 年后入赘一个工匠家庭，因此而获得了公民权利。不久，他就不再做纺织匠，而是做中间商，即批发商。富格尔家族向工匠提供必要的纱线，然后将成品布在市场上出售。通过这种方式，他们积累了财富，而独立的个体纺织工匠则对他们形成业务上的依赖。

后几代富格尔家族成员继续努力向上，并于 1466 年从工匠行会转入商会。当老雅各布·富格尔于 1469

商人和银行家：雅各布·富格尔正和他的总会计师马特乌斯·施瓦茨交谈。16世纪的细密画

年去世时，富格尔家族已经是一家在整个欧洲拥有广泛业务关系和分支机构的成功贸易公司。

他的小儿子雅各布二世被称为"世界上最富有的人"，继续增加着家族的财富。他参与了东印度的香料

贸易，并成功获得了欧洲铜矿市场几乎垄断的地位。同时，他使这个家族企业成为欧洲最大的银行，并在一段时间内，还管理着所谓的彼得芬尼，这是罗马新建圣彼得大教堂的聚款。

同样，他们通过在政治上建立联系而获益，如他们向德国国王马克西米利安一世提供贷款。在拥有所有商业灵感的同时，不该忽略对灵魂的救赎，因此，这个奥格斯堡家族为穷人捐助了一个名为富格尔社区的定居点，该定居点至今还在。

1519年6月28日，当时已经升为贵族的雅各布·富格尔，保证了哈布斯堡王朝马克西米利安一世的孙子查理五世，在对阵法国弗朗索瓦一世时获胜，从而当选为罗马－德国国王（汉语文献中也常译为罗马人民国王，亦译为德意志王国国王——译者注）。作为贷款，富格尔家族向那些选帝侯支付了至少总额三分之二的选举款。

雅各布·富格尔于1525年12月30日去世，两年后，该公司的账目显示，在17年的时间里，公司利润增长了927%。1546年，这个家族的财富达到顶峰，他们的借贷对象，在这期间已包括英格兰、波西米亚、葡萄牙和丹麦的统治者。

但是，在17世纪期间，公司业务明显下降。1658年，公司关闭。

早自13世纪以来就在奥格斯堡有文件记录的贵族韦尔瑟家族也同样成功，他们拥有自己的船队，与大西洋彼岸的"新世界"直接进行商业往来，他们也向查理五世提供了大量贷款。

他们的财务实力，也像富格尔家族一样崩溃了，尤其是因为1557年和1607年的西班牙国家破产。西班牙与法国和荷兰一样，是韦尔瑟家族的最大债务国之一，所以西班牙国家的破产，也将这家商行带向了毁灭。

马丁·路德和宗教改革

改革不仅改变了欧洲的宗教面貌，而且也改变了欧洲的政治面貌。

在罗马天主教会内部，人们对赎罪券交易的弊病及内部神职人员甚至教皇的道德权威的日益动摇产生反感。尤其当个别王国的君主接受了新教信仰之后，以哈布斯堡皇帝查理五世为代表，与竭力争取最大自治权的其他德国王侯和帝国城市之间，产生了激烈的权力斗争。

尤其是在北欧，许多主权国家都站在宗教改革一边。亨利八世统治下的英国圣公会国教，主要出于政治动机与罗马分离，苏格兰和爱尔兰、意大利、法国以及伊比利亚半岛，则坚持老的信仰。在德国，奥斯定会修士和神学家马丁·路德，是宗教改革的最重要的先驱。

德国的宗教改革，起步于路德在 1517 年 10 月 31 日于维滕贝格发表的《九十五条论纲》。这些论纲，最初旨在促进神学家之间的科学辩论，并以此作为教会革新（改革）的推动力量。但这些反对赎罪券交易的论纲，通过其书面扩散，产生了一个巨大的效应，它们成为了教会上层日益不满的一个目标。

路德的批评及其后果

根据传统的理解，在一定前提条件下，信徒们可以通过赎罪或公益善事，来减少罪孽惩罚的时间。自从教皇博义八世宣布 1300 年为第一个"圣年"以来，减免罪孽更多地是出于经济方面的考虑。

1517 年，教皇利奥十世发放了赎罪券，用以筹款修建罗马的圣彼得大教堂。美因茨和马格德堡的大主教阿尔布雷希特·冯·勃兰登堡，被允许在德国出售赎罪券，以偿还他在奥格斯堡银行和贸易商富格尔那儿的债务，所获的钱一半给了教皇，另一半给了大主教。

路德以书面形式，向大主教抱怨道明会修士若望·特次勒的作法，而其当时正在图林根进行赎罪券布道传教（即售卖赎罪券）："不幸的灵魂因此相信，只要他们兑现赎罪券，就一定会走向极乐世界；此外他们相信，灵魂能够立即摆脱炼狱，只要为此将其放进盒子里；这赎罪券的恩典竟然如此强大，再没有更大的罪孽是它所不能赦免和宽恕的，即便如果有人（这是您的原话）亵渎了上帝的母亲；人类终于应该通过这种赦罪而获得自由，摆脱一切痛苦和罪恶。"

路德在其《九十五条论纲》中，生动地表述了对教会的批评："6. 教皇不能赦免任何罪过，除非解释并确认它已被上帝赦免……8. 教会的惩罚仅对活人施加，对死者死后不允许施加任何惩罚……28. 可以肯定的是，如果钱在盒子里叮当作响，利益和贪婪就会增加……

马丁·路德

作为一位矿工的儿子，路德于 1483 年 11 月 10 日出生在埃斯莱本。鉴于一次剧烈的雷暴雨中的誓言，他于 1505 年在埃尔福特，进入了奥斯定会隐士修道院。仅仅两年后，他被任命为神父。1512 年，他在维滕贝格获得了神学博士学位。

他对赎罪券交易的抗议，得到了广泛的赞同，在教会要求其收回抗议时，路德还是坚持对教会上层的批评。1521 年，教皇利奥十世对他处以破门律。在萨克森选帝侯的保护下，这位改革者在瓦尔特堡避难。在那儿，他将《新约全书》翻译成德语，并于 1522 年将其出版。

通过对《圣经》的翻译，以及他的纲领文献的广泛传播，他也奠定了通用标准德语的基础。1525 年，路德同以前熙笃会修女卡塔琳娜·冯·博拉结婚。他希望同瑞士宗教改革家乌利希·茨温利达成谅解，但由于对圣餐的不同观点而失败。

1546 年 2 月 18 日，路德在他的故乡埃斯莱本逝世。

36. 每个真正感到悔恨的基督徒，都有权完全免除惩罚和罪责，即使没有赎罪券…… 81. 这个厚颜无耻的赎罪券传教者，竟然使读书人都在恶意批评者面前，或者在外行人吹毛求疵的问题面前，感到难以维护教皇的声誉…… 86. 今天的教皇比最富有的克拉苏还富有，为什么他不是用自己的钱，而是用他那些贫困的信徒的钱，来建造这座彼得大教堂呢……"

路德对赎罪券的批评得到广泛传播，这要归功于小册子《赎罪券与赦免之布道》的印刷。

教会的回应不久就到了，1518 年，美因茨大主教和罗马道明会对路德提出起诉。改革者在奥格斯堡帝国议院，被作为教皇代表的教皇使节托马斯·卡耶坦·德·维奥枢机主教传讯，但路德拒绝撤销他的论纲。在 1519 年 7 月，路德被安排在莱比锡与忠于教皇的神学家约翰·埃克，以及后来与路德吵翻的安德烈亚斯·卡尔施塔特的争辩中，改革者依然坚持他的批评立场。

教会高层议院或教皇本身并非无懈可击，1520 年 8 月至 11 月之间，路德在他的三个主要纲领文献中重申了对教皇的批评，出发点始终是将《圣经》作为信仰的权威来源。在他的论文《论基督徒的自由》中，他用强有力的句子，表达了对人类生存的诠释，即信仰的自由和对爱的服务。根据路德的说法，"每个基督信徒"具有"双重本质"，是"精神的和肉体的"，没有"外部事物"能够让他虔诚。因此，对"灵魂毫无帮助，是否肉体披上了神圣的外衣，就像牧师和神职人员那样，同样也不会有帮助"。

一份再次要求他撤回批评的教皇诏书，被路德当众烧毁。在 1521 年 1 月由教皇利奥十世对他开除教籍后，路德还在 1521 年 4 月 17 日至 18 日沃尔姆斯帝国议院会议上，拒绝了人们放在他面前的撤回他的论文的要求，并拒绝了对教会议院大会的缄默服从。他解释说："如果我不是被论述证据或者显然理性的理由战胜，则……我的良心仍然还是上帝言语的

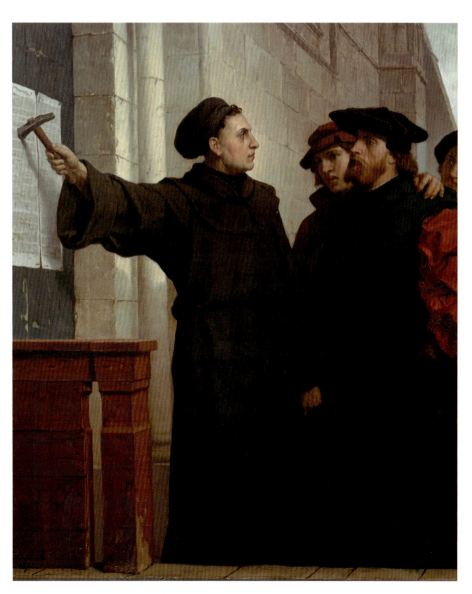

1517 年 10 月 31 日的论纲发表。费迪南德·鲍威尔斯，油画作品，1872 年

马丁·路德在 1521 年的沃尔姆斯帝国议院会议上。赫尔曼·威斯勒策努斯，湿壁画，1879—1897 年，戈斯拉尔皇宫

俘虏。因为我并不单单相信教皇或教会议院，很明显他们经常是错误的，并且常常自相矛盾。我不能也不想撤回，因为昧着良心去做什么，这样既不可靠也不可取。"

在教皇的破门律之后，皇帝也发出了帝国制裁令，路德因此而成为一个"不受法律保护之人"，任何人都可以抓捕他或杀死他而不受法律制裁。

路德的领主，萨克森选帝侯智者腓特烈三世，让人将改革家带到瓦特堡置于自己的保护之下。在那儿，路德隐姓埋名，并以"容克·约克"的身份，度过了接下来的几个月。同时他也并没闲着，根据希腊语和希伯来语的原始文本，他将《新约全书》翻译成德语，直到1522 年 9 月完成。

在这同时，许多地方接受了路德的宗教改革思想，给出了教会法规，并改变了礼拜仪式。礼拜仪式的语言变为德语，每个人都得到圣餐的圣杯，而不是像天主教那样，圣杯只专为牧师保留使用。路德教义的传播，成为一场真正的人民运动。正如王侯和世俗统治者们的努

力所显示的那样，改革不再局限于信仰问题，他们试图以此来扩大其针对帝国皇帝威权的领主统治权。

宗教改革与政治

在那些王侯和统治者们接受了宗教改革之后，当初已经认可的帝国，在 1529 年的施派尔帝国议院会议上又推翻了这一自由规则。宗教改革的支持者们对此表示抗议：他们只服从于自己的良知，帝国议院不能在这方面替他们决定。从那时起，路德的追随者们被称为"新教徒"。

路德的战友菲利普·梅兰希顿主持编写了《奥格斯堡信条》，其中首次总结了新教信仰的基础。它是在1530 年奥格斯堡帝国议院会议上，由好几个新教帝国政治实体提出的。在这一旨在减缓争端的文案中，信仰信条援引自《圣经》和教会早在 1 世纪的基督教传说，它也同样强调了路德关于获得赦罪的神学观点，即"我们

马丁·路德和其他宗教改革者，其中有伊拉斯姆斯·冯·鹿特丹（右四）和菲利普·梅兰希顿（右一）。依据小卢卡斯·克拉纳赫一幅墓碑画的复制品，16世纪

的论著并不能使我们与上帝和解，也不能使我们获得赦免，而是仅仅出于信仰"。

争论还远没有结束，因为皇帝和天主教帝国政治实体拒绝了《奥格斯堡信条》。于是在1531年，新教的王侯和帝国城市，在黑森领地伯爵腓力·冯·黑森和选帝侯约翰·冯·萨克森领导下，在施马尔卡尔登组成联盟。

15年后发生了战争，皇帝一方在1547年米尔贝格战役中获胜。但是，这并不是宗教改革的结束，皇帝和天主教帝国议员的势力，还不足以在整个帝国范围内遏制宗教改革。

1555年的《奥格斯堡国家及宗教和约》，暂时结束了新教徒和天主教徒之间的战争。其中，《奥格斯堡信条》的信徒们，获得了长久和平的保证，教会也放弃了在帝国内施行统一的信条。路德派和古老的旧教派，都应该让对方各自"以相同的方式保持自己的宗教信仰"。但是，如果教会的王侯改信路德宗，就会丧失权力和收入。

世俗的帝国政治实体，以后遵循"谁的领地，谁的信仰"原则：君主的宗教信仰，决定了臣民的宗教信仰，其他信仰的信徒拥有移民权。

新教教派

新教内部有相当大的差异，特别是在圣餐的解释方面。

面包和葡萄酒中真的含有基督的身体和血液吗，正如路德所说的？改革者因此一分为二。瑞士人乌利希·茨温利和约翰·加尔文的观点是，面包和葡萄酒是基督的象征，而不是基督本人。这对路德来说是不可接受的，即使他也想努力达成谅解。

改革宗（在汉语文献中多被译为"归正宗"——译者注），即茨温利和加尔文的追随者，被排除在奥格斯堡的宗教和约之外。在苏黎世市议院的支持下，茨温利在那里进行了宗教改革，并极端地去除了圣礼中的所有图像和音乐。后来，茨温利还赢得了伯尔尼、巴塞尔和其他城市的宗教改革。

路德和茨温利观点一致的地方，是拒绝重洗派（也译为重浸派——译者注），后者认为，只有通过成人洗礼，才允许被认为是对基督的真正跟随。

该运动的一个激进分支，于 1534 年至 1535 年在明斯特掌权，他们在威斯特伐利亚的主教教区，采用了一夫多妻制和共有财产制，并宣布以明斯特作为新耶路撒冷的一个新时代的到来。1534 年 2 月，明斯特亲王主教开始率领军队围城并断粮，在经过激烈的战斗之后，他于 1535 年 6 月 24 日终于攻占了城市。被俘虏的重洗派首领遭受了酷刑，并于 1536 年 1 月在城市中心普林齐帕尔集市广场被公开处决。

新教的追随者越来越多，到了 1561 年左右，德国人中有五分之四是新教徒，只有在德国西部和南部，仍然是天主教徒占多数。然而，在特利腾大公会议（1545—1563 年）推行了反宗教改革运动之后，使天主教教会得以在许多地区又重新站稳脚跟，因此加剧了教派之间的冲突。

1530 年 2 月在博洛尼亚让教皇封为皇帝的最后一位德意志国王查理五世，认为宗教改革的成功是他个人的失败。

尽管就规模和人口而言，他统治着自查理大帝以来最大的帝国，一个"太阳不会落山"的帝国，但却永远不会再有一个统一的信仰。

1556 年，查理放弃了德意志国王王冠，放弃了神圣罗马帝国皇帝皇冠，也放弃了西班牙国王王冠，并退出了政治。哈布斯堡全球王朝分裂，帝国皇冠和哈布斯堡王朝的世袭领地，一起传给了斐迪南一世。但是，斐迪南一世以及他在 1619 年至 1637 年间执掌帝国命运的继任者斐迪南二世，都缺乏领导能力，在面对宗教冲突的紧张局势下，用和平的方式来维持政治统一。

农民

直到 19 世纪初，大约有 90% 的德国人口在农村和小城市生活劳作。

与旧日耳曼时代相比，拥有自己土地的自由农民要少得多，只有在帝国的外围地区农民才拥有自己的土地。大多数农民，都依赖于给予他们土地和保护的某个领主，为此他们必须报以服从。这种依赖程度取决于地区和时间，多数所谓的仆从都是佃农。他们必须向领主缴纳固定额度的金钱或完成役务，以获得土地的租让。那些事实上没有自由的农奴似的农民，在领主的田庄里劳作，并完全依赖领主。

一个自加洛林王朝时期以来就要缴纳的税种，是"什一税"，即把收获的十分之一毛利，必须以实物形式缴纳给教区教堂。"大什一税"包括谷物和大牲畜，"小什一税"是指其他农作物和小牲畜。

所有土地的使用者缴纳的什一税，是教会的重要财源。通常，这什一税中的四分之一给牧师，四分之一给主教，四分之一是为给穷人和陌生人准备的施舍，最后四分之一用于教堂的日常及维修。

在一个村庄中，全农民（德语"Vollbauer"，几乎在所有汉译文献中被译成农庄主，语义上近似地主，但实际上只是他所使用土地面积的量化表示——译者注）享有最高的社会地位，其地位高于小农民、佣工或农村手工业者。农民家庭组成了一个经济和社会的单元，那些经营一完整胡符，即根据使用的计量单位不同，大约经营土地在 17—24 公顷之间的农民，被叫做全农民；而拥有较少经营土地的，称为半农民、四分之一农民及佣工，则相应支配较少的收入和拥有较低的社会地位。除了农民的田庄外，胡符还包括耕地和牧场，通常还有一小片森林，同时也是纳税的计量标准。

农民战争

尽管农民对人民的供养和经济的运转有着非常重要的意义，但农村人口的社会地位却太低，再加上经济困境的火上浇油，这煽起了农民对富裕阶层的愤怒，并在 16 世纪初，引发了暴动起义。

早期的农民起义是地区性孤立发生的，例如 1493 年至 1517 年之间在德国西南部发生的"绑带鞋"，1514 年在符腾堡发生的"可怜的康拉德"，不久就都遭到镇压。相反，1524 年至 1525 年发生的农民战争，则席卷了德国南部和中部的大部分地区。

1525 年 3 月，在帝国城市梅明根，由上施瓦本农民

16 世纪农民的家庭生活。小彼得·勃鲁盖尔，油画作品

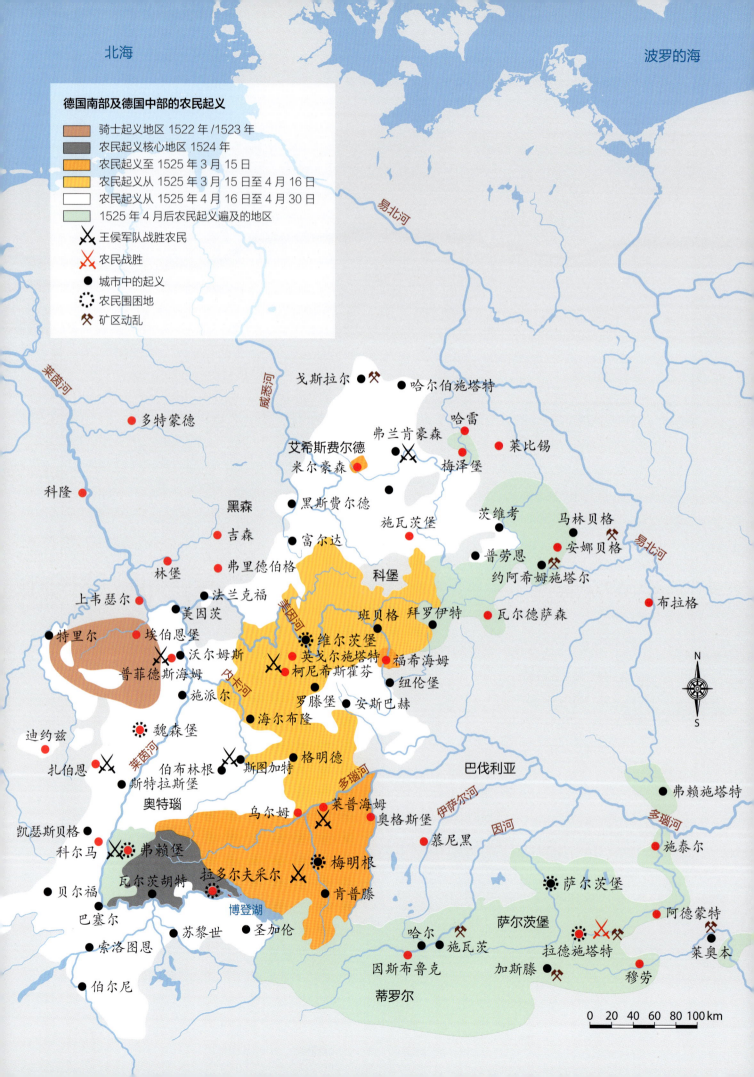

北海

波罗的海

易北河

德国南部及德国中部的农民起义

- 骑士起义地区 1522 年/1523 年
- 农民起义核心地区 1524 年
- 农民起义至 1525 年 3 月 15 日
- 农民起义从 1525 年 3 月 15 日至 4 月 16 日
- 农民起义从 1525 年 4 月 16 日至 4 月 30 日
- 1525 年 4 月后农民起义遍及的地区
- ✗ 王侯军队战胜农民
- ✗ 农民战胜
- ● 城市中的起义
- ◌ 农民围困地
- ⚒ 矿区动乱

莱茵河

威悉河

戈斯拉尔 ⚒   ● 哈尔伯施塔特

● 多特蒙德   哈雷 ●
                    弗兰肯豪森
            艾希斯费尔德   ✗   ● 莱比锡
            米尔豪森   梅泽堡

● 科隆   黑森   茨维考   ● 马林贝格 ⚒
            ● 黑斯费尔德   ● 普劳恩   ● 安娜贝格 ⚒
                    施瓦茨堡
            ● 吉森   约阿希姆施塔尔 ⚒
            ● 富尔达
    林堡 ●   ● 弗里德伯格   科堡   ● 瓦尔德萨森   ● 布拉格
上韦瑟尔 ●   ● 法兰克福   班贝格 拜罗伊特
        美因茨   美因河
                            ◌ 维尔茨堡
特里尔 ● ● 埃伯恩堡   ✗ 英戈尔施塔特 ● 福希海姆
        ● 沃尔姆斯   ✗ 柯尼希斯霍芬
    ✗ 普菲德斯海姆   内卡河   ● 纽伦堡
        ● 施派尔   ● 罗滕堡   ● 安斯巴赫
            ◌ 魏森堡
迪约兹 ●   ● 海尔布隆
● 扎伯恩 ✗ 莱茵河 ● 伯布林根 ✗   ● 格明德   巴伐利亚
        ● 斯特拉斯堡 斯图加特   多瑙河   ● 弗赖施塔特
        奥特瑙   伊萨尔河   因河
凯瑟斯贝格 ●   乌尔姆 ● 莱普海姆 ✗   多瑙河
● 科尔马 ✗ ◌ 弗赖堡   ● 奥格斯堡   ● 施泰尔
    瓦尔茨胡特 ✗ 拉多尔夫采尔   ✗ 慕尼黑   ◌ 萨尔茨堡 ● 阿德蒙特
● 贝尔福   博登湖 ● 梅明根   萨尔茨堡 ✗ ⚒
● 巴塞尔   ● 肯普滕   拉德施塔特   ✗ 莱奥本
    ● 苏黎世 ● 圣加伦   ● 哈尔 ⚒ 施瓦茨
● 索洛图恩   因斯布鲁克 ● 加斯滕 ⚒ ● 穆劳
● 伯尔尼   蒂罗尔

0 20 40 60 80 100 km

提出的《十二条款》，成为农民的纲领性文件的基础。

起义的农民也感受到了宗教改革的鼓舞，就如路德坚持认为《圣经》是信仰的根源，农民也认为他们找到了与经济压迫作斗争的宗教工具。效仿沃尔姆斯帝国议院会议中的路德，他们也想通过《圣经》来批驳现实："如果在此提出的条款中有一条或几条与上帝的道理不符……那我们就放弃这几条，只要人们以《圣经》为基础向我们作出解释……同样，我们也还是要有所保留，可能人们能从其中找出更多违背上帝和造成他人负担的条款。"

即便世俗的正义不在他们一边，那更高的上帝的正义，应该能为他们获得所要求的赔偿。

《十二条款》通过小册子在整个德国传播，其中的核心要求，包括废除农奴制、减轻劳役、限制租赁金额与罚款和要求狩猎、捕鱼和砍伐木材的权利，以及归还非法没收的乡村社区公共财产。牧师只应传播福音，并由教区自己选举，他们应该从大什一税中领薪，小什一税应该被取消。

农民起义开始于1524年初夏，波及黑森林和阿尔萨斯、博登湖地区，然后发展到阿尔高、法兰克以及德国南部、奥地利、蒂罗尔和德国中部越来越大的地区。由于领主不愿谈判，起义迅速走向激进，城堡，特别是带有税赋账本的文书房被劫掠并焚毁。个别贵族加入了农民起义，像以"铁拳骑士"而闻名的格茨·冯·贝利欣根，他接管了内卡河谷和奥登林山林起义农民的领导权。

农民起义军在1525年6月2日的柯尼希斯霍芬战役中惨败，而贝利欣根却在这之前及时离开了起义队伍。作为陶伯豪芬起义农民首领的法兰克骑士弗洛里安·盖尔，于1525年6月9日，在维尔茨堡地区的林帕尔被杀。

施瓦本同盟是贵族和城市的联盟，其中最重要的将军是乔治二世·特鲁希塞斯·冯·沃尔德堡，他有个出名的外号叫"农民屠夫"。

像大多数贵族成员一样，他深信农民背弃了传统和

破坏了上帝所要的秩序，是逆天造反，因此必须受到惩戒，就像1525年5月21日在内卡加塔赫被活活烧死的农民领袖叶克来恩·罗尔巴赫一样。

有时，通常组织不良的农民团体，虽然从数量上超过了对手，但他们不会利用优势，而是常常满足于小小的承诺。此外，农民们希望迅速决出胜负，因为他们必须继续在家中耕种，所以时间有利于贵族，他们总是能不断地招募新的雇佣兵，投入战场对抗农民。

暴动的另一个重点地区是图林根。在那里，新教神学家托马斯·闵采尔是大群农民的领袖，号召进行暴力抵抗是闵采尔的特征。如他在《阿尔斯特德号召》的布道："整个德国和罗曼国都在动荡……坏蛋像狗一样沮

在1525年弗兰肯豪森战役中，带给农民军的是一个毁灭性的失败。特奥多尔·霍斯曼，粉笔石印画，1861年

丧……不要让你们剑上的鲜血变冷……不用他们来同你们说什么上帝，因为他们统治着你们。前进，前进，你们的时刻来到了！上帝在前方，追随！追随！"

在 1525 年 5 月 15 日弗兰肯豪森附近的战役中，超过 8000 人的农民军遭到毁灭性的失败，闵采尔被俘虏，被折磨，并于 12 天后在米尔豪森城门前被斩首。

开始时路德还是支持农民的诉求的，并呼吁贵族，承担起他们作为基督教上层的责任。但当暴力行为充斥时，改革者意识到这是对福音的滥用。

在 1525 年 5 月出版的论文《反对烧杀抢掠的农民团伙》中，路德要求武力镇压农民起义："这些农民犯下了违背上帝和人类的三大罪恶，再怎样的身体和灵魂的灭亡，都是他们咎由自取。首先，他们向他们的主人宣誓忠诚和仁慈但却打破了这种服从……其次，他们造成了暴乱、抢劫和掠夺……第三，他们犯下了如此可怕的、令人厌恶的罪恶，却用福音来掩盖。"

在闵采尔被处决的时候，农民战争的胜负已决。一方面是起义队伍互相之间的不协调统一，另一方面是王侯雇佣军队军事上的优势。多达 10 万个农民在战争中被打死，或在俘房后遭受残酷惩罚而成为残废，战争最终于 1525 年 9 月结束。

农民的经济状况起初变化很小，相反，一个世纪后爆发的 30 年战争，毁坏了广大地区，把农民推入更深重的贫困。一直到 18 世纪，尤其是在 19 世纪，农民的状况才有所改善：农奴制度逐渐被废除，农民获得了充分的公民权利。

三十年战争

帝国各方不同教派之间日益尖锐的矛盾，在 30 年战争中得以释放，但这不仅仅只与宗教有关。在欧洲层面，是哈布斯堡王朝与法国争战；在帝国层面，是皇帝

1618 年的布拉格掷窗事件，标志了三十年战争的开始。根据瓦克拉夫·布罗日克油画的历史再现，1889 年

和天主教同盟一方与新教同盟一方对抗。争端很快演变成一场在德国土地上交锋的、争夺欧洲霸主的权力之争。

世俗权力与君主的宗教取向相结合，导致了战前不同阵营的王侯联盟。就如在 1608 年 5 月，以普法尔茨选帝侯腓特烈四世为首的新教同盟形成，然而德国北部和中部直到勃兰登堡的王侯并不包括在内；在 1609 年 7

月，由巴伐利亚公爵马克西米利安一世建立和领导的天主教同盟成立。

战争的起点是波西米亚。1609 年 7 月 9 日，哈布斯堡皇帝鲁道夫二世，以波希米亚国王的身份，在一封所谓的陛下信函中，授予了新教徒宗教自由。信函说，他们应该"在他们的信仰和宗教，以及在他们的神职人员事务和教会秩序方面不受干扰"。但他的继任者斐迪南二世却相反，他想强制让新教徒重新改信天主教，这使得冲突升级。

1618 年 5 月 23 日，波希米亚新教徒将两名帝国议员和他们的书记官扔出布拉格城堡的窗户，他们跌落 17 米，掉在城壕中，但捡得性命逃脱。1619 年 8 月 22 日，波希米亚执政同盟宣布，废黜哈布斯堡王朝的波西米亚国王王位，取而代之选出了信仰新教的普法尔茨选帝侯腓特烈五世作为他们新的君主。帝国其余地区的大多数新教徒，尚没介入这场刚开始的战争，甚至普法尔茨选帝侯的岳父英国国王詹姆斯一世，也不想被卷入大陆的争执。与此相对，斐迪南二世得到了天主教同盟和西班牙的支持。

华伦斯坦骑马肖像。老马特乌斯·梅里安的铜版画

战争开始

1620 年 11 月 8 日，天主教同盟最高指挥官约翰·塞尔克拉斯·冯·蒂利伯爵，在布拉格附近的白山战役中获胜，从而结束了普法尔茨人的统治。被嘲笑为"冬季国王"的腓特烈五世，与妻子一起逃往荷兰流亡。他失去的选帝侯资格，由感激的皇帝将其作为终身尊严，转送给了天主教同盟的创始人、巴伐利亚州公爵马克西米利安一世。

这时，战争蔓延到了德国。1622 年 9 月 19 日，蒂利在围攻了几周后，占领了王宫城市海德堡，他的士兵对这座城市进行了数天的抢掠和蹂躏。1622 年 11 月 2 日，曼海姆也向蒂利一方投降。接着，蒂利和他的军队向北进军，并于 1623 年 8 月 6 日，在威斯特法伦的施塔特洛恩附近，击败了新教徒的雇佣军统帅克里斯蒂安·冯·布伦瑞克－沃尔芬比特尔公爵。汉斯·雅各布·克里斯托弗·冯·格里默斯豪森的小说《冒险的辛普利修斯姆斯》，带给人们一个关于战争恐怖的真实印象，作者本人在其父母的房屋

阿尔布雷希特·冯·华伦斯坦

"由于利益和仇恨两方面的迷惑，他的性格形象在历史上摇摆不定"，弗里德里希·席勒用这句话刻画了一位也许是三十年战争中最重要的将军：阿尔布雷希特·文策尔·优西比乌斯·冯·华伦斯坦。

在其家族的波西米亚领地上接受了新教传道，华伦斯坦于 1606 年在他 23 岁的时候转向皈依天主教。在 1618 年波希米亚和摩拉维亚起义之后的刑事法庭上，他将许多没收的王家财产纳入自己腰包，并聚敛了庞大的地产资源。

皇帝斐迪南二世授他为弗里德兰（1625 年）和梅克伦堡（1627 年）公爵及萨根侯爵（1627 年）。华伦斯坦是第一个从经济角度出发来组织军队的供养和军事行动的将军，所以说，他是一个军事企业家。

他有帝国改革和建立绝对君主专制的计划，然而同时又与敌方进行谈判，这引起了人们对他忠诚度的怀疑。因此，他被维也纳法庭指控为叛国罪，并于 1634 年 2 月 25 日在埃格被他手下的一名军官暗杀。

被洗劫后，于 1634 年至 1648 年之间，也过上了冒险的士兵生活："我们的女仆在马厩里，被如此折磨虐待，以致她都无法走出来。他们把男仆捆绑着扔在地上，在他的嘴里堵上木头，然后向他的身上倾倒充满腥味令人作呕的粪便脏水。"

由于新教同盟遭受了许多挫折，丹麦国王克里斯蒂安四世于 1625 年 5 月介入。这位同时也是身为荷尔斯泰因公爵的丹麦统治者，与正在同西班牙和英国交战的荷兰结盟。这样，一场教派之间的战争，最终演变成了一场欧洲战争。

鉴于这一新来的威胁，同时为了使自己摆脱对天主教同盟的依赖，斐迪南二世皇帝接受了波西米亚将军阿尔布雷希特·冯·华伦斯坦提出的建议：如果授予他在帝国征服的各省征收金钱和自然物品的绝对自主权，他愿意自己出钱，组建并装备一支新的 4 万士兵的军队。

丹麦与下萨克森之间的战争开始了。1626 年 4 月 25 日，华伦斯坦在德绍阻止了彼得·恩斯特二世·冯·曼斯菲尔德伯爵向波西米亚的进军，曼斯菲尔德是在 1610 年脱离哈布斯堡王朝后，转而为新教同盟作战的。1626 年 8 月 27 日，蒂利在巴伦山麓卢特击败了丹麦国王。华伦斯坦随后征服了梅克伦堡、荷尔斯泰因、石勒苏益格和日德兰半岛，并于 1629 年 5 月 22 日，与克里斯蒂安四世达成了《吕贝克和平协议》。

协议允许克里斯蒂安四世仍然统治丹麦，作为回报，他放弃了对帝国的任何干涉，也放弃了对不来梅、韦尔登和什未林教会机构的所有权力。

防御中的新教徒

斐迪南二世皇帝在他的权力鼎盛时期要倒转历史车轮。他在 1629 年颁布了一项法令，在未经福音派帝国政治实体同意的情况下，意欲将帝国的教会财产恢复到 1552 年的状态。从那以后，属于路德教派的所有教会机构和财产，应该回归天主教派；同时将宗教改革者重新排除在宗教和约之外；赋予天主教帝国政治实体，让其臣民重新皈依天主教。

哈布斯堡王朝将从该法令的实施中获得很大利益，因为皇帝可以按他的意愿，任意地将回收的领土授封给他的追随者。

华伦斯坦的支持看似不再必要了。

对天主教同盟的王侯们而言，皇帝已经变得过于强大。因此，他们在 1630 年雷根斯堡的选帝侯会议上，迫使斐迪南二世罢免了华伦斯坦，并限制他的皇家军队。

瑞典国王古斯塔夫·阿道夫二世，使战争发生了一个新转折。他在 1630 年 7 月 6 日，率领他 13000 名士兵的军队登陆乌瑟多姆岛，并攻占了波美拉尼亚。除了对他的新教兄弟的支持，他还追求着自己的帝国梦想，即在波罗的海建立一个大瑞典帝国。

30 年战争中一个乡村遭到烧杀抢掠。蚀刻版画，1632—1633 年

　　1631 年 1 月 23 日，他在波美拉尼亚西部的贝尔瓦尔德，与天主教法国签署了一个最初的 5 年协议，这使他每年可以获得 40 万神圣罗马帝国元，以此支付他的部分战争费用。作为酬谢，他承诺要确保对德国天主教徒的宗教信仰宽容。此外，古斯塔夫·阿道夫二世于 1631 年秋天，同福音派的黑森 – 卡塞尔选帝侯和萨克森选帝侯签署了联盟协议，他们两人都因为马格德堡的失陷，而担忧着自身的独立性。

　　被任命为帝国大元帅的蒂利和他的副手戈特弗里德·海因里希·冯·巴本海姆，于 1631 年 5 月 20 日攻占了马格德堡，战争的残暴在这儿尤其凸显，正如在一份同代编年史中所读到的那样："那么多人，仍然倚着城墙并恳求得到（恩赐的）住所，但他们根本得不到，

连所有蒂利的士兵都未必能得到；因为也像瓦隆人一样，巴本海姆的军队是最不基督化且比土耳其人更易暴怒……他们在房屋和教堂里，将女人和小孩摔在地上肆虐凌辱，以至于甚至许多蒂利的战友，都为此而感到厌恶。"超过两万人被杀，这是这个城市的三分之二人口，城市火光四起，马格德堡几乎被彻底摧毁。

　　马格德堡沦陷 4 个月后，蒂利在莱比锡以北的布莱登菲尔德附近，遭到瑞典人毁灭性的打击。在随后 1632 年 4 月 15 日莱希河畔赖恩的战役中，蒂利再次被瑞典王击败，他身负重伤并于两周后死亡。

　　这使得皇帝别无选择，他不得不召回华伦斯坦。1632 年 4 月，他任命华伦斯坦为统帅，并在格勒尔斯多夫协议中，授予他特别广泛的权限，包括全权独立地进

行外交谈判。

　　瑞典国王于1632年5月17日攻入慕尼黑，但他很快被迫向北转移，因为华伦斯坦在距离菲尔特不远的地方设了坚固的营地，威胁到瑞典的后方补给线。

　　1632年11月16日，在莱比锡西南方的吕岑附近发生了一场战役，这场战役以古斯塔夫·阿道夫二世的死亡结束，华伦斯坦也在战役中损失了他的大部分火炮，并退回波西米亚。

　　宰相埃克塞尔·乌克森谢纳，替尚未成年的瑞典女王克里斯蒂娜，承担了新教徒一方的政治领导权。

　　1633年4月，他将几乎所有的德国新教政治实体，联合在海尔布隆同盟旗下。华伦斯坦同时也正与瑞典、勃兰登堡和萨克森秘密谈判一项和平协议和帝国改革方案，这些行为被维也纳皇廷察觉，华伦斯坦遭到排挤，并于1634年2月25日被暗杀，结束战争的机会消失了。

　　伯恩哈德·冯·萨克森 – 魏玛公爵率领瑞典新教徒军队，再次进军德国南部。1634年9月6日，他们在讷德林根战役中战败，不得不又从那里撤退。

　　战争疲劳感逐渐蔓延，1635年5月30日，斐迪南二世与萨克森选帝侯约翰·格奥尔格一世达成《布拉格和约》，冲突各方的大多数都参与了该协议的谈判。

　　皇帝放弃了施行归还教产敕令。通过萨克森选侯国及他的盟友的退出，双方的流血战争，本可以就此结束，但军队仍在继续投入战场，因为，这早已不单是什么宗教问题了。

天主教同盟的最高统帅蒂利伯爵，在莱希河畔的战役中受了致命伤。木刻版画，1861 年

战争的最后阶段

一个普遍意义上的和平在德国无从建立，主要是因为法国和瑞典继续与神圣罗马帝国皇帝作战。因此，战争的最后也是最血腥的阶段，主要是由法国决定的，它想打破统治着西班牙和荷兰南部的哈布斯堡王朝的合围之势。

法国人于 1635 年 10 月，将伯恩哈德·冯·萨克森－魏玛纳为自己的盟友，法国负责建立和供养一支 1.8 万名士兵的军队，萨克森公爵则率领士兵在洛林、勃艮第和莱茵河上游与神圣罗马帝国皇帝作战。萨克森公爵于 1638 年 12 月占领了布赖萨赫，但他却于 1639 年 7 月 18 日，在莱茵河畔诺伊恩堡去世。

同时，法国人继续向瑞典人提供财政支持。在战争的最后几年中，瑞典和法国军队大都在人数上优于神圣罗马帝国皇帝的军队，但是却没能获得决定性的胜利。

战争主要发生在波西米亚和德国南部，瑞典人和法国人于 1648 年 5 月 17 日，在楚斯马斯豪森的最后一场主要战役中获胜，他们使巴伐利亚也成为了一片废墟，直到战争结束。

自 1645 年以来，天主教派的明斯特和新教徒派的奥斯纳布吕克，就一直在进行结束战争的谈判。三年后，时机终于到了。1648 年 10 月 24 日，和平条约签署，这不但结束了 30 年战争，同时也结束了荷兰的 80 年独立战争。

《威斯特伐利亚和约》，确定了德国的教派分裂。至此，在新教和天主教王侯们之间于 1552 年达成的《帕绍协议》，以及于 1555 年签署的《奥格斯堡宗教和约》

中的规定，都在本和约中得到承认，这项条款同时也适用于所有宗教改革派。

和平条约以牺牲神圣罗马帝国皇帝中央集权为代价，强化了帝国领土上的王侯权势。从那时起，神圣罗马帝国只是一个由 300 多个王国组成的松散联盟，巴伐利亚仍然属于上普法尔茨，并归普法尔茨选帝侯所有。莱茵普法尔茨随着第八个新选帝侯的产生，被归还给了被废黜的腓特烈五世之子卡尔·冯·德·法尔兹。

作为帝国采邑领地，瑞典拥有了西波美拉尼亚（亦译作波美拉尼亚——译者注）、维斯马和不来梅、费尔

登的教区，并得到帝国议院相应的席位和票数。不来梅能够保持其作为自由帝国城市的地位。

在欧洲层面，《威斯特伐利亚和约》确立了法国在中欧、瑞典在北欧的霸权，荷兰和瑞士联邦则正式退出了帝国联邦。

在这场充满难以表述的残暴和旷日持久的战争结束后，德国在经济和政治上陷于萧条荒芜。军队征战沿途的许多地区，都被彻底摧毁了，尤其是在德国北部和东南部。大约一半的农村人口和三分之一的城市人口，成为战争以及因此而引发的饥荒和瘟疫的受害者。

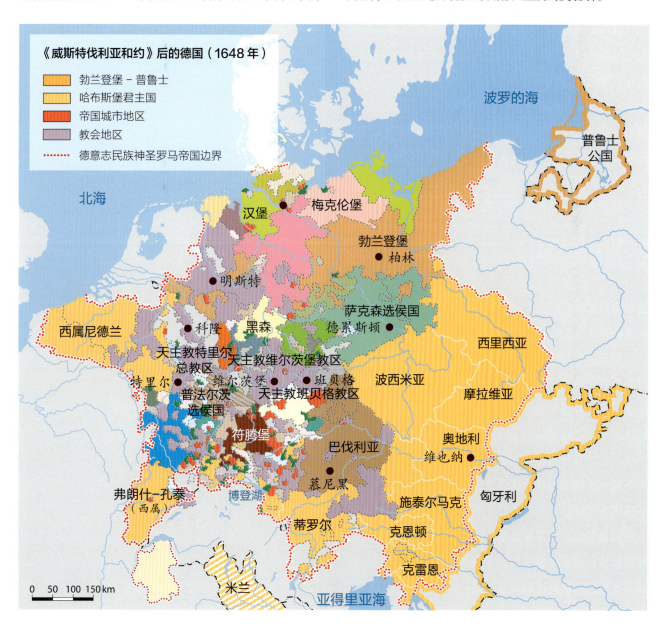

软弱的帝国

1648 年的《威斯特伐利亚和约》，削弱了神圣罗马帝国中央力量，增强了王侯领地势力。

在现代国家从这些领地发展起来的同时，皇帝皇冠和帝国观念则越来越失去凝聚力。国家法学家塞缪尔·冯·普芬道夫男爵在 1667 年写道："作为德国，这样剩下就真没什么了，如果人们还想根据政治规则来对它进行分类，那只能被称作为一个不规则且类似怪物的国家躯体。它随着时间的推移，一方面由于皇帝无力的退缩，另一方面由于王侯日增的野心和牧师的烦躁不安，从一个帝国，变成了一个如此笨拙的国家形式。因此，如今的德国既不是一个君主帝国……也不是一个联邦国家，而更多是一个由这两者混合的中间体。然而，这种阴阳两性同体的状态，造成了一种吞噬性疾病和持续不断的内部动荡。这其中，一方面是皇帝追求重建帝国统治，而另一方面则是王侯争取完全独立。"

当普芬道夫写下这几行文字的时候，一个于 1658 年作为哈布斯堡王朝的对抗力量，由世俗和教会的帝国王侯组成的莱茵同盟也刚好解散。除了美因茨、科隆、特里尔的 3 个教会选帝侯及其他德意志王侯之外，瑞典和法国也属于这个同盟，美因茨大主教及帝国首席宰相约翰·菲利普·冯·舍伯恩，是提出这个同盟的倡议者。

法国得益于相邻德意志帝国的软弱，在那里，路易十四于 1661 年 3 月 10 日掌权，这个独裁的"太阳王"，代表了法国绝对主义的高峰，一个没有社会阶层和议会参政的摄政机制。没有任何一个统治者像路易十四那样，代表了绝对主义君权统治系统的极致，虽然许多君王，都试图像他这样做。

实力不断增强的德意志诸侯王国，例如巴伐利亚、勃兰登堡－普鲁士、萨克森和汉诺威，也在寻求不受限制拥有主权的地位。

在萨克森选帝侯，同时也是自 1697 年转入天主教后身兼波兰国王的、强大的弗里德里希·奥古斯特一世统治下，德累斯顿成为了巴洛克艺术之都。强大的奥古斯特因他生机蓬勃的建筑项目，被视为绝对主义自我表现的模板。

自 1692 年在韦尔夫家族统治下才出现的汉诺威选侯国，在 1714 年至 1837 年之间，和大不列颠结合成君合国，并在这一期间出任大不列颠国王。

法国的权势地位

尽管法国拥有大陆上最强大的军事力量，然而它依然无法在与欧洲其他国家的众多战争中，达到成为唯一大国的目的。

在 1667 年至 1697 年间，路易十四试图通过所谓的重盟战争（法语"réunion"，统一，也译为统一战争或留尼汪战争——译者注），将他的帝国向北部和东部扩张，这也对德国产生了影响。在 1673 年夏天，当法国人在荷兰战争（1672—1678 年）期间侵入阿尔萨斯并占领特里尔之后，利奥波德一世皇帝于 1673 年 8 月与荷兰、西班牙和洛林结盟，但依然无法阻止法国蒂雷纳元帅摧毁普法尔茨。这样，《尼美根条约》还是使法国拥有了阿尔萨斯的十个帝国城市。

1685 年 5 月，在没有子嗣的普法尔茨－西梅尔恩选帝侯卡尔二世去世后，路易十四出人意料地提出了世袭要求，因为他的兄弟已娶了莉泽洛特·冯·德·普法尔茨公爵夫人。

1688 年秋天，路易十四派兵进军普法尔茨。在随后的普法尔茨王位继承战争中，法国人摧毁了普法尔茨、特里尔选侯国和符腾堡的许多村庄、城堡、要塞、教堂和城市，连同海德堡城堡也变成了废墟。神圣罗马帝国皇帝与英格兰、西班牙和其他国家结盟（所以这场战争

路易十四，亚森特·里戈，油画作品，1701 年

卡伦山战役阻挡了土耳其人向中欧的进攻，右边是抽出马刀的约翰三世·索别斯基。贾恩·威克，油画作品，1698 年

在许多文献中也被译为大同盟战争——译者注），并在经年累月的战争后迫使法国撤军。

1697 年 9 月 29 日，路易十四在《赖斯韦克条约》中，不得不放弃了包括斯特拉斯堡在内的阿尔萨斯以外的所有占领地区。当他于 1715 年 9 月 1 日去世时，对金融资源和军事力量的过度消耗，导致了法兰西帝国衰落的开始。

奥斯曼的威胁

东方的危险也在逼近神圣罗马帝国，危险来自那个已经统治巴尔干和匈牙利大部分地区的奥斯曼帝国。

对艺术很有鉴赏力的利奥波德一世，从 1658 年到 1705 年间顶着哈布斯堡王朝的皇冠，他被拖入战争的

次数，比他所愿意的要多得多，而其中最大的挑战，是 1683 年夏天土耳其人对维也纳的进攻。奥斯曼帝国大维齐尔卡拉·穆斯塔法帕夏，率领着将近 20 万人的军队，向帝国皇宫城市挺进。

在遭受了两个月的围困和炮击之后，1683 年 9 月 12 日凌晨，一支由波兰－立陶宛、帝国、巴伐利亚和萨克森军队组成的挽救维也纳的解放联军，在波兰国王约翰三世·索别斯基统领下到达。奥斯曼军队在卡伦山（今天的利奥波德山）战役中被击败，不得不匆忙撤离逃回匈牙利，奥斯曼帝国对中欧的进攻，因此战而被暂时阻挡。

1683 年 9 月 13 日，波兰国王以光荣胜利者的身份进入维也纳，这让皇帝感到很不舒服：利奥波德一世于 7 月 7 日晚上带着随从从他的皇宫城市溜走，在这场决定性的战役之后才回到维也纳。

随着 1699 年 1 月 26 日《卡洛维兹条约》的签署，以奥斯曼帝国为一方，以神圣罗马帝国、波兰、威尼斯共和国、教皇国和俄罗斯国组成的联盟为另一方，它们之间的大土耳其战争结束了。奥斯曼帝国只得完全放弃匈牙利、锡本比根（特兰西瓦尼亚）和克罗地亚的大部分领土，奥地利从中获利。

欧根·冯·萨伏伊亲王，是哈布斯堡王朝中一位通过扩张势力而拥有强权大国地位的关键人物。他出生于巴黎，但遭到路易十四的鄙视，1683 年投军帝国服役。在恢复对奥斯曼帝国的战争（1714—1718 年）之后，他通过赢得 1716 年在塞尔维亚的彼得罗瓦拉丁，以及 1717 年在贝尔格莱德这两场对土耳其人的胜利战役，确立了奥地利在东南欧的统治地位，并最终消除了土耳其的威胁。

哈布斯堡王朝

皇帝的荣誉，在哈布斯堡王朝男性皇亲中已成为世袭。由此一来，由选帝侯来选举皇帝，只是一个形式上的仪式而已，尽管这也总是一个喜庆的仪式：首先，选帝侯聚集在法兰克福罗马市政厅的议事厅中商议，然后在大教堂的礼拜堂里，进行原本的选举活动。在城市最大的教堂建筑圣·巴尔多禄茂皇帝大教堂加冕后，新统治者按照传统，在市政厅的皇帝大厅里享用奢华的加冕餐。

在 1562 年至 1792 年之间，10 个德意志统治者以这种形式，在美因河畔的法兰克福被任命了这一职位。

在 1711 年 12 月 22 日接任统治的查理六世任上，出现了继任人的问题——他没有男性继承人，因此他发布了所谓的国事诏书。在 1713 年 4 月 19 日的这份国事诏书中，查理六世确定了所有哈布斯堡王朝世袭王国和公国的不可分割性和不可分离性。为此目的，他制定了一个统一的继承令，并让该继承令扩展延续至女性后裔，即他的长女玛丽亚·特蕾西亚。

为此，查理六世需要征得欧洲列强的同意，并必须做出妥协。他于 1740 年 10 月 20 日辞世，享年 55 岁，哈布斯堡王朝奥地利男性继承至此断绝，年仅 23 岁的玛丽亚·特蕾西亚，接任了哈布斯堡王朝世袭领地的统治。

1736 年，她与弗朗茨·斯蒂芬·冯·洛林公爵结婚。但是，由于女性在神圣罗马帝国无法继任皇位，因此在法国支持下的维特尔斯巴赫王朝查理七世，在 1742 年至 1745 年的短暂插曲之后，1745 年 10 月 4 日，玛丽亚·特蕾西亚的丈夫，加冕为德意志王国国王和神圣罗马帝国皇帝。

此时，战争阴影又已重新笼罩在中欧。不仅普鲁士，其他国家也相信，他们能够迅速地、轻松地从坐在宝座上的女人手中夺走宝贵的领地。但是，这个在丈夫加冕后被称为"罗马皇后"的哈布斯堡王朝女人，在 29 年的婚姻中生下不少于 16 个孩子，其中虽然只有 10 个成年，却被证明是一个极其顽强的对手。

一个女人掌管政事——玛丽亚·特蕾西亚，奥地利大公爵夫人及匈牙利和波西米亚女王。油画作品，1750 年

尽管在多次战争中，尤其是普鲁士国王腓特烈大帝让她承受了挫折，但她依然坚守了哈布斯堡王朝的统治。七年战争（1756—1763 年）失败后，她不得不将西里西亚割让给普鲁士。经过 40 年的统治，玛丽亚·特蕾西亚于 1780 年 11 月 29 日在维也纳去世，享年 63 岁。

在 18 世纪的发展中建立起来的，法国、大不列颠、奥地利、普鲁士和俄罗斯这五大列强的力量平衡，一直维持到第一次世界大战为止。

普鲁士将成为大国

勃兰登堡 - 普鲁士在强大的选帝侯腓特烈·威廉的统治下，从一个由薄弱中央集权的、破碎的领地，壮大成一个绝对的、强大中央集权的选侯国，腓特烈·威廉

"兵王"腓特烈二世检阅被招募进"高兵"服役的年轻高大男人。彩印，约 1900 年

从 1640 年至 1688 年，主宰了这个选侯国的命运。

1648 年，30 年战争结束后，腓特烈·威廉全心全意致力于他那损毁严重的领地的重建。通过《威斯特伐利亚和约》，他获得了后波美拉尼亚、明登以及马格德堡大主教管区的继承权，以补偿他对西波美拉尼亚的放弃。

差不多 10 年后，这位强大的选帝侯在 1655 年开始的瑞典 - 波兰战争中，通过 1660 年 5 月 3 日签署的《奥利瓦条约》，获得了对自 1525 年以来一直由波兰控制的普鲁士公国（东普鲁士）的主权。

15 年后，腓特烈·威廉也展示了他明智的结盟政策。不久之前，他还与瑞典人联盟，现在他又与瑞典人兵戎相见，因为他与和瑞典人联盟的、由国王路易十四领导的法国开战了。这一举动让瑞典人无法忍受，他们随即入侵了勃兰登堡。1675 年 6 月 28 日，腓特烈·威廉在东哈弗尔兰地区的费尔贝林战役中获胜，并将瑞典人从西波美拉尼亚和他的勃兰登堡心脏地带驱赶了出去。然而不久以后他还是不得不放弃西波美拉尼亚，并将所有占领区归还瑞典。

强大的选帝侯成了兵王

这位选帝侯做事很少犹豫，他建立了一个以绝对主义思想基础为原则的行政系统，拥有一批忠于国家、属于该系统的官僚阶层，并组建了一支由 3.1 万人组成的

小型常备军队。

他特别强调宗教宽容，自己虽然追随新教教义，但他确保了领地内各种信仰之间的和平共处。1671 年 5 月 21 日，腓特烈·威廉让 50 个被维也纳驱逐的犹太家庭，在勃兰登堡边境地区定居；他通过 1685 年 11 月 8 日的波茨坦法令，接受了至少两万名胡格诺派教徒进入他的领地。这些在法国不受欢迎的日内瓦改革派约翰·加尔文的信众中，包括了许多高素质的工匠、医生和富裕的商人，这就给他们的新家乡，带来了许多经济和文化的推动力。

经过 44 年的统治，腓特烈·威廉于 1688 年 5 月 9 日在波茨坦去世。去世前，他建议他的儿子勃兰登堡选帝侯腓特烈三世，应该"真心地爱他的臣民，听取忠实的议员意见，永不放弃手中的兵权"。新的统治者从小就因为肩膀残缺而被称为"弯曲的弗里茨"，他同样雄心勃勃，却没有他父亲那样的节俭风格。

政治上，弗里茨紧密依靠哈布斯堡王朝，经过多年的努力，哈布斯堡王朝认同了他作为"普鲁士国王"的等级地位（东普鲁士，自 1525 年起为普鲁士公国）。哈布斯堡王朝并不做无利的买卖，因为他们在与法国的战争中需要盟友。

1701 年 1 月 18 日，弗里茨在柯尼斯堡城堡以腓特烈一世的身份，给自己戴上了王冠。

1713 年 2 月 25 日，腓特烈一世遗留给他的儿子腓特烈·威廉一世的是，一大片在莱茵河下游和波罗的海沿岸之间的领地，还有超过 2000 万帝国元的债务。这也许是后来的国王腓特烈二世，为什么非常严厉地评判其父亲的主要原因："他混淆了虚荣与真正的高尚强大，他对炫目的光辉比脚踏实地更感兴趣。"

对于深受新教改革运动严格影响的虔敬主义者腓特烈·威廉一世而言，他的格言是："节省，直到每个银元被挤得吱吱作响。"他出租或卖出了 24 座王宫中的 18 座，并将他的宫廷开支降低了五分之四，从 27.6 万帝国元减少到 5.5 万帝国元。

只有在军事方面没有节省。

国王投入了大量资金，从整个欧洲招募"高兵"，他们的身高至少 1.88 米，这是他波茨坦护卫团团的士兵。这位"兵王"，不仅要求他的下级军官和士兵遵行"基督徒和虔诚的生活品行"，而且还对诸如掷骰子、玩扑

莱茵斯堡王宫

克牌及超过归营号（即太晚回营）等轻微过失，予以严格的惩罚，如夹道鞭笞，由几百个人组成一条巷道，那个犯过者必须穿过这条巷道，用他赤裸的脊背，领受每个战友一次鞭打。

然而，国王带领他的这支军队只上过一次战场，那一次他们站在俄罗斯及其盟国一边，参加了 1700 年至 1721 年的大北方战争。国王的军队参战至 1720 年，其中国王本人参战 5 年，赢得了西波美拉尼亚、斯德丁及乌瑟多姆岛和沃林岛。

像强大的选帝侯一样，"兵王"决定重建因为饥饿和瘟疫而贫困交加的东普鲁士，并于 1732 年春季，让 1.5 万名因为在萨尔茨堡为宗教所不容的新教徒进入该国。

腓特烈大帝

因为太子一次不成功的逃跑企图，专制的、沉浸于士兵纪律的国王父亲腓特烈·威廉一世，与他那个吹着长笛读着法文书籍的儿子之间发生了冲突，这种冲突在 1730 年秋天变得越发尖锐。帮助太子腓特烈逃跑的朋友卡特，被父亲下令处决。然后，他还不得不发誓"盲目服从父亲的旨意和命令"，包括出于父亲之命于 1733 年同伊丽莎白·克里斯汀·冯·不伦瑞克·贝弗恩结婚。

这对新婚夫妇搬到远离柏林的莱茵斯堡王宫，太子在那里创建了一间真正的宫廷艺术书苑。在那儿，他完成了反对王侯专断的论文《反马基雅维利》，并开始了与法国哲学家伏尔泰的书信往来。

但他很快就忘记了他在《反马基雅维利》中表述的崇高目标：坚持"捍卫人性"，并用"理性和正义"来反对"欺诈和恶行"。在 1740 年 5 月 31 日父亲腓特烈·威廉一世去世后仅仅几个月，刚刚从太子之位即位的普鲁士新国王腓特烈二世第一次率领他的士兵跨入战争。

霍恩弗里德贝格战役之后，被打败的奥地利士兵（左前）从腓特烈大帝（右边骑在白马上）旁边走过，他的士兵正将从敌军手中缴获的旗帜交给他

喜爱音乐的国王腓特烈二世在无忧宫举办了一场长笛音乐会。阿道夫·冯·门采尔，油画作品，1850 年

普鲁士已经有了良好的准备。他的父亲"去世后留下了一支通过节俭经济供养的、由 6.6 万名士兵组成的军队，留下了增长的国家收入、储备充盈的国家财富和在他的所有事务中令人惊叹的规章制度"。

查理六世皇帝于 1740 年 10 月 20 日去世的消息，让腓特烈二世感到了"彻底改变旧政治体系的时刻"到来了，他将他所有的"和平思想抛在脑后"，国王就这样在 10 月 26 日写给伏尔泰的信中这样表述道。

从皇帝的女儿玛丽亚·特蕾西亚手中夺取富饶的西里西亚省，这就是国王的计划。1740 年 12 月 11 日，腓特烈二世向维也纳致函，在信中，他用不可信的理由，强求西里西亚的主权。5 天后，他领军入侵，普鲁士人借助训练有素的步兵在激战后赢得了胜利。

在 1742 年 7 月 28 日的《柏林条约》中，腓特烈将下西里西亚、上西里西亚的部分地区及伯爵领地克沃兹科收归己有。

与此同时，奥地利王位继承战争（1740—1748 年）继续进行，法国和它的盟友（巴伐利亚、西班牙、普鲁士、萨克森、瑞典、那不勒斯、普法尔茨和科隆选帝侯）想挑战玛丽亚·特蕾西亚在哈布斯堡王朝继承领土上的统治。

腓特烈二世担心玛丽亚·特蕾西亚的崛起，并相信奥地利在赢得对巴伐利亚和萨克森的战争后，倘若战胜法国，就可能会重新来争夺西里西亚。因此，他在波西米亚与法国结盟，从而使奥地利人陷入两线作战中。这意味着第二次西里西亚战争的开始。在遭受了几番挫折后，腓特烈通过 1745 年 6 月 4 日在西里西亚的霍恩弗里德贝格战役，及 1745 年 12 月 15 日在凯撒斯多夫会战的胜利，赢得了第二次西里西亚战争。

1745 年 12 月 25 日签订的《德累斯顿和约》规定，普鲁士人永远拥有西里西亚的主权。作为回报，普鲁士国王承认，玛丽亚·特蕾西亚的丈夫弗朗茨一世·斯蒂芬为神圣罗马帝国的皇帝，腓特烈二世自己被尊称为"腓特烈大帝"。

11 年后，腓特烈二世通过令人惊讶的结盟谋略，惹上了一场危险的战争，这场战争让所有欧洲列强一个接一个卷入进来。在七年战争中，普鲁士在军事上，有一段时间几乎身临绝境，但最终仍然保持了胜利。

这场结盟风波的大致经历是，已在北美和印度与法国人争夺霸权两年的大不列颠，于 1756 年与普鲁士结成联盟。对于腓特烈二世来说，这是个出乎意料的"联盟逆转"——推动奥地利人和法国人结成同盟。

为了防止两线作战，普鲁士国王先对与奥地利结盟的萨克森采取了预防行动，并在一场短暂的战斗后，迫使皮尔纳的萨克森军队投降。

俄罗斯、法国、瑞典和大多数帝国王侯站在奥地利一方参战，只有汉诺威、不伦瑞克、黑森－卡塞尔和萨克森－哥达支持普鲁士。

1757 年春，波西米亚成为战场。到夏天，在科林，经过一场与人数占优的奥地利人的败仗之后，国王最初陷入防御；但 5 个月后，在如今的萨克森－安哈尔特州的罗斯巴赫，他击败了法国人和神圣罗马帝国的帝国军团。此后不久，其时已被称为"大帝"的腓特烈二世，通过 1757 年 12 月 5 日在洛滕会战中击败人数两倍于己的奥地利军队的骄人战绩，成功地重占西里西亚全境。

随着俄罗斯人的参战，普鲁士国王遇上了一个新的、危险的敌人。

奥地利人和俄罗斯人在 1759 年 8 月 12 日的库勒斯道夫（位于奥得河畔法兰克福东部）战役中获胜，普鲁士人死伤惨重，腓特烈二世损失了他军队至少 40% 的士兵。

国王写信给他在柏林的最重要的大臣卡尔·威廉·冯·芬肯斯坦伯爵："我的外套被枪弹射穿，我的两匹战马被杀死；我的不幸是我还活着。……大家都在逃亡，我不再是我的士兵的主帅。……我将无法幸免我的祖国的覆灭，祝永远好运。"

但是，奥地利人和俄罗斯人没有将普鲁士人彻底消灭，而是撤离了战场。

1762 年 1 月 5 日，俄罗斯女皇伊丽莎白去世，这个"勃兰登堡王室的奇迹"，彻底改变了战争状况。伊丽莎白的儿子彼得三世，是普鲁士国王的仰慕者，他放弃了与奥地利的结盟，于 1762 年 5 月，与普鲁士国王腓特烈二世缔结了《圣彼得堡和平与联盟条约》。

尽管新沙皇在 6 个月后成了暗杀的受害者，但新统治者凯瑟琳二世并未重启战火，1763 年 2 月签署的《胡贝图斯堡条约》，确认了西里西亚属于普鲁士。

战争给普鲁士造成了 18 万人的伤亡，得益于英国的财政援助、在占领区勒索的税赋以及肆意残酷的税收政策，普鲁士国库也还算充裕。腓特烈二世还在没有发动新战争的情况下，成功地扩大了自己的领土，但这个战绩是以牺牲波兰利益为代价的。

波兰－立陶宛这个选举君主制王国，就像其他曾

腓特烈二世·冯·普鲁士

他于 1712 年 1 月 24 日出生于柏林，青春期时，他与专制而又崇尚军事武力的父亲腓特烈·威廉一世之间有强烈冲突，父亲对儿子的音乐爱好丝毫不理解。

1730 年出逃的尝试遭受挫败，"兵王"父亲因此将他的年轻好友和相助者汉斯·赫尔曼·冯·卡特宣判死刑，并于 1730 年 11 月 6 日，在儿子眼前将其处决于库斯特林。

在腓特烈二世于 1740 年 5 月 31 日执政后，他继续坚持以绝对主义为基础的专制国家体系，同时引入了一些改革，例如废除酷刑和放宽监管。

他与妻子伊丽莎白的婚姻没有孩子。通过在 1740 年至 1763 年之间与奥地利及其盟友争夺西里西亚的 3 场战争，他引领着普鲁士进入了欧洲强权大国之列。腓特烈二世于 1786 年 8 月 17 日，在他心爱的无忧宫书房中的一张沙发椅上去世，享年 74 岁。

经的主权国家一样，通过几次分割而从欧洲地图上消失了——1772年、1793年和1795年，相邻的列强俄罗斯、普鲁士和奥地利，逐渐将这个联邦国家瓜分。这其中，西普鲁士和但泽落入普鲁士之手。

对于腓特烈二世来说，还有一个特殊利好，他现在至少可以在法律形式上，称自己为普鲁士国王了。

腓特烈二世的继任者，既没有他的地位和远见，也没有为国家和行政管理的现代化作出任何贡献。那个已

故统治者的侄子，即新国王腓特烈·威廉二世，把国家事务留给他的内阁，因为他的众多情妇和他的鬼神倾向，普鲁士宫廷声名狼藉。

在腓特烈·威廉二世的执政期，菩提树下大街尽头的勃兰登堡门，于1791年8月落成揭幕。腓特烈·威廉二世的儿子腓特烈·威廉三世在1797年即位，相对于他的父亲，他兢兢业业、清醒冷静、勤俭节约，但在做他的政治决定时，却常常犹豫不决且运气欠佳。

启蒙运动

启蒙运动的思想财富，对18世纪后半叶最后25年的教会和政治发展，有着极度深刻的影响。对人类理性和科学进步的信念，导致了对近代早期威权和传统信仰的偏离，并导致了对现行国家制度的批评。

在这种背景下，发生了北美反对不列颠统治的独立战争，美利坚合众国建立（1776年）。随后，法国大革命（1789年）爆发。启蒙运动从根本上改变了世界，有理性的人现在成为中心，这一思想运动，通过荷兰和大不列颠，来到法国和德国。

哲学家戈特弗里德·威廉·莱布尼茨，1700年向选帝侯夫人索菲·夏洛特建议，在柏林建立一个科学研究院

英国哲学家约翰·洛克于1689年至1690年在创立他的经验主义学说时，首次将感官知觉和自我知觉视为认知的来源。在他那里，人民自主及法律的思想，已经遭遇到任何一种违反宪法的统治形式的阻挡。一个权力划分为立法权、行政权和司法权，以及言论自由权利的保障，应该遏制任何绝对专制。

在法国，作家及哲学家让－雅克·卢梭，首先接受了这种思想。在他的《社会契约》（1762年）一书中，他将国家定义为通过"个人意志"的自愿结合而形成的"公共意志"，从而作为一种直接实践的民主制度。

德国启蒙运动

启蒙运动在德语区最重要的声音，来自普鲁士的柯尼斯堡。1784年12月，哲学家伊曼努尔·康德在《柏林月刊》上，发表了他的论文《什么是启蒙运动？》，并在其中解释道："启蒙运动是人们走出自我造成的不成熟的出路。不成熟，是指在没有他人指导的情况下，没有能力启动自己的理解力。不成熟是自我造成的，如果不是因为缺乏理解力，而是在没有他人指导的情况下

启蒙运动在德语区最重要的声音，伊曼努尔·康德和同事围桌而论。油画作品，约 1900 年

伊曼努尔·康德

伊曼努尔·康德于 1724 年出生在柯尼斯堡，并于 1804 年在那里去世。在他的人生中，只有从事家庭教师时离开过故乡城市几年。

在 1755 年（又有说 1756 年）的冬季学期，他开始在柯尼斯堡大学作为私人讲师开课。在原本主要对自然科学的求知兴趣转移到逻辑学、形而上学和伦理学领域之后，经过漫长的等待，他终于在 1770 年获得了他追求的逻辑学和形而上学终身教授职位，并于 1781 年发表了阐述他基本思想原则的《纯粹理性批判》（1781 年），几年后又发表了《实践理性批判》（1788 年）和《审判力批判》（1790 年）。

对于康德来说，对事物的认知并不依赖于事物本身，而是依赖于对事物的认知能力和意识的结构。人们所看到的不是事物本身，而只是事物的表象，只是那些给他们看的而已。确定可能的条件和认知的界限，是他的所谓先验哲学的目标，它是关于存在的知识及其形成和论证。

在 1785 年发表的《道德形而上学基础》中，康德这样表述他的定言令式："以这样一种方式行事，使你的意志准则，能够在任何时候同时被作为普遍立法的原则。"

缺乏决心和勇气。敢于认识，鼓起勇气，运用自己的理解。这是启蒙运动的座右铭。"

康德认为，在一个共和国中——是他的原则尽早得到实现的保障。

但对他来说，比政府形式更重要的，是保证个人的自由并防止其被滥用。首先展开讨论的，是关于理性作为一种认知量度的作用，以及关于具有理性举止行为的指导，尤其是在受过教育的圈子里。这最终发展成为一场大众阶层的解放运动，这也成为 19 世纪工人运动的思想基础。

开明的专制主义

与北美和法国不同，普鲁士和奥地利没有发生剧烈的动荡。启蒙运动人士的基本思路，更多是采用绝对主义的启蒙化形式（在政治形式上实行所谓的开明专

伏尔泰（右）作为腓特烈二世的客人在无忧宫。盖奥克·薛伯尔，水粉画坷罗版

制——译者注）。

　　两国的统治者，普鲁士的腓特烈二世和奥地利的约瑟夫二世，一方面受了启蒙运动的影响，但同时又远远不及北美和法国那样，去质疑他们的绝对主义国家基本原则。因此，普鲁士国王要求士兵们盲目服从，同时也认为自己对臣民的甘苦负有责任。对于腓特烈二世而言，个人自由权力的严格监管，和个人尽可能得到法律保障的努力，两者并不矛盾。

　　1752 年，普鲁士国王在他为其王位继承人准备的《政治遗嘱》中，描述了一个"领导完善的政府"纲领。它必须"具有一个与哲学体系一样稳固充实的体系，所采取的所有措施都经过深思熟虑。并且，金融、政治和军事都是奔着同一目标而去，这意味着稳固国家并增强其权势的努力。但是一个系统只能源于一个人的头脑，即它必须来自统治者的头脑"。统治者的首要公民义务，是"为祖国服务"，并"证明有益于他的国人"。

　　腓特烈二世这样表述自己的原则："君主是国家的第一仆人，他的薪水很高，从而可以维护其职位的尊荣。但人们对他的要求是，他必须为国家利益而努力工作。"以这种姿态，他和法国国王路易十四给了人们绝然不同的公共效应，路易十四被认为是一个绝对统治者的原型，并被冠名为"L'état c'est moi"（"我是国家"）。

　　开明的专制主义对腓特烈二世来说，首先意味着有序执政。他在他的 1777 年对《政府形式和君主责任》的思考中写道："对他领导的国家而言，君王就是人身上的头脑，他必须为社会公众观察、思考并采取措施，以便为他们每个人去获取所希望的好处。"他认为，这包括严明而集中的行政管理、司法改革、废除酷刑、促进教育和发展科学以及信仰自由，"每个人都应按照自己的方式升天"。

　　奥地利约瑟夫二世皇帝的统治风格，符合腓特烈二世开明的专制制度。约瑟夫二世在 1781 年至 1790 年之间，通过激进的改革，建立起了一个专制国家。他的格言是："一切为了人民；一切不靠人民。"这和他的个人节俭和他对传统宫廷仪式的厌恶相吻合。

　　他自上而下改革政策的指导原则被称为"约瑟夫主义"，是为了国家和人民利益的功利思想。极具象征意义的是他于 1754 年所搞的墓葬改革，通过采用折叠棺材，木制容器下面可以打开，让尸体掉入坟墓，而棺材则能够继续使用。鉴于公众的愤慨，这种方式很快就不再采用。

　　约瑟夫的改革项目，包括扩大对文化和教会的国家监督，保障新教教徒和希腊东正教徒的宗教自由，进行婚姻改革，放松审查制度，征收公共地产税，禁止酷刑，取消农奴制，将司法机构从行政机构中分离，废除政体特别法院。还有像建造学校和医院，设立住宅门牌号码和登记制度等等措施。

　　他的改革旨在通过提高经济效率，来增强国家的经济实力。但是，由于受到很大的抵制，特别是来自匈牙利和哈布斯堡王朝低地国家的抵制，约瑟夫二世不得不撤销了他的许多过激的改革措施。

经济力量发展及政治力量发展

　　1668 年，路易十四决定把凡尔赛宫作为他的政府所在地。他将把他父亲路易十三建造的狩猎王宫，建造成一个欧洲最大的宫殿建筑群。它彰显了法国贵族波旁王朝的威势，作为一个拥有过 8 位法国国王及其他欧洲王国君王的王朝，凡尔赛宫作为统治家族的声望、权势和尊严屹立于大地。

直到法国大革命爆发为止，这座宫殿一直是法国国王的主要住所。

对于 18 世纪欧洲的许多王侯来说，凡尔赛宫是帝王排场的代表和仰慕的楷模。

华丽堂皇的宫宴，以及法国的服装和习俗，在欧洲到处得到模仿，即使他们缺乏为此必要的资金。像安斯巴赫、拜罗伊特、卡塞尔、茨韦布吕肯、美因茨和特里尔等德国南部和西南部较小的君王们都认为，他们必须效仿凡尔赛宫的建筑和花园来设计自己的宫殿。

曼海姆像国际象棋棋盘一样的布局，卡尔斯鲁厄

以王宫为中心的扇形平面布置，就是地方君主展现自己意愿的典型。腓特烈二世在波茨坦的夏宫无忧宫（法语"sans souci"，没有忧虑）于 1747 年 5 月竣工，也是以法国为导向，尽管其规模大小无法与法国宏伟的宫殿相提并论。奥地利对凡尔赛宫的反应，是维也纳的巴洛克美泉宫。巴伐利亚国王路德维希二世，在他的 1874 年法国之行后，在他新建的海伦基姆湖宫里，建造了一个比凡尔赛宫里的还要大的镜厅。

绝对主义下的经济政策

这种富丽排场的弊端，是费用不断增加的宫廷生

活。人们想通过目的明确的人口增长计划和积极的贸易收支，来满足日益增长的资金需求。而扩大耕地面积和确保粮食供应，是这种政策预想的基本前提。

腓特烈二世从 1747 年至 1753 年修建了奥得滩地排水工程，他还通过瓦特滩地和内策滩地，还有其他河流滩地的排水项目，为普鲁士提供了新的土地和新的臣民，他们都是通过各种好处和税收优惠征募而来。大约在同一时期，普鲁士国王还引入了源自南美的土豆，德国北部和东北部的沙质土壤，有土豆生长的理想条件。

绝对主义时代的经济政策指导原则，是在法国发展的重商主义（源于法语的"mercantile"，商业的），德国版本的官房学派也是如此，他们的目的是，让人民生

活水平的提高及国家税收的增加来填补国库。以此为目的，通过特权和垄断，促进制成品的出口，而进口则设定要缴税。

较大的国家因此而建立了殖民地和特许贸易公司，以使原材料进口价格降低。另外，国家还鼓励建立制造业，在这些早期的资本主义大型商企中，熟练的手工业者和学徒工在一个地方工作，他们在不同的工序中，创造一个共同的最终产品。与后来的工厂不同的是，这些劳作是手工完成的，而不是使用或极少使用机器。

尽管农业仍然为大多数人提供了就业机会，但在这种形式的经济和贸易中，农业往往会陷于不利之境。与之相悖，法国经济学家兼国王路易十五的宫廷私人医生弗朗索瓦·魁奈，于 1758 年底发表了他的《经济排列》，他将农业和林业作为唯一的生产环节，置于经济周期的中心。

魁奈这么说，工商业只是在重塑初级产品，因为土地是唯一的财富源泉。所以由魁奈创立的重农主义经济学派，要求征收地产税，且只把土地作为唯一的税收源。此外，国家应仅限于保护私有财产。

如果不是贵族和神职人员坚守自己的特权，不是这种传统的规则，形成了一个难以逾越的障碍，那么财务状况，尤其是法兰西王国的财政状况，本来可以得到更加积极的发展。

由于神职人员和贵族免征直接收入税，税收体制让所谓的第三阶层（农民），即占总人口 98% 的人民单方面承受负担。

在这幅 1886 年的历史油画上，腓特烈大帝被描绘成一个亲民的君王，他正亲临农田，与他的农民一起收获土豆

革命与复辟
1789—1850

1817 年，大学生在瓦尔特堡焚毁反自由的出版社书籍。木刻版画，1880 年

法国大革命与德国

自由、平等、博爱——在德国也听到了 1789 年法国大革命的口号。很快就会显示出，巴黎发生的事件所产生的影响，将远远超越法国边境，欧洲将发生彻底的动荡并被战争笼罩。

以精神、政治和社会为导向的法国争取自由运动，有两个主要原因：一方面是所谓第三阶层日益增强的诉求，尤其是那些在经济上日益崛起的市民阶层，他们对参与政治的话语权，以及拥有与贵族和神职人员平等的社会地位的追求日益强烈；另一方面，是不平等的税收负担和国家财政的过度铺张，以及由此引发的公共财政亏空而使人们产生的困惑。

法国拥有至少两千万人口，是当时欧洲人口最多同时经济最繁荣的国家，但它却是一个泥塑的巨人。无数次的战争，以及在 1776 年后对美国与不列颠军队之间进行独立战争的支持，和国王奢侈的宫廷财政，导致了王国债台高筑。

自 1774 年以来一直统治着法国的国王路易十六和他的财政大臣雅克·内克尔，他们半心半意的改革尝试为时已晚，而且由于参与国家政治运作的高层公民的抵制，这些尝试性改革也失败了。

法国神父、社会活动家、法国大革命的主要理论家之一艾伯·埃马纽埃尔·约瑟夫·西哀士，在 1789 年 1 月简洁地概括了市民阶层的关切："1. 什么是第三阶层？所有。2. 到目前为止，他在国家秩序中是什么？乌有。3. 他要什么？成为一点儿什么……因此，第三阶层囊括了属于这个民族的一切。凡是不是第三阶层的人，都不能视自己为这个民族的一部分。"

法国旧君主制的结束

君主制的崩溃分为几个阶段，在这个过程中，革命变得越来越极端。为了避免国家破产，国王不得不举办所谓的由社会三个阶层代表参加的三级会议，邀请他们于 1789 年 5 月 5 日到凡尔赛宫，并希望他们准予新的税收，上一次这样的会议是 1614 年举行的。

现在一下子发生了许多事情。

第三阶层会议代表于 6 月 17 日宣布自己代表了95% 以上的人口，并改名为国民议会。由此，他们创建了第一个现代的不再按阶层划分的议会。他们不再认为自己只是他们阶层的代表，而认为是整个法兰西民族的代表。他们要求另外两个阶层响应。神职人员在 6 月 19 日响应了这个呼吁，但大多数贵族都寻求国王的支持以维持旧秩序。

不久之后，即 7 月 14 日，人们冲进了巴黎的巴士底狱。这座中世纪的军事城堡，是关押政治犯的国家监狱，是国王专制的象征。1789 年 8 月，国民议会决定废除所有封建权利。农奴制、特权阶层的免税和省市的所有特殊权利都被撤销了，这是旧的专制政权的终结。以后不久，国民议会宣布了人权和公民权利："所有人自出生之日起就是并一直保持自由，且享有彼此平等的权利。"

来自巴黎的这一消息，在很大程度上，受到了德国知识界精英和思想自由的市民阶层的热忱欢迎。

例如，富有的汉堡商人乔治·海因里希·齐维金，于 1790 年 7 月 14 日，即攻占巴士底狱一周年之际，在他的坐落在城门前的花园里，组织了一次自由庆祝活动。这次庆祝活动引起了轰动，尤其是因为一些名人像作家弗里德里希·戈特利布·克洛普施托克都来到了齐维金的花园。

主人根据路德维希·冯·贝多芬《欢乐颂》的旋律，特意创作了一首歌，前几行写着："自由的德国人 / 歌唱这时刻吧 / 打破奴役的锁链 / 忠实地宣誓伟大的同盟 / 跟随我们的姐姐法国。"

攻占巴士底狱拉开了法国大革命的序幕。让－巴蒂斯特·拉勒曼，油画作品，1789 年

　　鉴于革命进一步发展的历程，疯狂的热情渐渐平息，在德国革命朋友中，增长着冷静和清醒。

　　在国民议会中，最初没有人想要废除王权，但是有不同的立场，这最终导致了君主制的垮台。

　　法兰西共和国于 1792 年 9 月 21 日宣告成立，不久就开始了恐怖统治，一直持续到 1794 年 7 月。左翼的、在国民议会中最激进主张共和的雅各宾派人士获得了统治权，路易十六于 1793 年 1 月 21 日，被指控犯有叛国罪而被判处死刑，并被推上了断头台。支持"恐怖"的人，也成为不断激进的受害者，其中包括雅各宾派恐怖统治首要政治家、恐怖统治的发起人马克西米利安·德·罗伯斯庇尔。1794 年 7 月 28 日，他被推翻并被处决。此后，

主张经济自由主义的资产阶级接管了统治权。

　　4 年后的 1799 年 11 月 9 日，拿破仑·波拿巴将军以一次圆满成功的政变，推翻了资产阶级督政府，一个由 5 名督政官组成合议机制的国家最高政权成立。拿破仑根据罗马模式建立了一个专制的执政体，由议院、部长会议和 3 个执政官组成，并由他们出任政府首脑和国家元首。

　　拿破仑使革命暂时结束了，直到 1804 年 12 月，他一直担任执政府第一执政，然后加冕为法兰西第一帝国的皇帝拿破仑一世。

　　主要是出于国内政治的需要，革命者于 1792 年 4 月 20 日对奥地利的宣战，开始了与欧洲君主王国发生

普鲁士人在瓦尔密炮战10天后撤军。霍勒斯·韦尔内，油画作品，1826年

武装冲突的时代，中间只有短暂的和平间断。

在所谓的第一次反法同盟战争中（1792—1797年），普鲁士、撒丁岛、那不勒斯、荷兰、西班牙、葡萄牙和大不列颠与奥地利站在一起，组成了一个反对革命法国的大联盟。当法国入侵奥属尼德兰时，革命被带到了邻国，并输入了建立一个立宪国家的想法，但很快就又转变成为征服政策。

经过一番战况多变的战争过程，后来的比利时于1795年10月1日正式划归法国；而被占领的荷兰，则最初成立了巴达维亚共和国，然后成为荷兰王国（1806—1810年），最终并入法国。

普鲁士与法国

欧洲列强对法国的社会变革不会袖手旁观。对法国的革命者来说，这从一开始就很清楚，因此士兵义务服役制度从1793年8月起在法国实行，目的就是为了与欧洲君主王国战斗。

新组建的法国革命军，令人惊讶地抵御了欧洲君主训练有素的职业士兵，虽然盟军攻入法国，但收效不大。普鲁士远征军团在1792年9月20日的瓦尔密炮战之后，被法国革命军阻挡在原地，并被迫于10天后撤军。当时在瓦尔密的约翰·沃尔夫冈·冯·歌德这样记录道："从今天，从这里，世界历史上一个新的时代开始了，而你们正在亲历。"诗人王子是作为随军观战者去的现场。歌德陪伴他的朋友卡尔·奥古斯特·冯·萨克森－魏玛公爵，虽然这位公爵作为将军，没能庆祝任何出色的胜利，但作为慷慨的魏玛古典主义的赞助人，如对"诗人王子"歌德的作品和精神世界、对歌德的好友弗里德里希·冯·席勒的资助，而被载入文学史册。

1795年4月，普鲁士通过《巴塞尔和约》结束了与革命法国之间的战争。两年后，奥地利和撒丁岛也不得不签署《坎波福尔米奥和约》。但是，大不列颠还在继续战斗，普鲁士在官方上保持中立，并眼看着法国人在接下来的几年中，是如何占领了欧洲越来越大的地域。

莱茵兰也在革命军的前进中，落入法国的囊中。

1792 年 10 月，大主教住地美因茨被征服，大主教作为选帝侯主席团主席，是帝国王侯中地位最高的教会领袖。法国人试图从那里把革命思想带进帝国的希望并没有得到实现，由于法国的占领而建立的美因茨共和国，也只是一个从 1793 年 3 月至 7 月的小插曲，那是因为普鲁士人和奥地利人又重新夺回了这座城市。

自巴塞尔到安德纳赫的莱茵河左岸地区许多大小不一的王国，都最终割让给了法国，由形形色色的领主君王统治的"拼接地毯"宣告结束。在不考虑先前地界的情况下，这一地区按照法国的模式，形成了分别以亚琛、特里尔、科布伦茨和美因茨为主要城市的新行政区。

对于当地人民而言，归入法国领地，意味着他们生活的深刻变化。传统的阶层秩序结束，教会财产被世俗化，工商行会被废除，贸易自由权被引入，法语被作为官方语言。学校和教育以及教会事务，也都进行了重新整顿。

特别是法国法律制度的施行，像第一次全面规定了公民权利的《民法典》（1804—1807 年）和《刑法典》（1810 年）以及其他法典，都产生了深远持久的影响。

至少在形式上，所有公民一律平等。人们还有权进行口头诉讼。刚开始，这让人们不太习惯并带来了一些问题，但却保证了一个前所未见的法律确定性和法律统一性。即使在法国统治结束后，法国法律体系仍然在莱茵兰应用，其《民法典》一直到 1900 年《德国民法典》施行前一直有效。

德意志神圣罗马帝国的灭亡

1806 年，标志着德国历史的转折点。当弗朗茨二世皇帝作为德意志神圣罗马帝国皇帝在拿破仑的压力下退位时，标志了德意志神圣罗马帝国的灭亡。

在这同时，普鲁士职业军队对法国军队作战的失败，给人印象深刻地表明，国家和军队以及帝国的整个经济和社会秩序，都有需要进行改革的必要性。

当弗朗茨二世于 1792 年 7 月在美因河畔法兰克福加冕时，法国已经与哈布斯堡王朝交战。在拿破仑·波拿巴的统率下，法国很快就占领了欧洲大部分地区。

当被欧洲君主视为暴发户的波拿巴，在接受法国人皇帝的皇冠时，哈布斯堡王朝是不乐意的。弗朗茨二世也将自己的继承领地提升为帝国，并从 1804 年 8 月 11 日起，自称为奥地利皇帝弗朗茨一世。在随后的两年中，他成为世界历史上唯一的一个"双重皇帝"——德意志神圣罗马帝国皇帝弗兰茨二世和奥地利皇帝弗兰茨一世。

拿破仑迫使老帝国屈服

在将莱茵河左岸地区划归法国后，相关的德国王侯要求赔偿。这样，帝国的政治实体代表雷根斯堡帝国议院，又开始了一次行动。

在 1803 年 3 月帝国议院最后一次会议上，通过了神圣罗马帝国最后一部重要法律，帝国政治实体决定了教会王侯领地的终结。除了德意志骑士团和马耳他骑士团之外，教会的巨额财产，根据以《帝国代表重要决议》命名的这项法律，被转让到世俗王公侯国或城市。国家

欧洲 1789—1812 年

- 法兰西王国 1789 年
- 1792 年至 1798 年获得的领土
- 法兰西帝国 1812 年
- 由家属成员统治的国家
- 与法国结盟及依附于法国的国家
- 占领地区

挪威王国
（受统于丹麦）

北海

苏格兰王国

爱丁堡

大不列颠及爱尔兰
联合王国

都柏林

爱尔兰王国

威尔士

英格兰王国
伦敦

阿姆斯特丹

贝格

多佛尔

科隆

布鲁塞尔

法兰克福

大西洋

巴黎

斯特拉斯堡

奥尔良

巴登

南特

瑞士

法兰西帝国

里昂

拉科鲁尼亚

波尔多

热那亚

巴约讷

图卢兹

马赛

安道尔共和国

加泰罗尼亚

巴塞罗那

科西嘉岛

1803—1813 年属法兰西

葡萄牙王国

马德里

撒丁王国

里斯本

西班牙王国

巴利阿里群岛

地中海

加的斯

直布罗陀（英属）

休达（西属）

奥兰

阿尔及尔

邦纳

阿尔及利亚

0   200   400   600 km

芬兰
1809年为俄罗斯帝国内的大公国
卡累利阿
维堡
圣彼得堡
赫尔辛基
列巴尔（塔林）
瑞典王国
斯德哥尔摩
波罗的海
莫斯科
里加
斯摩棱斯克
哥本哈根
梅梅尔
蒂尔西特（加里宁格勒）
维尔纳
丹麦王国
但泽共和国
柯尼斯堡
立陶宛
明斯克
俄罗斯帝国
瑞典波美拉尼亚
梅克伦堡
普鲁士王国
比亚韦斯托克
1807年属于俄罗斯
柏林
华沙
斯特法伦王国
华沙大公国
基辅
萨克森王国
布雷斯劳
雷特
莱茵邦联
加利西亚
捷尔诺波尔
布拉格
克拉考
（克拉科夫）
腾堡王国
奥地利帝国
慕尼黑
维也纳
摩尔多瓦
巴伐利亚王国
布达
佩斯
比萨拉比亚
蒂罗尔
匈牙利
黑海
意大利王国
伊利里亚行省
瓦拉几亚
瓜斯塔拉公国
布加勒斯特
圣马力诺共和国
贝尔格莱德
佛罗伦萨
萨拉热窝
翰比诺
蒙特内哥罗侯国
索菲亚
吴国
（黑山）
托斯卡纳
亚得里亚海
康斯坦丁堡
罗马
法属蓬泰科尔沃
法属贝内文托
奥斯曼帝国
那不勒斯
那不勒斯王国
克基拉岛
（科孚岛）
1807—1814年属法兰西
西西里王国
雅典
伊奥尼亚群岛
（英格兰保护共和国）
塞浦路斯
突尼斯
（奥斯曼帝国附庸）
马耳他
1800年后受统于英格兰
克里特岛

奥地利皇帝弗朗茨一世。弗里德里希·冯·阿默林，油画作品，1832 年

的法律继承人同时承担财政义务，直到今天，这些都还可以在我们的基本法中找到。

除了吕贝克、汉堡、不来梅、美因河畔法兰克福、纽伦堡和奥格斯堡之外，帝国城市也失去了自主权。普法尔茨（世俗）、科隆和特里尔（教会）的选帝侯被取消，新增了巴登、符腾堡、黑森－卡塞尔和萨尔茨堡的世俗选帝侯。结果，大约有 300 万人因此而改变了国籍。

为了使德国的中小王国依附于自己，拿破仑一世发起了莱茵邦联的创立。16 个南德意志和西南德意志王侯，于 1806 年 7 月 12 日，在巴黎建立了这个德意志政治联合体。王侯们形式上的首脑和邦联主席，是美因茨的最后一位选帝侯、法国皇帝的仰慕者卡尔·特奥多尔·冯·达尔贝格。

1806 年 8 月 1 日，莱茵邦联宣布拥有主权，并宣布脱离德意志神圣罗马帝国的统治。5 天后，德意志神圣罗马帝国皇帝弗朗茨二世，脱下了神圣罗马帝国的皇冠，并宣布解散这个老帝国。

作为他们地位升高和领土增加的回报，拿破仑向莱茵邦联的王侯们要求士兵来扩充他的军队，仅仅从巴伐利亚，他就接收了 3 万士兵。

1806 年底，维尔茨堡升格为大公国，萨克森升格为王国，德意志中部和北部的其他小国也加入了莱茵邦联。1807 年 8 月 18 日，拿破仑的威斯特伐利亚王国，成了邦联的又一个成员邦国，它包括了一些威斯特伐利亚的地区，如直到 1803 年还属于科隆选侯国的威斯特伐利亚大公国。除这些之外，前不伦瑞克、沃尔芬布特尔、黑森－卡塞尔大部分地区、许多前普鲁士地区、汉诺威王国的部分地区，都加入了莱茵邦联。

拿破仑一世任命了他最小的弟弟杰罗姆来做统治者，居住在卡塞尔，他在历史上被称为"可笑的国王"。就像由拿破仑一世任命他的妹夫若阿尚·缪拉做大公，以杜塞尔多夫为首府的贝格大公国一样，威斯特伐利亚王国也被设计成具有现代行政管理和司法及进步的经济秩序的现代王国。然而，这一版本最终因为现实而失败，就如尽管有高的税赋征收但却早已支离破碎的国家财政一样。

没有加入莱茵邦联的有普鲁士和奥地利。

在军事上的巨大胜利，为拿破仑毫无限制的强权政治奠定了基础。在第二次反法同盟战争（1799 年至 1802 年）中，他战胜了来自大不列颠、俄罗斯、奥地利、葡萄牙、那不勒斯和奥斯曼帝国的同盟。

不列颠人仍然是拿破仑最大的敌人，在伦敦的鼓动下，大不列颠和俄罗斯于 1805 年 4 月成立了新的反法兰西同盟，后来奥地利、瑞典和那不勒斯也加入了同盟。法国则得到了巴登、巴伐利亚、哈瑙和符腾堡这些德意志邦国的支持。

这场冲突的胜负，是在 1805 年 12 月 2 日的奥斯特利茨战役（今天捷克共和国的斯拉夫科夫）中决定的，法国皇帝以高超的战术，击败了俄罗斯人和奥地利人。当沙皇亚历山大一世指挥的俄罗斯军队向东撤离时，在1805年12月26日的《普雷斯堡和约》中，拿破仑逼迫奥地利弗朗茨一世皇帝，把蒂罗尔和福拉尔贝格割让给巴伐利亚。

深陷耻辱的德国

普鲁士的荣耀也快过去了，拿破仑从政治上将普鲁士国王腓特烈·威廉三世孤立了起来。

开始时，拿破仑在1805年12月向他保证，由腓特烈·威廉三世占领与大不列颠有君合国联盟关系的汉诺威选侯国。由于汉诺威被吞并，从1806年6月11日起，普鲁士与其先前的结盟伙伴大不列颠处于战争状态。拿破仑转而又向不列颠人表示愿意将汉诺威还给他们，腓特烈·威廉三世大怒，完全不顾军事态势，在9月向法国人下了最后通牒，要求法国从德国南部撤军。

所以，弗里德里希·恩格斯后来把他称为"有史以来戴着王冠的最大的榆木脑袋"，不是没有道理的。

1806年10月9日，腓特烈·威廉三世对法国宣战。从那时开始的第四次反法同盟战争，只有不伦瑞克、萨克森选侯国、以及萨克森－魏玛站在普鲁士一边。在10月10日的萨尔费尔德战役中，腓特烈大帝的侄子霍亨索伦王朝路易·斐迪南亲王战死，这已是一个不祥的征兆，而随后1806年10月14日的耶拿和奥尔施泰特的双重战役，则成为了普鲁士人的灾难。

还在全部军队（大约13万普鲁士战士和2万萨克森战士）组成战阵之前，拿破仑就发动了进攻。首先在耶拿，由霍恩洛厄亲王弗里德里希·路德维希侯爵率领的普鲁士军左翼约5万士兵被击溃；然后由步兵元帅不伦瑞克公爵卡尔·威廉·斐迪南率领的主军，在耶拿以

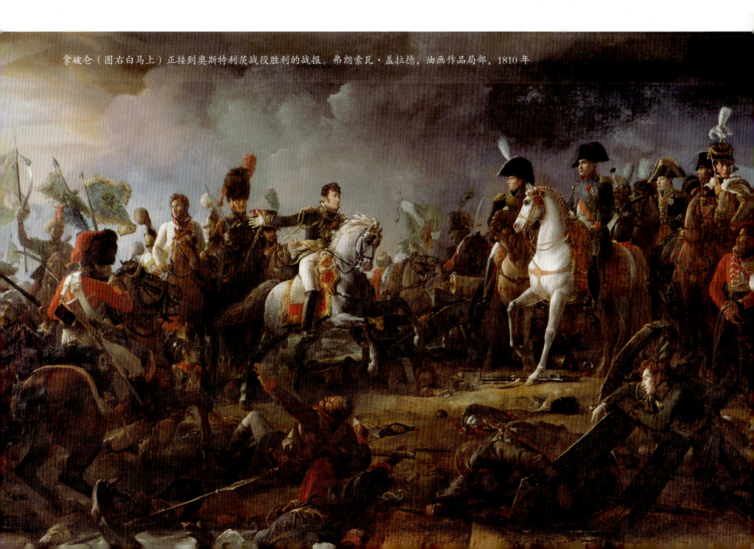

拿破仑（图右白马上）正接到奥斯特利茨战役胜利的战报。弗朗索瓦·盖拉德，油画作品局部，1810年

北的村庄奥尔施泰特被消灭。

法国人的胜利，显示了普鲁士军队的灾难性战术弱点。那种由步兵战士一排排横向连成狭窄长阵的线性战术，那种腓特烈二世在 3 次西里西亚战争中，还能以此取得胜利的战术，在快速纵向突击的法国人面前，却已经完全陈旧过时了。

然后是要塞的投降，爱国主义作家恩斯特·莫里茨·阿恩特用痛苦的词句这样描述道："没有火炮的轻骑兵和骑兵，却打开了斯德丁和斯潘道……沼泽里的科斯琴还没有射击就投降了，是的，简直就是把敌人请到了自己的平底船上，以便可以投降。马格德堡拥有两万名士兵，几天后就被 3 万名没有正经攻城大炮的士兵攻占，若在腓特烈（大帝）时代，他们一定会遭到袭击而被击败。"

在耶拿和奥尔施泰特战役胜利的 10 天后，法国人兵临柏林城下，10 月 25 日进入柏林城。拿破仑一世两天后也来到了柏林。随后是被占领时期，这在柏林人的自信心和钱包中，都留下了深刻的痕迹。胜利者羞辱了失败者，勃兰登堡门上的四马双轮战车，被作为战利品运往巴黎。

腓特烈·威廉三世同他的妻子王后路易丝一起逃往梅梅尔，柏林的当地人用俚语这样评说道："我们的笨木头在梅梅尔。"

在俄罗斯的支持下，东普鲁士的战斗继续进行。虽然在普鲁士 – 埃劳战役中（1807 年 2 月 7—8 日），双方没分胜负，但在 1807 年 6 月 14 日，拿破仑在弗里德兰战役中取得胜利，迫使俄罗斯沙皇亚历山大一世签署了《蒂尔西特和平条约》（7 月 7 日）。两位君主在筏

拿破仑于 1807 年 7 月 6 日在蒂尔西特接待女王路易丝。尼古拉斯·戈斯，油画作品，1837 年

席尔在斯特拉尔松德被法军士兵射死。彩色印刷，1896 年

子上的帐篷里相见，而筏子则作为固定在河面上的人工岛。拿破仑不愿与普鲁士国王对话，腓特烈·威廉三世只是因为沙皇的说情，才被允许作为哑巴客人到场。7月 9 日，腓特烈·威廉三世也在和约上签了名。

法国人胜利的后果

由于这项和平协议，普鲁士失去了一半以上的领土和将近一半的人口。连当年 31 岁的普鲁士王后路易丝希望用她的魅力抚慰拿破仑的一次请求拜访，都没有什么结果。

易北河以西的所有土地都丢失了，1807 年 7 月 22日，由被普鲁士和奥地利吞并的波兰地区，创建了新的

华沙大公国，弗里德里希·奥古斯特·冯·萨克森国王，做了拿破仑这个卫星国的摄政王，但泽则成为了一个被法国占领的"自由城市"。

《蒂尔西特和平条约》还迫使俄国沙皇参加了大陆封锁，这是拿破仑于 1806 年 11 月 21 日，在柏林启动的针对不列颠群岛的经济封锁。因为波拿巴在特拉法加海战（1805 年 10 月 21 日）中舰队的损失，他无法打破不列颠在海上的霸权地位，所以他试图通过封锁欧洲大陆，从经济上迫使大不列颠屈服。拿破仑禁止所有"与不列颠群岛的贸易和交往"，每个被抓住的英国臣民都被视为战俘，所有"库存、货物和一切私产"都被宣布没收。

但是，大陆封锁依然漏洞百出，因此变成了一个巨大的失败。尽管拿破仑于 1811 年 1 月，宣布汉萨同盟

城市汉堡、吕贝克和不来梅以及德国北海沿岸成为法兰西帝国的一部分，但瑞典拒绝参加封锁，俄罗斯也退出了，因为英国的反制措施将其海上贸易切断了。在大陆封锁下，能够开辟新贸易路线的不列颠人所遭受的经济损失，要比拿破仑势力范围内的欧洲国家所遭受的经济损失小得多，再加上这一措施还鼓励了腐败、走私和黑市交易。

奥地利人作了最后一次绝望的反抗，但没有成功。在1809年4月9日对法国宣战并取得初期成功之后，因为7月5日至6日瓦格拉姆战役的失败，这场战争对这个多瑙河帝国而言已经失败。

维也纳政府徒劳地希望引发一场针对拿破仑的人民战争，但时机尚未成熟，只引发了有限的起义。"黑公爵"弗里德里希·威廉·冯·不伦瑞克－奥尔斯的自由军团，还能在经过德国西北部的征程之后，从布拉克转渡大不列颠；但普鲁士少校斐迪南·冯·席尔的起义，很快就被法国人平定了。席尔企图用他的柏林轻骑兵，通过突袭占领马格德堡要塞，从而引发一次全民起义，但他却在1809年5月31日的斯特拉尔松德死于巷战。他手下的11名军官，在韦瑟尔被按紧急军管法枪毙，许多士兵被判罚强制苦役。

纽伦堡出版商约翰·菲利普·帕尔姆以自己的经历让人知道，拿破仑能够将任何反抗扼杀在萌芽中：在他针对拿破仑一世的匿名小册子《深陷耻辱的德国》刊发后，他于1806年被判处死刑，并被枪杀。

拿破仑似乎不可战胜——这个神话，还需要几年的时间才能被打破。

上层改革

普鲁士努力想在大国中保持自己的地位，却由于败于拿破仑而陷入它历史上一次最严重的危机。只有在经历了军事灾难之后，王国才从中找到力量，去进行全面而深刻的国家及行政改革。除了使行政管理现代化和军队重组外，改革还包括消除农民负担和人身依赖性，引入经营自由和对教育系统进行整顿。

冯·施泰因男爵

普鲁士最有影响力的改革政治家之一就是1757年10月26日出生在兰河畔拿骚的帝国男爵卡尔·冯·施泰因。自1780年以后，他一直担任普鲁士王国公职，并于1804年被任命为财政经济部部长。由于不愿为了和约事务而出任外交部部长，他于1807年初被撤职。

然而，同年夏天，他又被召回并被任命为王国首相，这在很大程度上也是迫于拿破仑的压力，拿破仑最初误以为施泰因是法国的支持者。

施泰因在13个月内，实施了农奴制的解放、教区教规的改革、内阁改革以及司法和行政部门的权力分离。由于他所持的反对占领者的态度，法国皇帝对这位改革者产生了怀疑，又是在拿破仑的运作下，施泰因于1808年11月24日，再一次被免职。

之后，施泰因去了俄罗斯。作为沙皇的顾问，他在1815年的维也纳会议上，徒劳地试图鼓动建立一个德意志中央化的国家，而不是去改造零星散布的德意志小王国。一年后，他退出了政界。1831年，他在威斯特伐利亚的卡彭贝格城堡去世。

腓特烈·威廉三世国王虽是迫不得已，却必须全面放手让他的改革者进行改革。只有内部更新，才能为某一天脱离拿破仑的统治铺平道路。

解放农民

施泰因以及他之后的卡尔·奥古斯特·冯·哈登伯格侯爵，是经济和社会改革的推动者。他们的目的，是打破显然已残旧无用的专制国家结构，为公民提供更多可能的参政机会，从而造福大众，并使经济力量从一切障碍的束缚中解放出来。

很重要的一步，是于 1807 年 10 月 9 日颁布的国王内阁法令，宣布终结农民对领主的世代依附性和撤销阶层限制。在进一步的法律补充下，这一十月法令到了 1810 年 11 月 11 日的圣玛尔定节，确定所有的农民从农奴制中解放出来。他们不再依附领主，他们拥有个人自由。

但是，这一裁决很快又受到了限制。在关于如何执行法律，即确定法律的规章条款过程中，农民必须在接收他们所经管的土地、从封建附属制度中解放出来时，向领主付出相应赔偿。他们大约需要放弃一半至三分之一的土地，所以许多小农没法保住自己的农庄，不得不以农业工人或临时工的身份为生。

到 1850 年左右，在农村劳作的人口中，有四分之

改革者沙恩霍斯特、哈登伯格、施泰因（从左至右）。木刻版画，1860 年

三是小农和农业工人。

农民的解放，还包括职业选择自由和贸易经营自由的权利，从而取消了行会的特权。从那时起，在经济生活中以自由竞争为重。农民在未经庄园主同意的情况下，允许结婚和迁居城市，公民可以购买乡村农庄。人们只需一份执照，就可以进行大多数的贸易经营。

行政、经济、教育及军队的改革

改革的下一步是 1808 年 11 月 19 日的城市法令，该法令引入了城市行政自治。城市不再仅仅只从属于国家，而应该让公民能够有机会决定自己的事务。

从那时起，所有拥有公民权利的人，都允许参加一个城市议院的选举，在小城镇它有 24—36 名议员，在中等城市有 36—60 名市议员，在大城市则由 60—102 名市议员组成。这样的城市议院会议，负责决定地区市政事务，并选举以市长为首的市政府。

随着施泰因于 1808 年 11 月 24 日被免职，政府的工作也进行了重新改组，普鲁士被划分为多个政府行政区。作为统一的地区行政单位，他们创建了县级行政，管理所属的村庄、小城镇和农庄，并且将司法部门和行政部门区分开来。

内阁由 5 位专职部长组成（内政，财政，外交，司法和战争），取代了 1723 年成立的、一个统管内政和财政的、拥有极权的中央机构——首相府。内阁由国家总理主持，卡尔·奥古斯特·冯·哈登伯格（1814 年授予侯爵）从 1810 年开始到他 1822 年 11 月去世，一直担任这个职务。他继续坚持实行施泰因的改革，包括取消封建特权和解放农民，尽管遭遇了来自贵族方面的极大阻力。

1810 年的一项税收法令，以简明的主要税收，取代了模糊不清的繁杂税赋。

犹太臣民在很大程度上享有相同的法律地位，但他们仍然被排除在公务员和军队之外，除非他们改信基督教。

哈登伯格改革思想的标志，是他于 1807 年在里加撰写的思考笔记《关于普鲁士国家的改组，奉国王陛下最高之命而写》："那种幻想，那种以为最为保险的，是抱着古老的方法，并坚持不懈地追随以此为基础的现行原则，从而就能够对抗革命的幻想，恰恰正是推动（法国）革命的动力，并助其不断地增长扩大……用力量和坚定，就像拿破仑所跟随的法国革命系统一样，我们必须用我们的力量和坚定，跟随一切善良、美好和道德，为了追求这完美而高贵的一切而努力。"

不仅在经济领域和国家层面，而且在教育和军事领域都需要变革。

学者兼政治家威廉·冯·洪堡，于 1809 年作为文化和教育部门的负责人，负责实施教育改革。洪堡要建立一个在国家监管下三级制的统一的学校体系，小学、文理中学和大学以及后来的实验中学，将取代迄今的教育机构。

对这位普鲁士学者而言，取消任何形式的阶层教育，是普及人文教育的前提。1809 年柏林洪堡大学的建立，是洪堡教育改革的高潮。1810 年，在海因里希王子的菩提树下宫殿里，洪堡开设了 4 个经典的学科：法律、医学、哲学和神学。按照洪堡的愿望，这儿不仅应该全面地进行自由而不受外界干扰的人文教育，而且应该将大学理解为教学和科研的统一体。

在耶拿和奥尔施泰特的战役，暴露了普鲁士军队的弱点。军事改革者们，如担任国王任命的军事改组委员会负责人的格哈德·冯·沙恩霍斯特，以及军官奥古斯特·奈哈特·冯·格奈森瑙、赫尔曼·冯·博伊恩和卡尔·冯·克劳塞维茨由此得出结论：古老的普鲁士军队架构，显然不能胜任与法国对敌。军队太笨拙了，而对待士兵们太像对待物品一样。

改革努力的目标，是团结人民和军队为一体，改善普通士兵的地位，废除贵族特权，从而使军官的职位也向普通民众敞开。改革军官团的进一步措施是，建立一支后备役军，作为现役军的补充军力；引进义务兵役制（1814 年），作为对法国的人民军队和义务役军队的应

柏林洪堡大学主楼。彩色印刷，1850 年

对措施，作为建设"全民皆兵"的先决条件。

　　"出身不应形成对功劳的垄断，如果人们因此而给予他们太多权利，那么许多力量，就会躺在民族的怀里，得不到发展和利用，"格奈森瑙在 1808 年这么写道，"新时代需要的不仅是旧有的头衔和兵书，新时代需要新鲜的行动和力量。"

　　腓特烈大帝的军队结构被改造了，雇佣军和连级军饷经济取消了，夹道笞刑和体罚成为过去，昔日的贵族军官团也被梳理。将来，晋升取决于绩效而不是年资，虽然在事实上，平民升为军官仍然是例外。

依据法国的模式建立了旅的编制，组成步兵和骑兵混合师团。营房训练得到缩短，代之以扩大射击和交战演练，军官的培养得到了改善。还有一个重要的结构变化是，设置了战争的决策部门，总参谋部成为最高领导层。

　　根据拿破仑的意愿，在《蒂尔西特和平条约》中，普鲁士的现役军队仅限于 4.2 万人，为此采取的相应措施是，通过迅速进行新兵培训并提前让他们退伍（作为所谓的"普鲁士短期兵役后备役兵"），以使其成为战时可以投入的后备军队。

解放战争

拿破仑于 1812 年战败。

他在俄罗斯的征战，以历史上最大的军事灾难之一而告终，这同时也结束了法国皇帝对欧洲的统治。这时，普鲁士也找到了崛起的机会，并为波拿巴的衰亡作出了一份贡献。

1812 年 6 月 24 日，法国人越过梅梅尔河边界。

在人数超过 60 万的"大军团"中，也包括拿破仑统治下欧洲必须参战的战士，其中有莱茵邦联国家的 12 万士兵、2 万普鲁士士兵和 3 万奥地利士兵。俄罗斯军队不断后撤，直到 9 月 7 日在博罗金诺进行了一场损失惨重的战役。一周后，拿破仑攻入了莫斯科，而此时，俄罗斯人正在撤离这座城市。

从 9 月 14 至 18 日，发生了一场造成极大破坏的大火，莫斯科这座城市的三分之二被烧毁。直到今天，仍然无法确切查明，这到底是法国人还是俄罗斯人有意或无意而为之。无论如何，燃烧的莫斯科对拿破仑而言是一场灾难。沙皇亚历山大一世断然拒绝和平谈判，加上早到的冬天，迫使拿破仑于 10 月 19 日撤退。

拿破仑率领的共约 40 万士兵，在与俄罗斯人的战斗中，以及伴随而来的饥饿、寒冷和精疲力竭中失去了生命，约 10 万人被俘。1812 年 12 月，"大军团"的剩余军队，退到了普鲁士边境。

普鲁士换边

未经他的国王同意，普鲁士辅助军团的统帅约克·冯·瓦滕堡，就与俄罗斯人就结束敌对行动进行了谈判。1812 年 12 月 30 日，他在《陶罗根停战协定》中，宣布他的武装部队对俄罗斯人保持中立。

在一封写给腓特烈·威廉三世的信中，他为自己的自作主张辩解："不是现在，或者就永远不再有这一时

拿破仑军队的撤退。阿达尔伯特·冯·科萨克，油画作品，1927 年

刻，去重新获得自由、独立和强大，而且不必做出太大和太血腥的牺牲……我们将像古老的、真正的普鲁士人那样战斗，让永恒威严的王冠，如岩石般坚定不移地矗立在未来。"

鉴于来自东普鲁士的一波爱国热情，国王终于与俄罗斯人结盟。因为在普鲁士也已实行了义务兵役制，现在正是好时机，腓特烈·威廉三世在布雷斯劳，发布了与拿破仑战斗的人民战争呼吁："但是，无论个人会做出什么样的牺牲，都不能与神圣相提并论，我们为之而往，我们为之必须战斗和胜利，如果我们仍然想作为一个普鲁士人和作为一个德意志人。"

作为德国这种类型的第一枚奖章，普鲁士国王于 1813 年 3 月 10 日，捐助创立了"铁十字勋章"，以表彰在解放战争中出色的有战功者。该勋章的授予，与地位、出身、军衔和在军队中的官阶无关。多亏通过后备军培训这样的秘密军备，一支战斗力强大的军队已准备就绪，与法国人进行解放战争的时刻来临。

奥地利、大不列颠和瑞典，加入了普鲁士 – 俄罗斯联盟。

10月16日至19日的莱比锡民族会战，决定了欧洲的命运。超过33万名俄罗斯、普鲁士和奥地利联军，迫使大约20万法国人及其盟友后退。这场战役，多达12万人丧生，成千上万人成了残废。

这次失败，使拿破仑的统治体系瓦解：莱茵邦联在短时间内解散，因为每个王侯都想挽救自己的统治。

1814年3月31日，盟军进入巴黎，4月6日，法国皇帝拿破仑一世退位。法国退回到其1792年的边界，拿破仑被流放到地中海的厄尔巴岛。

但是他在那儿不能忍受很长时间。当在维也纳就欧洲新秩序进行谈判时，这位前皇帝正计划他的政治复出。他得知，法国人民对新国王路易十八并不满意，因此，他于1815年3月1日，带着1000来人回到法国，并在那里受到热忱欢迎。

他的"百日王朝"，在6月18日，以布鲁塞尔以南的滑铁卢战役告终。在那儿，他败于由惠灵顿将军率领的大不列颠军队的坚定抵抗，以及在关键时刻，由格布哈德·列博莱希特·冯·布吕歇尔，一位当年已经72岁的"前进元帅"率领的普鲁士军队的参战。

拿破仑·波拿巴被流放到南大西洋的圣赫勒拿岛。在那里，他于1821年去世，享年51岁。

即使是他的反对者，也不能否认对他的尊重：爱国诗人恩斯特·莫里茨·阿恩特在1806年称他为"高尚的怪物"；约翰·沃尔夫冈·冯·歌德在1828年写道："他的生命就是一个半神的步伐，从战役走向战役，从胜利走向胜利……这就是为什么他的命运如此灿烂，在他之前的世界看不见，在他之后的世界，也许也不会再现。"

莱比锡战役的胜利：君主亚历山大一世、弗朗茨一世和腓特烈·威廉三世（从左至右）收到胜利军报。木刻版画，1820年

维也纳会议和欧洲新秩序

拿破仑不仅让欧洲笼罩于战争，而且也唤醒了被压迫国家的民族感情和政治参与的愿望。维也纳会议的目的，就是确保所有这种参与的追求都被迅速遏止，以使旧秩序重新得到恢复。

包括德意志人民对民族统一的希望，也不应该得到实现。

从 1814 年 9 月 18 日至 1815 年 6 月 9 日，维也纳作为东道主，主持了这次欧洲各国统治者和政治家的大会，有来自大约 200 个国家、城市和政治实体的代表参加。为什么会议会如此长久，奥地利军官兼外交官夏尔·约瑟夫·冯·利涅亲王，在 1814 年深秋有一个说法："会议在跳舞，但跳不下去。"

在这 10 个月中，幕后是不断地钩心斗角、诡计迭出，为国家边界讨价还价，还有各种秘密协定的商讨。没有所有大会参加者的联席会议，有争议的问题，宁可只在委员会中讨论解决，然后在结束会议上予以确认。

在经历了 25 年的革命动荡之后，会议试图在最大范围内，恢复以前的边界，保持"上帝所要的秩序"，共同抵御革命思想。

比较突出的政治家，有奥地利国家总理大臣克莱门斯·文策尔·洛塔·冯·梅特涅侯爵，和俄罗斯沙皇亚历山大一世，他们两人都想恢复革命前的政治秩序。法国当时由外交大臣夏尔·莫里斯·德·塔列朗作为代表，他通过努力，成功地使自己的国家拥有相同的发言权。

梅特涅侯爵在维也纳会议期间举办的一次酒会。木刻版画，19 世纪

而以外交大臣罗伯特·斯图尔特·维斯康特·卡斯特莱里夫为代表的大不列颠，则从大国均势的角度出发，力主领土重组。

从普鲁士来参加会议的是腓特烈·威廉三世国王，以及他的国家总理卡尔·奥古斯特·冯·哈登伯格侯爵。

拿破仑从厄尔巴岛的返回，以及随后在比利时的征战，曾中断了会议的商讨。会议在滑铁卢战役后又恢复了，人们努力争取尽快作出欧洲领土的重新确定。在西方，由普鲁士人、俄罗斯人和奥地利人签署的 1815 年 11 月 20 日的第二次《巴黎条约》，将法国边界固定在法国大革命之前的边界，法国必须支付高额的战争赔款，但仍然是欧洲的主要大国。

德国南部莱茵邦联国家，已通过与奥地利的特别合同，保证了其继续存在。拿破仑所给这些邦国君主上升的地位依旧保留，包括 1803 年被国有化的教会财产。

关于俄罗斯对波兰大部分地区的领土要求存在争议，而普鲁士为此得付出代价。普鲁士本来希望再次吞并整个萨克森地区，那儿的国王弗里德里希·奥古斯特一世，直到莱比锡民族会战之前，还一直坚定地站在拿破仑一边。奥地利、英国和法国一致反对普鲁士的主张，这就导致了萨克森的分割：萨克森北方大部，包括科特布斯在内的下劳西茨、上劳西茨的东部、萨克森选侯国区域以及图林根地区归入普鲁士。普鲁士同时也扩展到了莱茵兰地区，和包括威斯特伐利亚和吕根在内的瑞典－波美拉尼亚。

奥地利获得了意大利的首要地区伦巴底－威尼斯王国，但必须彻底放弃包括弗赖堡市在内的布赖斯高地区和奥属尼德兰，后者与所谓的荷兰国会（荷兰北部）组成了荷兰联合王国。

沙皇帝国得到了由拿破仑创建的华沙公国的主要部分，而华沙公国则以波兰王国之名与俄国结成君合国。克拉科夫被称为自由国，并于 1846 年被奥地利吞并。瑞士联邦获得了"永久中立"的保证。刚与丹麦脱离关系的挪威，不得不又接受与瑞典的联盟。属于失败者的

还有意大利人，他们的统一意愿依然失败。波兰也一样，它们再一次被俄罗斯、普鲁士和奥地利瓜分。

维也纳会议希望恢复"世界的安宁"，它毕竟给欧洲带来了将近 40 年没有领土冲突的时光，直到克里米亚战争（1853—1856 年）爆发。

然而对于德国而言，这次会议，意味着仍将继续几十年的分裂小国群，本来希望有一个民族整体国家的失望臣民们，只得将就于一个松散的国家联邦。

维也纳会议的决议

1815 年 6 月 8 日的《联邦法》，所有条款加起来不超过 20 条，其中规定，德意志联邦应取代 1806 年解散的德意志民族神圣罗马帝国之地位，2920 万人口居住在至少 63 万平方公里的土地上。

德意志联邦总共由 41 个成员国组成，包括 4 个自由城市（汉堡、不来梅、吕贝克和美因河畔的法兰克福）和大小不同的君主制国家。两大列强只是以它们的领土属于这个联邦，其领土直到 1806 年一直也是帝国的一部分——没有了其东部省份的普鲁士王国，加上其西部一半的奥地利帝国。其他成员包括巴伐利亚、萨克森、汉诺威和符腾堡 4 个王国，还有黑森选侯国、巴登大公国、黑森－达姆施塔特大公国、梅克伦堡－什未林大公国、梅克伦堡－施特雷利茨大公国、奥尔登堡大公国、卢森堡大公国和萨克森－魏玛－艾森纳赫大公国，以及萨克森哥达－阿尔滕堡公国、萨克森－迈宁根公国、萨克森－希尔德布格豪森公国、萨克森－科堡－萨尔费尔德公国、不伦瑞克公国、拿骚公国、安哈尔特－贝恩堡公国、安哈尔特－德绍公国、安哈尔特－克腾公国和由荷尔斯泰因公国和劳恩堡公国结成的君合国、霍亨索伦－黑兴根侯国、霍亨索伦－锡格马林根侯国、列支敦士登侯国、罗伊斯长系（罗伊斯－格赖茨）侯国、罗伊斯幼系侯国、罗伊斯－洛本施泰因侯国、罗伊斯－埃伯斯多夫侯国、瓦尔代克侯国、施瓦茨堡－松德斯豪森侯国、

美因河畔法兰克福联邦议院会议。蚀刻版画，1816 年

施瓦茨堡 – 鲁多尔斯塔特侯国、利珀 – 代特莫尔德侯国和绍姆堡 – 利珀侯国，再加上黑森 – 洪堡伯国。

直到 1866 年解散，德意志联邦的组成随着地域的变化而变化。

这块拼接地毯还造成这样一种情况，甚至有些外国的君主，也成了具有表决权的成员：不列颠国王代表汉诺威王国、丹麦国王代表荷尔斯泰因公国和劳恩堡公国、荷兰君主代表卢森堡大公国。

国家联邦的唯一机构是联邦大会，也称为联邦议院，而不是议会，是各联邦成员国使节的大会。

这样的大会很少召开，由奥地利在美因河畔法兰克福的图恩与塔克西斯宫主持，所有决议均需获得一致通过。除全会外，由 17 个成员组成的理事会来主持日常事务，在这种情况下，也可以以多数票来决定。

在德国南部的各联邦成员国，产生了根据君主立宪制原则最早的地方议院。

每个成员国都必须为联邦军队按其人口的 1% 比例筹集士兵。联邦军队由 10 个军团组成，大约有 55 万人。奥地利和普鲁士各有 3 个军团，巴伐利亚一个军团，其余 3 个军团混编。没有一个统一的指挥机构或领导层，只有 5 个联邦要塞作为永久性的军事设施：美因茨、卢森堡、兰道、拉施塔特和乌尔姆。

缺乏中央领导和使联邦对外相对弱化，是出于政治需要故意而为的。

在维也纳会议上通过的所有决议，其目的都是维护"世界的安宁"，以保证防止过度的民族野心。由俄罗斯、奥地利和普鲁士的君主，于1815年9月26日在巴黎建立的神圣同盟，也是为了这一目的。他们都各自保证，将按照基督教的原则，按照公正、爱与和平的原则来领导自己的国家。

在梅特涅的指导下，欧洲君主们力图压制一切自由主义思潮和革命倾向。因为，正如梅特涅在1826年6月所写的，这种邪恶已经取得了"可怕的进步"。这种"源于无序混乱躁动的革命幽灵，表现了当今这代人的时代动荡，一方面获得贪婪的激情和深刻的道德堕落滋养，另一方面则受到盲目狂热主义的欢呼"。

政治反动与经济自由主义

维也纳会议之后的时期，是以维持为导向的、保守的国家权力，与社会各界的自由主义和民族主义潮流之对立反差而成为标志。由上层规定的平静，并没能持续很长时间，当公民阶层中的大部分人退缩到毕德麦雅时期的舒适温馨、注重私人感受的生活方式时，在社会各方面尤其是大学，成为对立面的中心。

年，实际上，这是代表时代思潮的民族主义和自由主义的一场政治示威。

舞台诗人和媒体人奥古斯特·冯·科泽布被谋杀，为德意志联邦采取反对民族主义和自由主义潮流的行动提供了很好的理由。

学生社团认为，科泽布是反动的沙皇帝国间谍。神学专业大学生卡尔·路德维希·桑德，于1819年3月

对立面的学生社团

特别是跨地区组织的学生社团，引起了国家政权的注意。

1815年，开始时是耶拿的大学生和一些大学教师聚集在一起，他们选择了解放战争时期普鲁士军队中的吕措志愿军的军服颜色——黑色、红色和金色，来作为识别标志。学生们不喜欢这个德意志联邦国家群，他们想要一个全德国的君主立宪制帝国。除了恩斯特·莫里茨·阿恩特，哲学家约翰·戈特利布·费希特也是学生社团的思想引路人。

耶拿大学的学生社团邀请大家参加瓦尔特堡节日。1817年10月18日，来自至少13所大学的超过500名代表，在瓦尔特堡集会，名义上是庆祝宗教改革300周

卡尔·路德维希·桑德刺杀奥古斯特·冯·科泽布。套色木刻版画，1860年

23日，去了科泽布在曼海姆的公寓，怒斥："这儿，你这个祖国的叛徒！"并用随身携带的匕首，在科泽布胸部刺了好几刀，致其死亡。刺客随后的自杀尝试失败，桑德被判处死刑，并于1820年5月20日，在曼海姆被处决。

谁主张德意志自由和统一，谁就会被作为煽动者遭到迫害。1819年8月的卡尔斯巴德会议，以紧急法制定了一系列特殊法案，随后于下一个月，在国家联邦获得一致赞同。

《卡尔斯巴德决议》禁止成立学生社团，大学处于警察不断的监视之下，不讨喜欢的大学生和大学教师上了"黑名单"，不超过320页（16开）的杂志和所有出版物，均须接受初步审查的控制。

一个驻地设在美因茨的中央调查委员会，受命在各地戡查扰乱治安的革命活动。

对煽动者的迫害，也涉及到了国家聘请的"体操之父"弗里德里希·路德维希·贾恩，贾恩将体育不仅视为是自身体质，而且视为是民族整体增强的机会。体操在1820年有一段时间被禁止，贾恩从1819年到1825年一直被关在监狱中。

恩斯特·莫里茨·阿恩特，这位曾用他的爱国主义小册子（《莱茵河，德意志的河流，但不是德意志的边界》），鼓舞了无数德国人与拿破仑抗争，他也被作为"煽动者"，从波恩大学教授位置上被解职。

政治反动欲用铁的扫帚，扫除一切自由主义的努力。

法国七月革命和它的后果

大约10年后，法国的"七月革命"（1830年），再次给民主人士带来了希望。对于法国而言，这场革命导致了波旁王朝的彻底推翻。反动的波旁王朝国王查理十世只得退位，坐上王位的是沙特尔和奥尔良公爵路

1832年5月走向汉巴赫宫的游行队伍。同时代石板印刷

易·菲利普。在这位"公民国王"的领导下，财力雄厚的资产阶级开始腾飞。

革命也影响了欧洲其他地区。欧洲各地都处于自由主义运动的推动之下，德意志联邦开始出现动荡，新的状态出现了。

1830 年 9 月，骚乱动摇了不伦瑞克公国，愤怒的人群冲进了城堡，并点火焚烧那座巴洛克建筑，目中无人的卡尔二世公爵逃往瑞士。

1832 年 5 月 27 日至 30 日，在普法尔茨的汉巴赫宫举行的、至少由 3 万名自由主义者和民主人士参加的集会，展现了德国西南部的民主思想活跃程度。在这个汉巴赫集会上，自由主义政治家和法学家菲利普·雅各布·西本普菲，以及媒体人兼作家约翰·格奥尔格·奥古斯特·维尔思，用生动有力的语言，大力呼吁人民政权、德国统一和一个欧洲的民主联合。

从 1830 年起就住在巴黎的作家路德维希·伯恩，是集会受邀嘉宾，他属于德国青年自由主义运动团体的一员。

1835 年，德意志联邦以革命信念为由，禁止了德国青年运动作家的著作。这一判决也影响了海因里希·海涅的著作，他自 1831 年起也一直居住在巴黎，特别是以其文艺小品和游记，创造了一种新的自由主义文学艺术形式。格奥尔格·毕希纳，于 1834 年在吉森刊发了社会革命战斗檄文《黑森快报》（《给小屋和平！向宫殿宣战！》），并从黑森－达姆施塔特大公国经史特拉斯堡逃往苏黎世。

1833 年初春，海德堡和维尔茨堡学生社团的学生，不想再用笔杆子写，而是想通过走暴力革命之路，来迫使政治局势发生改变。

1833 年 4 月 3 日晚上，约 50 个武装分子，袭击了美因河畔法兰克福卫戍大营和康斯塔普勒瓦赫的警局。两名袭击者、6 名士兵和一个与行动无关的平民死亡，参与"法兰克福警局袭击"的大多数人被捕。当局迅速作出反应，对几百个真正的，或被认为的知情者提出了诉讼。

"哥廷根七君子"对他们汉诺威国王恩斯特·奥古斯特二世的抗议，引起了巨大的轰动。

1837 年 11 月 18 日，哥廷根格奥尔格·奥古斯特大学的七位教授，其中包括两位日耳曼语言学家雅各布·格林和威廉·格林，抗议国王废除 1833 年在汉诺威王国引入的自由宪法，并指出他们的"顺从"，无非都是因为向这部宪法的宣誓。国王的反应很傲慢（"教授、舞女和妓女到处可以用钱买"），并于 1837 年 12 月 14 日，命令将这些学者开除。另一方面，德国的自由派公民阶层，则对大学教师们的勇敢正义表示敬贺。

经济发展

尽管是些松散的小国群，但德国在经济上相互间越来越靠拢，动力来自普鲁士。

这个由多个地理上分开的地区组成的国家，在进行内部贸易时，总是依赖于邻国的海关合同。为此而努力的一大步，是 1828 年普鲁士与黑森－达姆施塔特大公国达成的关税同盟。受此影响，汉诺威、萨克森、奥尔登堡、不伦瑞克和其他德国中部地区邦国，同年也建立了中部德意志贸易协会；巴伐利亚和符腾堡，成立了德国南部海关同盟。

普鲁士出于利益需求，希望最终取消德意志联邦的海关边界。1834 年 1 月 1 日，这 3 个海关同盟合并为德意志海关同盟，这在很大范围内解除了各联邦国之间的海关和贸易壁垒。与之相对的所谓的税收协会（汉诺威、奥尔登堡、不伦瑞克、利珀），成立于 1834 年，当年是作为德意志海关同盟的对抗同盟，直到 1854 年才加入海关同盟。

诗人海因里希·霍夫曼·冯·法勒斯雷本在他的《非政治歌曲》（1840—1841 年）中，以温柔嘲讽的口气，评论了这个海关同盟："连鬼都不能做的，蛋，你们却做到了：因为你们用一根带子，捆绑着德意志祖国，而

一个厂商以质量不合格为由，将一个西里西亚织布工的成品退回。卡尔·威廉·胡伯纳，油画作品，1844 年

这根带子将所有的心相连，远比这根带子绑着我们的联邦还多。"

在消除贸易壁垒的同时，开始了新的运输工具——铁路的扩展。像工业革命一样，铁路起源于大不列颠。1835 年 12 月 7 日，纽伦堡和菲尔特之间的第一条德国铁路线开通，其机车从英国进口。铁路网络稳步增长，到 1850 年，德国的铁路轨道已达 6044 公里。

经济进步的另一面，更多是悲惨的社会状态。在仍然是农业大国的德国，就业岗位和粮食供应状况无法跟上人口增长的步伐。歉收和饥荒，导致了外出移民增加，仅在 1846 年和 1855 年之间，就有大约 110 万人口离开了德国。

劳动力太多，钱太少，导致织布工人起义，这是写入德国历史的第一批无产阶级起义。1844 年的西里西亚起义，既不是该地区的首次，也不是最剧烈的动乱，但它是引起公众特别关注的一次事件。

西里西亚的织布工是家庭工人，他们手工操作织布机，并依赖他们的客户。客户不仅向他们提供必要的纱线，同时也是成品的验收商。因为如今在英国和法国使用的机械织机，可以生产出质量相同成本却更便宜的产品，所以商家就降低了成品收购价格，从而使织布工陷入了困境。更糟糕的是，该地区是西里西亚人口最稠密的地区之一。

出现在彼得斯瓦尔道和朗根别劳的抗议，开始时是和平进行的，到了 1844 年 6 月 4 日，抗议演变成了暴力行为，而国家也采取了暴力反应，动用军队向人群开枪，11 人被枪杀，100 多人被控暴动而受审。司法机构对 80 多名被告，判处了总共 203 年牢狱监禁和 90 年要塞监禁。

1848 年至 1849 年人民革命

维也纳会议放逐拿破仑并重组欧洲新秩序 33 年后，革命风暴在欧洲掀起。

1848 年初春，争取自由和民族统一的自由市民阶层，筑起了街垒路障。虽然由于革命者之间的分歧和保

1848 年至 1849 年，旧制度的反抗者筑起街垒路障：柏林亚历山大广场的巷战。粉笔石印画，1848 年

鉴于革命的动乱，腓特烈·威廉四世只得骑马穿越到处飘扬着黑、红、金三色旗帜的柏林。同时代石板印刷

9月12日，在巴登的奥芬堡，以及4个星期后，在黑森的黑彭海姆，民主派人士和温和的自由主义者正讨论着一项政治纲领。奥芬堡的激进民主主义者，强烈要求以美利坚合众国为榜样，遵循"人民自治"和"废除一切特权"的原则；而黑彭海姆自由主义者则想采用谨慎的措施，并通过将关税同盟转变为政治同盟，来实现德国的统一。

改革或者革命，这个问题变得益发急迫。因为在1848年2月24日，当法国工人和城市居民发动暴动，迫使"公民国王"路易·菲利普逃亡后，"二月革命"引发了一系列革命暴动，在1848年初

守势力的顽固，革命再次失败了，但是，革命者的指导思想和愿望理想，将不会再长久忍受压制。

不安定的第一个预兆，出现在前一年。自1840年以来就统治着普鲁士的腓特烈·威廉四世国王，以他君权神授的自信，没有遵守他向父亲作出的、关于制定一部国家宪法的承诺。对于他来说，一个君主制国家立宪并拥有议会是不可接受的。

取而代之的是，他在1847年4月，召集了由全部八个普鲁士省议院组成的联合议院大会，他称希望制定宪法是"强行的忘恩负义，违法，甚至是抗命的"行为。他决不会允许，在"天上的上帝与这个国家之间，有一张写满字的纸存在，作为一种第二天命，以它的章节来统治我们，并取代古老的神圣的忠诚"。

民主派的形成

当时，反对派在德国南部已经相当强大：1847年

春，几乎席卷了所有欧洲国家，并在短短几周之内，扫除了此前的政府。

在德国和奥地利，人们对于一个民族国家的渴望；公民阶层因被排除在政治参与之外，导致其缺乏政治话语权而不满；广大人民的社会困境，等等这些因素，共同形成了对统治者危险的抗议情绪。

几乎没有保守势力的抵抗，在德国的中小邦国，建立了自由派的"三月内阁"。例如在革命开始的巴登，1848年3月1日，至少有两万人聚集在卡尔斯鲁厄，为当时在德国几乎所有地方都以同名提出的"三月要求"举行游行，大公爵被迫迅速作出了让步——政府采用宪政体制，新闻和集会自由，设立法庭陪审团，裁减现有军队、武装人民以及发起德国国民议会选举。

1848年，许多邦国王侯与三月内阁一起成立了政府，取代了保守的政府内阁，并以一个温和的自由派过渡形式，来满足三月革命提出的部分要求。

但是，随着革命变得更加激进暴力，这一进程很快

就不足以恢复内部的秩序。

街巷和路障的战斗，迫使维也纳和柏林当局屈服——37 年来在奥地利几乎无所不能、集权力于一身的总理大臣克莱门斯·文策尔·洛塔·冯·梅特涅侯爵，于 3 月 13 日被撤职，并不得不逃往英国。

在普鲁士，腓特烈·威廉四世被迫为"三月烈士"——那些为了争取民主权利，于 1848 年 3 月 18 日至 19 日在皇宫前的一场动用军队的血腥镇压中死亡的人们——在皇宫广场举行葬礼，以表达对他们最后的敬意。在葬礼中，他甚至还摘下了帽子。3 月 21 日，他戴着黑红金三色相间的袖章骑马穿越柏林，并在一个演讲中"对我的人民和对德意志民族"承诺，普鲁士将在德国崛起。他宣称"一个新德国的重生和建立"，一个"统一的、多元的德国，一个在多样化中的统一，一个自由的统一"的德国诞生了。

由于"三月革命"，普鲁士国王于 3 月 29 日任命了在鲁道夫·康普豪森和大卫·汉泽曼领导下的自由派内阁，并公布了普鲁士国民大会的选举。

在巴伐利亚，一个国王真的不得不脱下他的王冠。路德维希一世于 3 月 20 日退位，他的儿子马克西米利安二世继位。这不是仅仅因为路德维希一世的反动政治，而且还因为他与出生于爱尔兰、艺名为萝拉·蒙蒂斯的舞女之间的恋情，造成了他的灾难。1846 年，一个苏格兰军官和一个克里奥尔人的私生女儿，获得了当时已经 60 岁的统治者的恩宠，路德维希一世授予情人兰德斯菲尔德伯爵夫人封号，因而引起了他的臣民的怨恨。

第一个德国议会

3 月 31 日至 4 月 3 日，一个议会预备会议在美因河畔法兰克福举行，以准备德意志国民议会事宜。这个预

1848 年 5 月 18 日，海因里希·冯·加根在法兰克福的圣保罗教堂，隆重宣布国民议会开幕。同时代石板印刷

备会议由 574 名不是通过选举，而是由所谓的七人委员会任命的代表组成。该七人委员会，则是此前在海德堡召开的、一次由 51 名自由主义者和民主派人士参加的会议上任命的。

出于对毫无成就的民主运动的失望，在社会宣传家古斯塔夫·斯特鲁夫和律师弗里德里希·赫克的领导下，巴登组建了激进的民主党派。他们于 1848 年 4 月 13 日，在康斯坦斯发动了数百名武装人员起义，但是仅仅在一周后，以卡尔斯鲁厄为最终目标的"赫克队伍"，在与巴登和黑森的联邦军于巴登南部坎登的一次战斗中失败了，敌方不仅人数更多，而且装备更精良。失败之后，赫克和斯特鲁夫逃亡瑞士。

德国民主党派的希望，是通过议会道路建立一个民族国家。4 月下旬至 5 月初，在拥有选举权的男性选民中，有 40% 至 75% 的人，参加了在德意志联邦所有邦国举行的选举。拥有选举权的选民资格是，他所在邦国定义的成年人，并持有公民荣誉权。

第一个全德国民议会于 1848 年 5 月 18 日，在法兰克福的圣保罗教堂首次开会。受过良好教育的阶层和官宦阶层，在 800 多名议员和他们的代表中占主导地位，这是一个"教授议会"，说得很多，却很少能决定什么。首先，人们必须应付议会的日常事务，并为全体会议和委员会制定议事规程。前学生社团成员，刚上任不久的黑森邦国首相海因里希·冯·加根，担任了议会主席。

议会中，温和的自由主义者和自由宪政政治家占了多数，国会议员很快根据他们的政治取向组成各自的团体。保守派、自由派和民主派的人民代表以及天主教教派议员，在美因河畔法兰克福的场所聚会，所到的场所名，由此也成为议会中相应党派团体的名称。自由宪政右翼中心在"赌场"聚会，左翼中心在"符腾堡饭店"、民主派左翼在"德意志饭店"、革命的左翼则在"唐纳斯堡"聚会。

这些议会党派团体之间的主要分界线，是未来的德意志民族国家，是否应该包含奥地利（"大德国解决方案"）或者不该包含（"小德国解决方案"）的问题。如果只有奥地利以外的德意志联邦邦国成员属于德国，则普鲁士的统治就是预先设定好的。

法兰克福国民议会无力完成起草一部公民 – 自由宪法并同时组建一个民族国家这样的任务。除了控制少数几个联邦要塞外，它没有军事力量，而是依赖于各个联邦国家的善念，特别是两个保守的大国普鲁士和奥地利。

但是，柏林和维也纳都没有兴趣加强议会。即便国民议会于 1848 年 6 月 29 日，任命了因其亲民的举止而很受欢迎的奥地利大公约翰为"帝国摄政王"，即临时全德中央政府首任首脑，并任命了临时全德中央政府"帝国内阁"，但对国民议会的权重依然无济于事。

激进的民主党人对民主进程感到失望，并进而释放为 1848 年 9 月 18 日的暴动。骚乱中，两名保守党议员被杀，普鲁士和奥地利军队继而平息了这场暴动。

罗伯特·布卢姆

罗伯特·布卢姆 1807 年生于科隆，曾担任过记者、诗人、出版人，还在莱比锡担任过戏剧场记。

1848 年，他在萨克森民主党派中担任领导职务，为了加强民主运动，他在莱比锡成立了第一个所谓的祖国协会，并担任了法兰克福议会预备会议副主席。在国民议会中，布卢姆是左翼温和派的代言人。为了支持推翻哈布斯堡王朝统治的十月起义，他于 1848 年秋天前往维也纳。从 10 月 26 日起，他在那里参与了抵抗奥地利帝国军队的战斗，并在起义失败后于 11 月 4 日被捕。尽管他是国民议会议员，但 1848 年 11 月 9 日，他在维也纳附近的布里吉特瑙按照戒严令被当作叛乱者，并被枪毙。

罗伯特·布卢姆被枪毙。同时代石板印刷

同样在柏林，革命在它的起步阶段，就陷入了困境。

普鲁士与革命

普鲁士国民议会于 5 月 22 日在柏林声乐学院举行，但在其宪法审议中无法取得进展。因此，在 1848 年这个"伟大的一年"结束时，国王能够轻松地任命一个保守的内阁，然后解散了议会。

议会议员的任何抗议都是徒劳的，尽管东普鲁士共和党人约翰·雅各比在无忧宫的一次接见中，勇敢地对着统治者呼叫："这是国王的不幸，如果他们不愿倾听真实！"

鉴于普鲁士和奥地利反革命的成功，1848 年 12 月 2 日，只有 18 岁的弗朗茨·约瑟夫皇帝登基，而 1848 年 12 月 27 日在圣保罗教堂通过的《德国人民基本权利》法，最终仍然是一张废纸。

同样，国民议会在 1849 年 3 月 28 日它的第 196 次会议上通过的《帝国宪法》也是如此。它规定了由皇帝作为国家元首的君主立宪制，及一个两院制议会——帝国议院和联邦参院。宪法赋予公民普遍的选举权和基本的自由权利，并以"小德国解决方案"设想了未来的整体国家，一个在普鲁士领导下不含奥地利的帝国。

由于其自由精神的原则，它后来成为 1919 年《魏玛宪法》和 1949 年《基本法》的范本。

1849 年 4 月 3 日，普鲁士国王腓特烈·威廉四世，拒绝了一个由法兰克福议会代表团给他的"德意志皇帝"的尊严。

他不想以人民的恩典戴上皇帝的冠冕，但同时也好言相拒："我的先生们！这个消息，这个由你们带给我的，真让我深受感动……但是，我不会建立德国的统一，如果我这么做，在没有德意志邦国和自由城市的君主们的自主同意之下接受这个决定，而这一决定对他们以及对他们统治的德意志民族，都必将产生最严重的后果，那就是损害神圣的权力，和违背我以前明确和庄重的承诺。"在听了这一声明之后，议员们失望地离去。

普鲁士国王向他的知己好友更清楚地解释了他的动机：这个"所谓的皇冠"，只是"一个狗项圈"，人们只是想以此把我拴在革命上，它永远与"革命的骚味"绑定在一起，而且这种"臆想的皇冠，只是由污垢和陶土（不可利用的石头）烧制而成"，一个普鲁士国王永远不会接受。

然而，《帝国宪法》并没有完全失败。至少有 28 个邦国，尤其是较小的邦国认可了它。

圣保罗教堂议会中刚过半数的议员，呼吁开展人民运动，以推动宪法的实施。但是，这次"帝国立宪运动"没有获得成功。即使在莱茵省、萨克森（德累斯顿）、莱茵普法尔茨和布雷斯劳都出现了起义。然而，要对抗普鲁士军队，起义者没有任何机会。

越来越多的议员回家了，最后剩下的只是一个"空架议会"，它于 1849 年 5 月 30 日迁至斯图加特，并于 6 月 18 日被符腾堡军队驱散。

在巴登大公国有过较大的反抗，那儿的民主运动在君主逃亡后建立了自己的军队。1849 年 7 月 23 日，普鲁士领导的联邦军队在围困了 3 个星期后，夺取了被巴登士兵占据的联邦要塞拉施塔特。由于保守势力的顽固，民主革命终于在坚持了 17 个月后失败了。

皇帝代表团给普鲁士国王带来了皇帝尊严。同时代木刻版画

瑞典王国
波罗的海
丹麦王国
北海
石勒苏益格
柯尼斯堡
但泽
马尔堡
劳恩堡公国
1865年后属普鲁士
荷尔斯泰因公国
吕根岛
吕贝克
梅克伦堡－
什未林大公国
波美拉尼亚
什切青
比得哥什
奥尔登堡
不来梅
什未林
荷兰王国
奥尔登堡
大公国
汉诺威王国
新施特雷利茨
普鲁士王国
阿姆斯特丹
汉诺威
波茨坦 柏林
波兹南（城）
俄罗斯帝国
林堡公国
1839年属德意
志联邦
明斯特
不伦瑞克
马格德堡
波兹南
黑森大公国
不伦瑞克
公国
安哈尔特
公国
德绍
波兰王国
比利时
王国
（从1830年）
科隆
哥廷根
莱比锡
布雷斯劳
西里西亚
亚琛
卡塞尔
黑森选侯国
魏玛
萨克森
王国
德累斯顿
科布伦茨
马尔堡
黑森
大公国
图林根邦国
卡罗维发利
克尼格雷茨
切申
卢森堡大公国
特里尔
法兰克福
维尔茨堡
拜罗伊特
布拉格
摩拉维亚
自1818年属
德意志联邦
1839年划归
比利时
梅斯
美因茨
沃尔姆斯
施派尔
海德堡
纽伦堡
比尔森
波西米亚
布尔诺
斯特拉斯堡
卡尔斯鲁厄
符腾堡王国
巴登大公国
奥地利帝国
斯图加特
维也纳
布拉迪斯拉发
巴登大
公国
乌尔姆
奥格斯堡
慕尼黑
萨尔茨堡
格拉茨
布达
法兰西王国
弗赖堡
锡格马林根
苏黎世
因斯布鲁克
匈牙利王国
伯尔尼
蒂罗尔
特伦托
的里雅斯特
莱巴赫
克雷恩
克罗地亚
瑞士
日内瓦
维罗纳
威尼斯
里耶卡
奥斯塔
米兰
伦巴第－威尼托王国
波斯尼亚
都灵
撒丁王国
帕尔马
帕尔马
公国
摩德纳
费拉拉
博洛尼亚
扎拉
达尔马提亚
萨拉热窝
热那亚
斯普利特
奥斯曼帝国
尼斯
摩纳哥
卢卡
佛罗伦萨
圣马力诺
里窝那
锡耶纳
安科纳
托斯卡纳
大公国
教皇国
厄尔巴岛
亚得里亚海
科西嘉岛
维泰博
罗马
贝内文托

德意志联邦 1815—1866 年

普鲁士
奥地利－匈牙利
哈布斯堡占领区
巴伐利亚
汉诺威
德意志联邦边界 1815—1866 年

0 50 100 150km

N
S

俾斯麦与帝国
1850—1890

俾斯麦（图右坐在桌旁）和毛奇（站在俾斯麦身边）于 1871 年 11 月 1 日与法国人进行关于法国人投降的谈判。依据安东·冯·维尔纳油画作品印刷局部，1885 年

工业化和"社会问题"

在 19 世纪中叶，德国也被卷入了"工业革命"。技术进步达到了一个前所未有的速度，伴之而来的是经济生产力的爆发。在越来越短的时间内，生产出越来越多的商品。人口迅速增长，许多原来生活在农村的人，现在搬到城市，并在工业界寻找就业机会。因此，在这个时代，社会问题几乎是预设而不可避免的。这些深刻的经济和社会变革，始于大不列颠，但随着时间的推移，它便席卷了欧洲大陆和北美。

工业革命的影响

纺织工业是工业化生产方式的第一个行业，除了诸如机械化纺纱机和纺织机的技术创新外，由于蒸汽机的发明，生产设备现在基本上不再依赖水力或风力。煤炭作为能源代替了木材，大规模的金属加工成为可能，那是重工业诞生的基础。

随着生产和贸易的繁荣兴旺，越来越多的货物和商品需要运输，效率成为当务之急。很快，铁路就成为了进步的发动机。它可靠而又快速地满足了对煤炭和钢铁不断增长的需求。它本身也体现了这一需求，因为它是用煤炭作为其动力能源，同时又在钢轨上行驶。

工业增长，通过私人股份公司的建立，形成了资本市场。

机器的使用简化了生产流程，同时也降低了工作的能力要求。失去根基的前农业劳动者，现在已经变成工业劳动者，他们从早干到晚，生活在可怜的环境中。为了确保最低的生活水平，妇女和儿童也必须在工业运行中劳作。在迅速增长的人口中，变得越发贫困的工薪阶层的状况，成为当时社会的主要问题。

12 小时乃至更多的工作时间绝非例外，而且劳动者没有有效的劳动保护。造成的结果是，工厂工人的死亡率，比其他职业群体高得多。

1839 年，雇佣童工第一次受到限制，这不是出于人道主义原因，而是因为普鲁士军队担心，这样对士兵后备会造成不利。工厂的正式员工，工作年龄限制为至少 9 岁，并且法律规定，16 岁以下的工人每天的工作时间限制在 10 小时内，夜里和周日的工作被禁止，此外，还导致了最低水平的学校教育的产生。一年后，类似的规定，也适用于巴伐利亚和巴登。

鲁尔地区成为德国的重工业中心。巷道挖得越来越深，以采掘有价值的硬煤。与煤矿业相关的是相应的加工——矿山和冶金工业。铁路、河流和运河，被用来运输货物和原材料。到 1873 年，鲁尔地区已经有超过 250 个矿井，开采了大约 1600 万吨硬煤。在 19 世纪初还主要是农业的这个地区，在几十年内，变成了欧洲最集中的工业区。

埃森的克虏伯公司属于最重要的雇主。从 1826 年起，阿尔弗雷德·克虏伯将其父亲创建于 1811 年的铸钢厂，发展成为一个由钢铁企业、矿山企业和煤矿企业组成的全球性企业。加农炮和铁路车轮的制造，是它的业务支柱。医院、养老金和职工住所等社会设施，确保了它拥有可靠而努力的核心员工队伍。在它的系统中，厂商就如一个庄园主对待其下属，也没有由工人组织起来并维护自己利益的工会。克虏伯很早就利用了由大不列颠发展的钢铁生产技术成就，例如贝塞麦转炉炼钢法（1862 年）。

通过克虏伯和其他鲁尔企业家，普鲁士崛起而成为德意志联邦中的首要工业国。

工人运动

大不列颠不仅是工业革命的发源地，也是工人运动

阿道夫·冯·门采尔在他的以西里西亚一个轧钢厂（1875 年）为题材的油画作品中，捕捉了重工业的工作环境

的发源地，1840 年代所谓的宪章运动，是最早要求进行政治和社会改革的工人运动。

《共产党宣言》于 1848 年 2 月底在伦敦印刷出版，两位德国哲学家和社会理论家卡尔·马克思和弗里德里希·恩格斯，在这份宣言里第一次总结了他们的学说："迄今一切社会的历史，是阶级斗争的历史……压迫者和被压迫者，永远站在对立的矛盾两边……我们的时代，即资产阶级的时代，恰恰表现出它简化了阶级矛盾。整个社会分化成两个越来越大的敌对阵营，两个相互间直接对立的大阶级：资产阶级和无产阶级……让统治阶级在一个共产主义的革命面前发抖吧。在这个革命中，无产阶级除了丢弃枷锁，没有什么可以失去的，他们将要去赢得一个世界。全世界无产者，联合起来！"然而，由马克思和恩格斯作为其发言人的共产主义者同盟，在

当时只有几十个成员，并于 1852 年被解散。这一纲领性的文献，到后来才展现了它的价值。

当 1857 年秋天第一次全球危机动摇世界经济时，马克思预言的发展——经济的集中、广大民众的贫困和日益严重的经济衰退——似乎出现了。

这是由美国俄亥俄人寿保险信托公司倒闭引发的。贷款被撤消，一个循环式下降开始，影响了越来越多的经济领域。以纽约为起点，危机在全世界范围内迅速蔓延，在汉堡这样一个国际贸易大都市中，也感受到了危机的冲击波——150 家公司在 1857 年破产，汉堡商界以及行政当局都全力以赴，以保证货币的稳定性。年底从奥地利过来的、数以百万计的银币，作为现金贷款挽救了危机，从而没有发生大的经济"自由落体"。

1859 年，社会经济再度高涨。

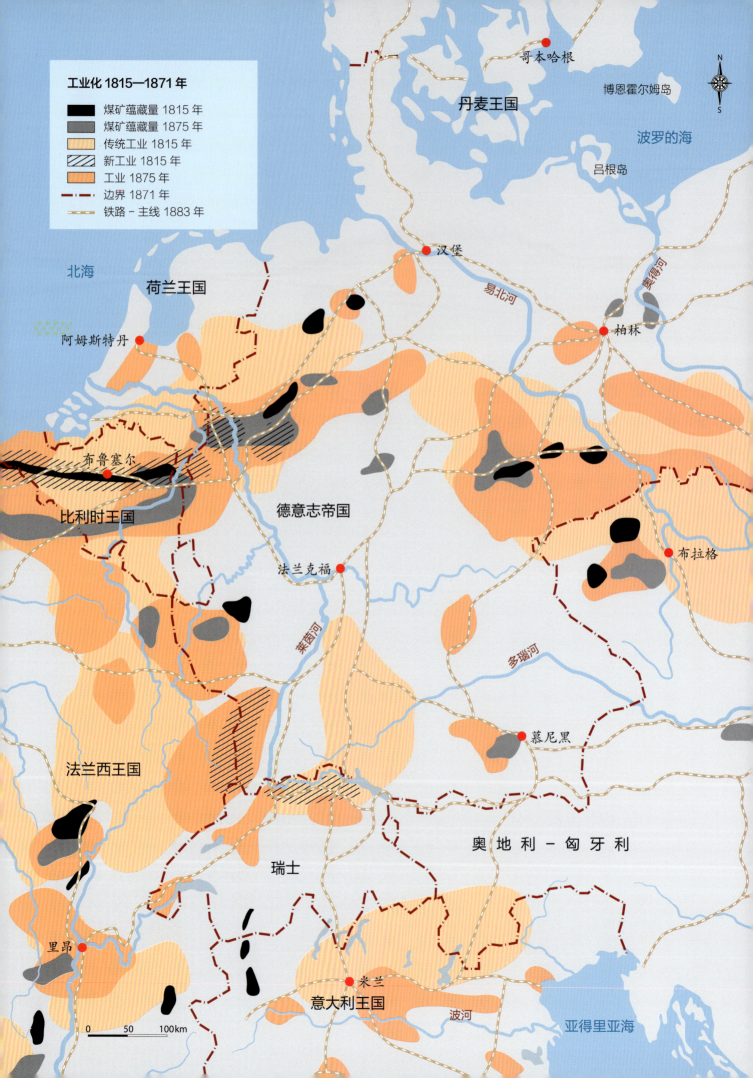

工业化 1815—1871 年

- ■ 煤矿蕴藏量 1815 年
- ▨ 煤矿蕴藏量 1875 年
- ▨ 传统工业 1815 年
- ▨ 新工业 1815 年
- ▨ 工业 1875 年
- ▨ 边界 1871 年
- ▨ 铁路-主线 1883 年

哥本哈根

丹麦王国

博恩霍尔姆岛

波罗的海

吕根岛

N

S

北海

荷兰王国

阿姆斯特丹

汉堡

易北河

奥得河

柏林

比利时王国

布鲁塞尔

德意志帝国

法兰克福

布拉格

莱茵河

多瑙河

法兰西王国

慕尼黑

奥 地 利 - 匈 牙 利

瑞士

里昂

意大利王国

米兰

波河

亚得里亚海

0 50 100km

"工人兄弟会"，是 1848 年在德国成立的第一个政治性工人组织。

应热心政治的印刷工人斯蒂芬·波恩的邀请，1848 年 8 月 23 日至 9 月 3 日，来自 32 个工人协会的代表在柏林会面。他们成立了一个顶层组织，几个月后，大约 170 个地区工人协会的总共 15000 名成员加入。1849 年革命失败后，波恩不得不逃往瑞士。到了 1854 年，从事政治活动的工人协会被禁止。

下一轮让工人倾听的声音，是斐迪南·拉萨尔在 9 年后所做的尝试。与马克思和恩格斯不同，他想通过获得议会多数，来改变政治和社会状况。他的社会主义思想，更倾向于合作式的和普鲁士民族国家式的，国家应该支持建立"生产联合协会"，从而使工人自己能够作为企业家参与生产。

拉萨尔是德语区第一个社会民主党派的主要发起人和主席。1863 年 5 月 23 日，全德工人联合会（ADAV）在莱比锡成立，他们的由格奥尔格·赫维格编写的联合会歌曲，也产生了很大的宣传效应："干活的人，醒来吧！看清你的力量！所有的车轮都将停止，如果你强壮的手臂愿意。"在接下来的几个月中，拉萨尔举行了广泛的演讲，演讲的重点是对自由的、普遍的、无记名的投票权的要求。但是一段不幸的恋情，突然终止了拉萨

卡尔·马克思 1856 年在伦敦

尔的作为——1864 年 8 月 31 日，他死于与一个情敌的手枪决斗。

卡尔·马克思

哲学家及革命家卡尔·马克思于 1818 年 5 月 5 日出生在特里尔。他在完成大学法律和哲学学业后，开始接触路德维希·费尔巴哈的哲学唯物主义和法国的"乌托邦"社会主义（空想社会主义——译者注）。同小他两岁的伍珀塔尔工厂主的儿子弗里德里希·恩格斯一起发展了他的唯物主义历史观。他认为，历史的进程是经济过程本身特性所决定的社会发展，而这个内在的历史发展结果是资本主义自我毁灭的终结和无产阶级革命。

经过了 1843 年 6 月在巴黎、1845 年在布鲁塞尔的流亡，马克思和恩格斯在革命开始后返回德国，并在 1848 年 6 月至 1849 年 5 月期间在科隆出版了《新莱茵日报》。三个月后，马克思移居伦敦，在那里撰写了他的主要历史和经济论著《政治经济学批判》（1859 年）及《资本论》（第 1 卷，1867 年）。1875 年，他以《哥达纲领批判》影响了德国社会民主主义的发展。马克思一生生活拮据并一直得到恩格斯的资助。1883 年 3 月 14 日，他在伦敦去世。

普鲁士－奥地利之二元政治

在 1848 年至 1849 年的民主革命被镇压之后，普鲁士和奥地利之间——这两个德意志联邦中远比其他邦国大得多的最大国家之间——竞争对抗再次展开。

这种以合作与对抗共存为特征的二元政治，在 1866 年以暴力形式告终。被任命为普鲁士首相的奥托·冯·俾斯麦，在其中发挥了关键作用。对他来说，只有普鲁士，才能在未来的德国中扮演领导角色。

关于石勒苏益格和荷尔斯泰因的争论

石勒苏益格－荷尔斯泰因的问题，在 1848 年大革命期间，已经引起人们情绪激动。

在海洋之间的这片土地上，国家主权状况要比德国其他地区更为复杂。1460 年，丹麦国王克里斯蒂安一世当选为这块领地的统治者，而他则相应地必须保证石勒苏益格和荷尔斯泰因公国的内在独立性，并承诺它们将保持"永远不会分裂"（低地德语"up ewig ungedeelt"）。

因为受到德国革命气氛的鼓舞，石勒苏益格和荷尔斯泰因于 1848 年 3 月起而反对丹麦的主权地位。在普鲁士的支持下，他们与丹麦军队的作战开始时获得成功。但是，俄国、法国和英国等列强，均担心丹麦失去作为主权国家的存在，遂于 1848 年 8 月迫使双方停战。1850 年 7 月 2 日，普鲁士退出战争，3 个星期后，石勒苏益格－荷尔斯泰因遭受了一次决定性的军事失败，丹麦在公国中的权威因此而暂时得以恢复。

当石勒苏益格－荷尔斯泰因的战斗仍在进行时，普鲁士国王腓特烈·威廉四世于 1849 年 5 月与萨克森和汉诺威结成了同盟，其他小国也加入了"三王同盟"。

这一同盟的目标，是建立由普鲁士领导的、统一的德意志联邦。这一计划中国家的议会，在埃尔福特举行会议，这就是该计划也被称为埃尔福特联盟或德意志联盟的原因。奥地利竭尽全力阻止这一计划，1850 年 11 月 29 日，普鲁士因此在普鲁士－奥地利－俄罗斯三国间的《奥尔米茨条约》中，暂时放弃了它的计划。

德意志联邦复活，那情势看着就像是革命从未发生过，一种普遍的非政治化气氛在蔓延。

奥托·冯·俾斯麦

奥尔米茨的失败，导致了普鲁士议院的激烈辩论。作为保守派的发言人，当年 35 岁的奥托·冯·俾斯麦引起了大家的注意。他在针对民族自由主义者的激烈批评时为国王辩护道："先生们，那么就请向我展示一个值得战争的目标，我可以附和你们。对于一个政治家来说很容易，无论是在内阁或者是在议院，只将流行的风吹进战争小号中……然后，这事儿就由在雪地上淌着鲜血的火枪手处理，以决定他的计划是否会获得胜利和荣耀……我追求的普鲁士荣誉是，普鲁士首先要远离与民主的任何无耻的关联，普鲁士在这件事情上，以及所有其他问题中均绝不会允许，在未经普鲁士同意的情况下，会在德国发生什么。"

8 年后，普鲁士有了新国王。1858 年 10 月 26 日，国王的兄弟威廉一世因为腓特烈·威廉四世受日益严重的精神错乱困扰而替他摄政。由于威廉一世对起义分子采取特别残忍的行动，所以他给柏林人留下的并不是什么好的印象。哥哥腓特烈·威廉四世去世后，威廉一世于 1861 年 1 月 2 日登上王位，并于第二年就遇到了真正的麻烦：他的战争大臣阿尔布雷希特·冯·罗恩伯爵要求增加拨款，以扩大和全面改革军队。普鲁士议院最强大的自由进步党，则对此表示拒绝。

为了压服他们，威廉一世抽出了他手中的最后一张

普鲁士骑兵进军丹麦。卡尔·弗里德里希·舒尔茨，油画作品，1853 年

王牌，于 1862 年 9 月 23 日，任命俾斯麦作为内阁首相。虽然刚开始普鲁士国王表示了他的担忧，人们也许会将他们两人"在歌剧院广场斩首"，但俾斯麦给国王壮胆说："我们或早或晚总要死，我们还能有比这更合适的死吗？"以此确立了威廉一世和俾斯麦之间长达 26 年之久的同盟，并从根本上改变了普鲁士和后来的德国。

俾斯麦在没有国家财政预算的情况下执政了 4 年，他教导那些议员："当代的重大问题不是通过演讲或多数决议决定的……而是用铁与血。"他从税收中拿出钱用于军队改革，在一次新的选举和两次获胜的战争之后，宪法纠纷于 1866 年 9 月 3 日被搁置在一边，普鲁士议院通过法律，事后给予俾斯麦执政举措完全的赦免。

石勒苏益格 – 荷尔斯泰因战争

同时，石勒苏益格 – 荷尔斯泰因问题再次成为热点。丹麦国王弗雷德里克七世于 1863 年 11 月 15 日去世，哥本哈根议会通过了仅对丹麦本身和石勒苏益格公国有效

俾斯麦（右）和威廉一世在一间具有历史意义的王宫角落房间。水彩，1887 年

后果很快就跟着到来——俾斯麦借此机会，与奥地利一起对丹麦采取了行动，军事占领了荷尔斯泰因和整个日德兰半岛。

1864 年 4 月 18 日，在普鲁士军队攻占了如今坐落在石勒苏益格北部弗伦斯堡和桑德堡之间的海岸要塞迪伯尔堡垒之后，战争胜负决定了。通过 1864 年 10 月 30 日的《维也纳和约》，丹麦不得不将石勒苏益格、荷尔斯泰因和劳恩堡割让给普鲁士和奥地利，从而失去了它整个领土的五分之二。

俾斯麦还希望将奥地利永久地排除在德意志联邦之外。为了寻找对奥地利采取行动的理由，他对在石勒苏益格 - 荷尔斯泰因由两个大国行使联合统治提出了异议。

所谓的德意志战争始于 1866 年 6 月 14 日。开始，普鲁士的情况看似持了一手烂牌，有 13 个德意志联邦邦国支持奥地利，其中包括巴伐利亚、汉诺威、萨克森和符腾堡，有 17 个大部分属于德国北部的较小邦国站在普鲁士一边。

但是战略家俾斯麦早有预测，他期望法国能够保持中立，而意大利为了将哈布斯堡王朝赶出意大利北部，甚至会站在普鲁士方面参战。

普鲁士总参谋长赫尔穆特·冯·毛奇的格言是："分头行军，共同打击"，他利用铁路和野战电报，迅速率领部队进攻敌人，汉诺威王国和忠于奥地利的德国南部各邦国，在他的快速运动战中被击败。普鲁士人于 7 月 3 日在东波西米亚的克尼格雷茨战役的胜利，奠定了战争的胜局。

在 1866 年 8 月 23 日的《布拉格和约》中，奥地利

的宪法。荷尔斯泰因属于德意志联邦的一员，应该被排除在外，以限制德国在丹麦的影响。

但宪法显然与丹麦对奥地利和普鲁士的承诺相抵触。新国王克里斯蒂安九世经过长时间的犹豫，还是签署了这份"十一月宪法"，同时让哥本哈根以民族自由派主导的政府，对这项国家基本法案的一切后果负责。

放弃了对石勒苏益格－荷尔斯泰因的主权，支付了战争赔偿，并认可了于 1815 年成立的德意志联邦的解散。

北德意志联邦

在奥地利受到温和适度对待并保持其大国地位的同时，前汉诺威王国、黑森选侯国、拿骚公国和美因河畔法兰克福自由城市失去了自主权，就像石勒苏益格－荷尔斯泰因和劳恩堡一样，它们被并入普鲁士。

各君主被罢免并得到经济补偿，只有前汉诺威国王格奥尔格五世不甘接受这个条件，他去了巴黎并资助建立了韦尔夫军团，一支来自前汉诺威军队士兵的自由军团。随即，1868 年 3 月 2 日，俾斯麦通过紧急法令没收了格奥尔格五世的私人财产，并用这份"韦尔夫基金"的部分利息，作为他处理公共关系的资金来源，更确切地说，是用于贿赂媒体。

俾斯麦现在必须争分夺秒，1866 年 8 月 18 日，他成立了由 22 个邦国组成的北德意志联邦，拥有约 3000

克尼格雷茨战役后，威廉一世国王颁给他的儿子腓特烈·威廉，将来的皇帝腓特烈三世最高英勇荣誉功勋勋章。埃米尔·亨滕，油画作品，1866 年

梅梅尔
（克莱佩达）

蒂尔西特
（加里宁格勒）

柯尼斯堡

因斯特堡
（切尔尼亚霍夫斯克）

但泽

东普鲁士

阿伦施泰因
（奥尔什丁）

西普鲁士

华沙

波兰

卡托维兹

克拉考
1846年并入奥地利

摩拉维亚
边疆伯国

1818年德意志
联邦边界的改变

加利西亚和洛多
梅里亚王国

匈牙利王国

普鲁士和德意志帝国 1866—1918 年

普鲁士王国 1862 年

普鲁士吞并 1866 年

合并至 1867 年，建立北德意志联邦

合并至 1871 年，建立德意志帝国

1815 年的德意志联邦边界

北德意志联邦边界 1867 年

德意志帝国边界 1871 年

万居民。以这种方式，他统一了一个在普鲁士领导下、建立在联邦国家立宪基础上的、美因河以北的德国。

这是德意志第一个联邦制国家，自 1867 年 7 月 1 日起生效的联邦宪法，确立了普鲁士国王威廉一世（作为联邦总统）和俾斯麦（作为联邦首相）的领导地位。

立法则通过一个由联邦参院和帝国议院组成的两院制议会进行。1867 年 2 月 12 日，按照普遍、平等和无记名选举权，产生了 297 名人民代表。因此，北德意志联邦，是 1871 年建立的德意志帝国的宪法典范，或者说是德意志民族国家建设的历史性初期阶段。

德意志帝国

德意志－丹麦战争，德意志战争，德意志－法兰西战争，就如当初逼着奥地利退出德意志联邦时一样目标明确，奥托·冯·俾斯麦又带来了第三次德意志"统一战争"。

"铁血宰相"利用西班牙的王位继承权争端，挑衅法国宣战。他不仅可以召集北德意志联邦抗击法国，而且可以召集他先前已经与之结盟的南德诸国，因此，普鲁士人显然比法国更占上风。

抗法战争

拿破仑·波拿巴的侄子路易·拿破仑，利用1848年革命年代的动荡，从流放地英国返回法国，并于 1848 年 12 月 10 日当选总统。在一次成功的政变之后，他举行了关于重新引入世袭帝国的全民公决，并于 1852 年 12 月 2 日，以拿破仑三世的身份戴上法国皇帝皇冠。

9 月 2 日，法国人在色当战役的失败，成了德国的国庆节日。1873 年的色当日，在柏林蒂尔加滕（公园）举行了胜利纪念柱的揭幕典礼。
同时代木刻版画

为了带领自己的国家重获昔日的强大，他多次在外交政策上冒险，在自 1868 年以来一直空缺的西班牙王位继承权上，他也力图施加影响，从而陷入同普鲁士的冲突。

西班牙所青睐的候选人，是来自霍亨索伦王朝天主教支线的利奥波德·冯·霍亨索伦－锡格马林根，但拿破仑三世绝不愿让一个德国人登上西班牙王位，并因此甚至以战争相要挟。经过一番较量后，锡格马林根于 7 月 12 日宣布放弃继承权。

这对拿破仑三世来说还不够，他的特使樊尚·冯·贝内代蒂伯爵，前往普鲁士国王偏爱的疗养胜地兰河河畔的巴特埃姆斯。第二天，他在疗养地走道面见威廉一世，并要求他给予正式保证，未来将不再让霍亨索伦王朝继

续作为西班牙王位的候选人。国王坚决拒绝了这一要求，并通过电报将这一事件通知了俾斯麦。

俾斯麦在让媒体公布这一消息时作了简短的小结，由此可以让人们读出特使的失礼和国王严厉的训诫："陛下……拒绝再次接待法兰西人的特使，并已由副官告知，陛下再没什么可以和特使说的了。"这个"埃姆斯密电"使冲动的浪潮进一步膨胀，德国公众感觉受到了攻击，拿破仑三世也感受到了冒犯。

随即，法国开始了战争动员，于 1870 年 7 月 19 日向普鲁士宣战。不仅仅是因为与北德意志联邦已经自 1866 年有了秘密的防御协议，更多是出于民族的热情，德意志南部各国尽管对内持反普鲁士的保留态度，但仍将此事件看作是民族的紧急状态。巴登、巴伐利亚、黑

森和符腾堡，都将其军队置于普鲁士的指挥之下，这是法国人始料未及的。

德军从一开始就取得了军事上的胜利，法国莱茵军团被逼退至梅斯要塞。帕特里斯·德·麦克 - 马洪元帅试图驰援它的努力，在 1870 年 9 月 2 日的色当战役中，以一场灾难性的失败而告终。法国军队投降，拿破仑三世成了德国人的俘虏。

两天后，巴黎宣布成立第三共和国，一个"民族国防政府"匆忙地建立了国民军，公告宣布进行人民战争。然而，停火于 1871 年 1 月 28 日得以实现，并于 1871 年 5 月 10 日，在美因河畔法兰克福签署了最终的和平条约。

对于法国来说，和平条件很苛刻：必须支付 50 亿法郎的战争赔款，失去了包含斯特拉斯堡的、自 1681 年以来就属于法国的阿尔萨斯，以及包含梅斯在内的洛林大部分地区。这两个地区随即就成为了德意志帝国的一部分，即阿尔萨斯 - 洛林帝国省。

法国对领土的丧失感到痛苦，并为其几十年的敌对态度和复仇的愿望奠定了基础。而在德意志帝国，9 月 2 日作为"色当日"，则成了国庆节日。

德意志帝国的建立

尽管战斗在巴黎周围仍在进行，但德意志民族第一个国家，于 1871 年 1 月 18 日在凡尔赛宫的镜厅建立。通往那里的路，并不像现在看着那么直接，俾斯麦利用了对法战争这个好时机，使巴登大公国和黑森达姆施塔特大公国，以及巴伐利亚和符腾堡王国，加入了北德意志联邦。巴伐利亚和符腾堡仍然被允许保有自己的军队，以及自己的邮政和铁路。

俾斯麦还必须说服普鲁士国王愿意加冕而成为皇帝。这一方面需要联邦所有王侯的同意，另一方面还必须找到一个德意志君主，他正式向威廉一世建议戴上帝国皇冠。

根据当时的情况，巴伐利亚国王是最好人选，俾斯

麦买通了他。路德维希二世需要资金去修建和新建他的宫殿如海伦基姆湖宫、林德霍夫宫和新天鹅堡，俾斯麦承诺他每年可获得 30 万金马克。以德国王侯和自由城市的名义，这位"童话国王"然后在一封由俾斯麦和巴伐利亚政治家马克西米利安·冯·霍恩斯泰因伯爵起草的信中，敬请普鲁士统治者接受皇帝荣誉，这将"符合德意志祖国及其联盟诸侯的整体利益"。

1870 年 12 月 3 日，这封"皇帝信"在凡尔赛宫呈交。

皇储腓特烈·威廉对 6 个星期后的加冕典礼描述如下："在中间的窗户里，立着一座野外祭坛，国王由围成半圆的所有王侯簇拥着站在前面，从波茨坦来的传教士罗格，宣读了简短的礼拜仪式，并做了简单的祷告……在陛下响亮地用众所周知的方式，向德意志王侯们宣读了他简短的讲话后，俾斯麦伯爵神情严厉地走上前，用一种无声的、几乎像商业化一样的方式，宣读了'致德意志人民'的演讲，没有丝毫的温暖或喜庆的气氛。"这应该是赐予德意志民族的奖赏，"享受他们用激烈而勇敢牺牲所换来持久的边界内的和平，给祖国以百年来所缺少的安全，并为抗击法国新的进攻提供保障"。

然后巴登大公弗里德里希一世出列，这位普鲁士国王的女婿，举起他的右臂大喊："皇帝陛下，国王陛下，威廉皇帝万岁！万岁！万岁！"如此，所有关于统治者头衔的争论都得以终结——威廉一世原来不想被称为"德意志皇帝"，而是"德国皇帝"。

加冕典礼后，皇帝写信给他的妻子奥古斯塔："我无法告诉你，最近几天我是在一种什么样的烦恼的（恶劣的）心情中……尤其是眼看着普鲁士的头衔被排挤时的痛苦……只有在我热切地向上帝求助之后，我才获得镇定和力量！"

新国家的建设

德意志帝国由 22 个主权德意志公侯邦国和 3 个自由汉萨同盟城市组成，它占地超过 54 万平方公里，人

口约 4100 万，帝国成立时是西欧人口最多的国家。宪法在很大程度上采用了北德意志联邦的宪法，并经过相应的修改，于 1871 年 5 月 4 日公布。

帝国议院的议员是在普遍、平等、直接和无记名的选举中产生的，所有 25 岁以上的男性都有选举权。但是，帝国议员的权力是有限的，他们只对立法和政府财政有发言权。在军事预算上他们又受到限制，而军事预算是最大的预算项目，占所有财政支出的四分之三。它不是每年，而是提前 7 年的长期预算。在通过该预算之后的 7 年中，帝国议员没有参与决断的任何可能。因此，他们对总预算或单个项目，几乎也不会有任何影响。人民代表同样也无法强迫首相辞职，首相只对皇帝负责。

但是在实际上，没有任何政策能在议院长时间的反对下，还能够得以实施。

联邦参院作为各个邦国的代表，拥有比帝国议院更大的权力。每个邦国都在联邦参院有全权代表，各邦国在联邦参院中的席位数，依据邦国的大小而不同。普鲁士在总数 58 票中占有 17 票，所以反对普鲁士的重大决定无法得到通过。各邦国可以自己提出法律建议，同样，财政预算的通过以及对由帝国议院确立的法律的确认，也须征得各邦国的同意。此外，由联邦参院发布所有执行帝国宪法所需的国家行政命令。

最重要的权力元素是皇帝和他的首相。

由同时又是普鲁士国王的皇帝，组建联邦政府的

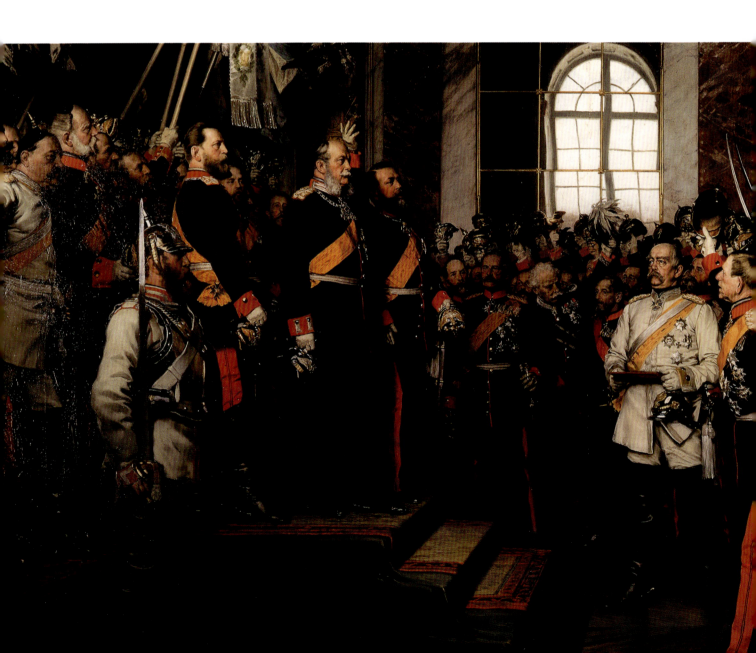

奥托·冯·俾斯麦

奥托·冯·俾斯麦决定了普鲁士和德国的政治将近 30 年。

他于 1815 年 4 月 1 日出生在施滕达尔的舍恩豪森，在结束了他的法律学业后，他于 1847 年 5 月，作为普鲁士议院保守派成员开始了他的政治生涯。1851 年 7 月，俾斯麦被任命为普鲁士在美因河畔法兰克福德意志联邦议院的特使，1859 年，他被派往彼得堡以代表普鲁士利益，1862 年被派往巴黎。

1862 年 9 月 23 日，威廉一世国王任命他为普鲁士首相。在由自由主义派主导的普鲁士王国议院，他坚持了国王的权威。

在外交政策方面，他分别于 1864 年和 1866 年成功地吞并了石勒苏益格－荷尔斯泰因，以及将奥地利从德意志联邦中驱逐出局，并在 1870—1871 年通过战胜法国建立了德意志帝国。为了在政治上孤立法国这个"世袭敌人"，他与奥地利和意大利结盟，并与俄罗斯达成了《再保险条约》。

在内政方面，他主要的对立者是天主教会和社会民主党派，但他想通过禁令和通过社会立法来削弱德国社会民主党（SPD）的尝试全都没有获得成功。

1890 年 3 月，俾斯麦被年轻的威廉二世皇帝撤职。但直到 1898 年 7 月 30 日在汉堡附近的弗里德里希斯鲁去世，他一直保持着"帝国建设大师"的声望。

主席团。他被允许召集、召开、休会和关闭帝国议院会议，如果帝国议院太叛逆，他可以在联邦参院的批准下，解散议会并举行新的选举。他拥有武装部队的最高指挥权和外交政策的领导权，只有皇帝有权任命首相和帝国官员。

帝国首相通常也是普鲁士首相，并担任联邦参院主席。他是帝国的唯一大臣，帝国各部的国务秘书（部长）和其他所有帝国官员都是他的下属。

尽管联邦各邦国是整个帝国的一部分，但它们自己规范着内部秩序，它们支配自己的税收，在司法和教育领域拥有广泛的权力。帝国只能从事根据宪法明确规定其负责主管的事务。

且不管其最终受限的权力，帝国议院还是通过多年来的议会工作和公开辩论，获得越来越多的认可。这对易北河东岸大庄园主埃拉德·冯·奥登堡－亚努逃这样的保守派来说，是一个眼中钉："普鲁士国王和德意志皇帝随时都能够对一个少尉说：带 10 个人去关闭帝国议院！"他于 1910 年 1 月 29 日在帝国议院如此倡言，

普鲁士国王威廉一世，于 1871 年 1 月 18 日在凡尔赛宫镜厅被宣布为德意志皇帝。安东·冯·沃纳，油画作品，1885 年

展示德意志军队在帝国省阿尔萨斯－洛林的一直存在，如此图所示的，是 1910 年在梅斯卫戍大营前的一次换防

引发了其他党派的强烈抗议。

与法国分离的阿尔萨斯－洛林，发挥了一个特殊作用。作为一个具有独立行政管理的"帝国省"，它直接隶属于皇帝。早在 1874 年，在帝国议院就已经有阿尔萨斯议员当选，但直到 1911 年，阿尔萨斯－洛林才获得德意志联邦州（邦国）的地位和在联邦参院中的代表权。

根据德法战争之后《法兰克福和平条约》的规定，阿尔萨斯－洛林的居民可以选择保留法国国籍，但这项政策只能持续到 1872 年 10 月，否则按规定他们就应该迁离。至少 10% 的阿尔萨斯人因此去了法国，而相反，也有许多德国人来到该地，尤其是军事人员和公务官员。

1910 年，德国人约占该地区总人口的 15%，执行对一切遏制法国化的"德意志化"政策。就像在北石勒苏益格与丹麦族裔群体的语言纠纷一样，经常发生阿尔萨斯当地人与普鲁士官僚，以及迁入的"德意志帝国人"之间的紧张矛盾。

经济及政治利益集团

在 19 世纪后三分之一期间，德国的面貌发生了变化，从一个几乎只有农业的大国，到 1914 年时，已经成为欧洲最大的工业国。但是，市民阶层以及由此发展而来的工人阶级，仍然被排除在直接参与政治权力之外。

由法国支付的战争赔款，在德意志帝国的"创建年代"中，为其带来了强劲的经济增长。大量的资金盈余和空前的繁荣，推动了 928 家新的股份公司的成立，如 1870 年成立的德意志银行和商业银行，1872 年成立的德累斯顿银行。此外，马克被作为德国的通用货币引入，由于马克的三分之一原料是黄金，因此也被称为"帝国黄金货币"或以后称之为"黄金马克"。

但是，人们很快就发现，许多新成立公司的财务基础，并不总是很牢固。生产的产品经常过量，预算的价格就无法保持。1873 年 5 月的维也纳股灾，也于 10 月传递到德国，一个更多仅仅是出于投机而建公司的周期，到了它的尾声。那个后来被称为"大萧条"的、增长大大放缓的阶段，一直持续到 1890 年代中期。

帝国政府经常干预经济进程，比如引入保护性关税。

工业革命中的工人

但是，工业化并没有因为经济危机而停止。从 1871 年到 1907 年，农业生产人口在总劳动力中所占的比例，从将近 50% 下降到 34%；同期，从事工商业的人口比例上升到 40%，其中近三分之二的人在工业界工作。到了世纪之交，机械工程以及化学和电气工业，已变得越

维也纳股灾带来了世界经济的萧条时期。木刻版画，1873 年

来越重要，随着生产力的提高，每周平均工作时间，从 72 小时降低到 57 小时。

　　最重要的是，钢铁工业和采矿业，为数百万人提供了职业，并带动了向新工业中心的人口迁移。在 1870 年至 1910 年间，普鲁士的莱茵兰省和威斯特伐利亚省的人口增加了一倍，柏林和汉堡等大城市，也发展成为真正的大都市。

　　总体而言，帝国人口从 4100 万增加到 6500 万。

1871 年，只有 4.8% 的人口居住在人口超过 10 万的城市中，到了 1910 年，这一比例已经达到 21.3%。

　　自 1869 年后就存在贸易自由，但是，代表工人利益的工会，还必须为他们的权利而斗争。到了 19 世纪末，他们已强大到能够与资方缔结劳资协议了。

　　德国雪茄工人协会成立于 1865 年，是第一个以阶级斗争为导向的"自由"工会。赫希 – 邓克行业协会成立于 1868 年，是建立在自由主义和社会合作伙伴关系

基础上的组织。1894 年成立的基督教工会，则主要面向天主教徒工人。到第一次世界大战之前，工会已经发展成为群众性组织，在 1914 年，仅自由工会就有 250 万会员。

与工会类似，德意志也是建立合作社的榜样。早在 1849 年，德国就成立了第一批商业合作社，以及农业储蓄和贷款合作社。到 1914 年，德国已有超过 3.5 万个合作社，共有 550 万会员。

选举权和选举

在面积和人口都是帝国最大部分的普鲁士，1849 年引入了三级投票权制。不是依赖接受国家福利生活的、在世已经 24 年整的男性公民，都有议会投票权。

在选区中，有投票权的"初选选民"，根据他们所支付的直接税额被分为三级，从每级中确定出三分之一的（终选）选民，然后再通过他们选出议员。第一级几乎全部由大庄园主和贵族组成；第二级为缴纳中等税收的公民，主要是商人；所有其他选民属于第三级。

这就导致了一个事实，在 1908 年 6 月的邦议院选举中，仅代表拥有选举权初选选民的 4% 的第一级，却与代表 14% 初选选民的第二级，和代表 82% 初选选民的第三级，拥有相同的最终选民人数。在这次选举中，社会民主党首次进入邦议院，赢得了 443 个席位中的 7 个。邦议院中的投票权，在其他德意志联邦国也同样受到限制并与财力挂钩，例如在巴伐利亚邦国和萨克森邦国。

相反，在帝国议院选举中，采取的是"一人一票"的原则，但是在实际操作中，即使在国家整体的层面，也不可能有真正公平的选举。尽管人口不断地增长和迁移，但选区划分一直保持到 1914 年不变。保守党、天主教中央党和民族自由党尤其从中受益，因为在人口稠密的工业区，才主要由社民党当选。

第一个全德人民代表机构，于 1871 年 3 月 3 日选举产生。通过并入阿尔萨斯－洛林，1874 年的选区数量，从 382 个增加到 397 个，直到 1888 年，帝国议院每 3 年选举一次，然后是 5 年，根据多数选票当选的原则进行。

德意志帝国议院第一次会议在普鲁士贵族院举行。同时代木刻版画。因为场地关系，他们被转到莱比锡大街议院大厦，但很快发现那儿也太小。如今的议院大厦经过了 23 年的建造，于 1894 年竣工

如果候选人不能实现绝对多数，则由两轮选举进行决票。

面对社会民主党的成长壮大，保守派和市民阶层党派做出了反应，他们商定一个共同的、被选民看好的候选人，然后该候选人通常将在两轮选举决票中当选。如在1912年的帝国议院选举中，社民党获得了34.8％的选票，但只有27.7％的议席。尽管如此，社民党还是以110个议席，第一次成为议院中最强大的党派。

到那个时期，妇女的投票权也成为一个话题。虽然人们于1911年已首次庆祝了国际妇女节，但德国妇女直到1919年才被允许投票。同样，自1890年起，每年的5月1日，工人就有组织地为每天八小时工作制上街游行，但直到1918年，这才被写进法律。

对俾斯麦而言，天主教会及其政治力量天主教中央党以及社会民主党，都是"帝国的敌人"。

他想通过"文化斗争"来对付天主教徒所谓的罗马倾向，即"宗教至威主义"（汉语文献中亦有按字面意思译为"越山主义"——译者注），因为从俾斯麦的角度来看，这些都危及年轻帝国的统一。

俾斯麦第一个反天主教的措施，是于1871年7月8日解散普鲁士文化部的天主教部门。此外，在一项刑法典修改的帝国法令"讲坛法"中规定，神职人员在从事其职业时，若以"危害公共和平的方式"谈论国家事务，将面临长达两年的牢狱监禁或要塞监禁惩罚（1871年12月10日）。1872年7月4日，德国议院禁止了耶稣会的活动。1873年的"五月法令"，使斗争达到了高潮，国家自己接管了对神职人员培训和招聘的控制工作，高中文凭和大学学位，以及国家的"文化考试"，成为担任教会职务的先决条件。另外，教堂还必须向政府上报每一个教会任职，如果相关者有"扰乱公共和平"之嫌，可以将其解雇。谁想脱离教会，将来只需要在地方法院给出一个相应的声明，而且，现在可以在没有教堂祝福的情况下结婚，为此，民政局和婚姻登记处的建立速度很快。由于神职人员的被动抵制，该法令于1875年增

1878年5月在菩提树下大街对皇帝的谋杀企图。同时代石板印刷

加了刑事条款：不服从的神职人员，将会被撤职并被驱逐出境。

但是，从长远来看，这种反对教会的强迫性政策很难得到维持。1878 年当选教皇的利奥十三世，促使双方达成妥协，并于 1887 年 5 月宣布"文化斗争"结束。中央党作为天主教的喉舌，几乎毫发未损地度过了文化斗争。

社会民主党

与经常在帝国议院中赢得 90—100 个席位的中央党类似，俾斯麦的压制反而加强了社会民主党的势力。在继 1848 年（全德意志工人兄弟会联合运动）和 1863 年（斐迪南·拉萨尔的全德工人联合会）后，在为建立代表工人利益的政治组织的第三次尝试中，威廉·李卜克内西和奥古斯特·倍倍尔成为领袖人物。

在 1848 年至 1849 年革命之后，李卜克内西最初流亡瑞士，1850 年后又流亡伦敦。1862 年夏天，他得到允许返回德国。3 年后，他与在当地工人教育协会担任主席的倍倍尔在莱比锡结识。在李卜克内西的影响下，倍倍尔从激进民主主义者，发展成为一个马克思主义者。1868 年 9 月，在倍倍尔的倡议下，德国工人联合会加入了四年前由马克思和恩格斯在伦敦成立的国际工人协会，这导致了与自由党的最终决裂。

一个新的政党建立了，前拉萨尔、倍倍尔和李卜克内西的追随者，于 1869 年 8 月在爱森纳赫共同组成了社会民主工党（SDAP）。他们的纲领包含了激进的要求，例如建立一个自由的人民国家、将选举最低年龄降低到 20 岁、建立人民军队，以及"废除一切地位、财产、出生和宗教的特权"。其时，全德工人联合会仍然存在，也就是说，当时既有自由党的"拉萨尔派"，又有了"爱森纳赫派"。两个党派于 1875 年 5 月 22 日至 27 日在哥达举行的会议上，才统一起来组成了德国社会主义工人党（SAPD）。令马克思和恩格斯愤怒的是，

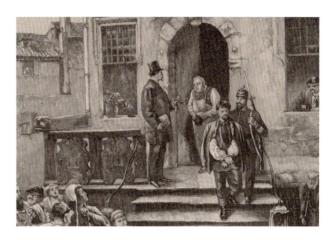

一个"煽动者"在德国的一个小城市被逮捕。木刻版画，1897 年

当时完成的哥达纲领，也包括了拉萨尔派以改良为目标的社会要求。

俾斯麦以两次企图暗杀威廉一世为由，大刀阔斧地对付社会民主党派。

1878 年 5 月 11 日，一名新近被开除出德国社会主义工人党的白铁工，用一把左轮手枪向皇帝开了两枪。仅仅 3 周后，即 1878 年 6 月 2 日，君主乘坐马车在柏林菩提树下大街又遭火枪袭击，头部、手臂和背部严重受伤。在这种火药味十足的气氛中，俾斯麦很容易地在 1878 年 10 月 19 日，获得了帝国议院多数支持，通过一项《反对社会民主党危害公共安全企图》的法律。

依据这一《社会党人法》，警察可以禁止所有社会主义的协会、集会和报刊。社会民主党派不允许公开活动，超过 1500 人被判入狱，在帝国各地，差不多 900 人被驱逐出境。出于议院议员是个人当选这一事实，所以只有议员，才被允许继续工作。

尽管如此，在 1890 年 2 月的帝国议院选举中，社会民主党还是以 19.7% 的得票率，首次成为得票最高的党派。由于在新当选的议会中，不再有多数同意延长《社会党人法》，因此该党在 1890 年 9 月 30 日之后，重新成为合法政党。

1890 年 10 月，在哈雷举行的第一届党代会上，德国社会主义工人党更名为德国社会民主党（SPD），一

奥古斯特·倍倍尔

车床师傅奥古斯特·倍倍尔于 1840 年 2 月 22 日出生在科隆的道依茨。他通过工人教育协会参加政治活动，并于 1869 年和威廉·李卜克内西一起，在爱森纳赫成立了社会民主工党（SDAP）。

从 1867 年到 1881 年，以及从 1883 年到 1913 年，他属于北德意志联邦议院，之后就任德意志帝国议院议员。由于他对 1870 —1871 年的德法战争所持的批评立场，倍倍尔因叛国罪和侮辱陛下罪，被判处要塞监禁，并于 1872 年至 1875 年服刑。

释放后，他在哥达与拉萨尔派联合，并使其成为后来的社民党。通过诸如《我们的目标》（1870 年）、《妇女与社会主义》（1879 年）和《我的生活》（3 册，1910—1914 年）等著作，这位政治家吸引了数百万的读者。作为军国主义和党内纯粹社会改良主义政策（"历史修正主义"）倾向的坚定反对者，直到 1913 年 8 月 13 日在瑞士疗养地帕苏格逝世为止，他都是社会民主党无可争议的领导人。

年后，在埃尔福特出台了新的党的纲领，其中的基本路线部分是马克思主义方向。这些都清楚地昭示出，社民党早已成为了一个"革命党，而不是制造革命的党"。

此外，俾斯麦还试图通过社会政策上的措施，挖社会民主党派的墙脚。为了"消除社会主义根源，只要它具有合法性"，于 1881 年 4 月，在帝国议院宣布了他的社会立法。1878 年就引入了监察制度，政府督察对工厂进行了定期监查。顶着保守派和右翼自由主义者的阻力，俾斯麦实施了关于工人医疗保险的法律（1883 年）、由雇主参与缴纳保险金的意外事故保险法（1884 年），以及在鲁尔矿业的大规模罢工背景下，于 1889 年开始实施的残疾和养老保险。

工业童工以及妇女夜班，是在俾斯麦退位后才被禁止的。

俾斯麦的结盟政策

考虑到德国在欧洲中部的地理位置，奥托·冯·俾斯麦寻求政治均衡。

一项复杂的联盟政策，旨在维持欧洲互相争夺的、各大国之间的平衡，从而使帝国在每时每刻，都准备着为 1870 年至 1871 年军事冲突复仇的法国重新挑起战争时得到保护。关键是德国不能卷入两线或多线战争，因此，首相努力寻求与双重君主奥匈帝国和俄罗斯的结盟。

1872 年 9 月，俾斯麦为在柏林举行的三皇会面做好了准备。1873 年 6 月，奥匈帝国与俄罗斯结成了军事同盟，德国于 10 月加入。该同盟的宗旨是防御：如果其中一个缔约国遭到攻击，他们希望在向其他国家寻求帮助之前，就互相之间达成互助协议。

这一同盟孤立了法国。

然而，这不是一个柏林和圣彼得堡之间牢不可破的联盟，在 1875 年春天就得到证实。为了威慑正在大力加强军备的法国，俾斯麦于 1875 年 4 月 8 日，故意在报纸上发表了一篇文章，极具挑衅的标题是《战争在眼前吗？》。结果是，大不列颠和俄罗斯，都采取了站在法国一边的外交立场。这对俾斯麦而言是个信号，表明了不列颠人和俄罗斯人，都不会不加阻拦地接受德国的进一步势力扩张。因此，在随后的一段时间里，他努力试图给人以这种印象，即德国没有继续在欧洲扩大影响范围的企图。相反，他以"诚实的中间人"自居，并自荐在发生国际冲突时予以斡旋。

诚实的中间人

在发生所谓的巴尔干危机时，俾斯麦邀请各欧洲大国的代表来柏林商讨解决方案。1878 年 6 月 13 日至 7 月 13 日，柏林会议讨论了一项意见一致的战略，以应对 1877 年至 1878 年俄罗斯与土耳其战争后，俄罗斯与奥地利 – 匈牙利之间的持续冲突和对抗。对和解平衡感兴趣的国家，派遣高级代表前往柏林，德意志首都成为国际关注的焦点。

这项最终在帝国首相府即原拉齐维乌宫的商讨中达成统一的协议，主要由俄罗斯承担了代价。

在《柏林条约》赋予奥地利对波斯尼亚和黑塞哥维那拥有主权的同时，俄罗斯不得不放弃以其为保护国前提下建立一个大保加利亚帝国，并由此扩大其势力范围的主张。罗马尼亚、塞尔维亚和黑山成为独立国家，奥斯曼帝国则开始在巴尔干地区和地中海东部失去其统治地位。

德国并没有从这一解决方案中获益，这进一步提高了俾斯麦的国际声誉。

俾斯麦作为中间调解人的极致发挥，是由他同法国总理朱尔斯·费里一起召集的、1884 年 11 月 15 日，在柏林召开的刚果会议。13 个欧洲国家代表和美利坚合众国，就刚果协议（《柏林会议总协议》）的争论，一直到 1885 年 2 月 26 日才达成一致。在总协议中，宣布建立一个以比利时国王利奥波德二世为统治者的、中立的

在东道主俾斯麦主持下，欧洲大国代表聚集于柏林会议。安东·冯·沃纳，油画作品，1881 年

"领航员下船"。英国的同时代漫画

刚果国。协议规定，所有与会国享有在刚果的贸易自由和在刚果河的航行自由，以及禁止奴隶买卖。同时，与会国强调了他们瓜分非洲大陆的权力主张。

俄罗斯在柏林会议上空手而归后，俾斯麦意欲寻找一种保护德意志帝国免受俄罗斯侵害的可能。他开始与奥匈帝国进行谈判，并于 1879 年 10 月签署了所谓的德奥联盟。在此联盟下，两国承诺在俄罗斯或俄罗斯支持的国家发动攻击时互相帮助。如果一个盟约国遭到俄罗斯以外的其他国家的攻击，则没有义务提供协助，但承诺保持中立。通过 1882 年 5 月意大利王国的加入，此联盟扩展为三国联盟。罗马尼亚于 1883 年 10 月加入，它从俄罗斯统治下的独立，是前不久在柏林会议上才获得的。

该盟约每 5 年重新签署一次，直到第一次世界大战爆发之前，它都是德国外交政策的基本要素之一。

随着与俄罗斯关系的恶化，俾斯麦继续采取预防措施。他想防止在维也纳和圣彼得堡之间，因为在巴尔干的权势利益而再次发生争执。1881 年 6 月，德国、奥地利－匈牙利和俄罗斯之间搞了一个新版防御联盟。在与第四国发生冲突的情况下，协约国保持中立。这项协议只持续到 1887 年——奥匈帝国和俄罗斯彼此再次翻脸。

同时，德国与法国有发生冲突的危险。1886 年 1 月，乔治·布朗热将军被任命为法国战争部长，并公开宣传对德国的复仇战争，以夺回阿尔萨斯－洛林。这幸好没有产生严重的后果，这位"复仇将军"，在 1887 年 5 月丢掉了部长职务，1889 年被控政变未遂而逃到布鲁塞尔，并于 1891 年秋天在那儿自杀。

但对俾斯麦而言，法国仍然是个持续威胁，他再次把手深深地伸入外交百宝箱。1887 年 6 月 18 日，他与俄罗斯达成一项秘密的《再保险条约》。该条约有效期3 年，双方承诺，若发生战争，将互相保持中立，但在两种情况下例外：如果德国进攻法国或俄罗斯与奥地利开战。在一份附加协议中，俾斯麦还承诺，如果俄罗斯认为有必要捍卫其进入地中海的海峡通道，德国将予以支持。

俾斯麦的免职

但是，这些承诺，既没有与奥匈帝国，也没有与同年意大利和英国就地中海局势缔结的联盟互相协调，更没有与德奥联盟互相协调。在新皇帝威廉二世的运作下，这份《再保险条约》，在俾斯麦被撤职后，没有继续延长。

新皇帝在 1888 年 6 月 15 日登上皇位后，对"铁血宰相"的免职，用了不到两年的时间。年轻的威廉二世，不愿永久屈于俾斯麦之下。

直接的起因，是皇帝的一项涉及面深远的社会政策计划，以及俾斯麦要求各个部门负责人与皇帝之间的任何接触，都必须征得他的同意。1890 年 3 月 15 日，皇帝要求他的帝国首相辞职，5 天后，俾斯麦收到了他的解聘书。这一事件的深远意义，在国外远比在德国国内有着更清醒的认识。

"领航员下船"——约翰·坦尼尔爵士的讽刺漫画，于 1890 年 3 月在英国杂志《笨拙》上首次刊载出版。俾斯麦（穿着领航员的制服）走下一艘船的舷梯，威廉二世皇帝双臂交叉站在上面的栏杆后俯视着。这幅漫画，恰如其分地反映了国外的看法。

俾斯麦艺术般创造的联盟体系开始摇晃，无论是皇帝还是俾斯麦的继任者，帝国新任首相和普鲁士首相列奥·冯·卡普里维伯爵，都没有能力以类似的精湛技巧驾驶德意志航船。

俾斯麦回到劳恩堡的弗里德里希斯鲁，从那儿评论他的继任者的执政举措。他在德国的公众声誉并未受到损害，而是继续在广大人民中享受广泛的钦佩和尊重。1895 年 4 月 1 日，在他的 80 岁生日那天，有超过 450个城市授予他荣誉市民的称号。许多地方建造了俾斯麦纪念碑，其中那座最大的纪念碑，于 1906 年建于汉堡。

大国追求
与第一次世界大战
1890—1918

新皇帝威廉二世

为"太阳下的一席之地"而战

第一次世界大战

帝国的灭亡

德国士兵在西线战场的一次毒气弹进攻时放飞一只鸽子，以测试空气中毒气含量

新皇帝威廉二世

1888 年在德国历史上被称为"三帝年"。新帝国的第一位统治者威廉一世，在他 92 岁生日之前的两个星期去世。

在其之后，他已经患有咽喉癌的儿子腓特烈·威廉，以腓特烈三世之名成为皇帝。尽管腓特烈三世表现得很保守，而且作为将军，他在 1866 年和 1870 年至 1871 年的"统一战争"中，也表现得极为出色，但在他来自大不列颠的妻子维多利亚的影响下，他多次与"铁血宰相"奥托·冯·俾斯麦发生争执。维多利亚，大不列颠女王的同名长女，在她 30 年的婚姻中，经常以其自由主义的思想影响皇储。由于腓特烈三世的疾病，他已再无可能左右政府行政的基本格局。成为皇帝仅 99 天后，他于 1888 年 6 月 15 日去世。

新一代当权

统治的重任，移交给了威廉一世的孙子。29 岁的威廉二世，代表了新生的一代，他热衷于技术，对科学创新及教育和高校改革持开放态度。

同时，他坚信德国的主张对世界事务的意义："我们仍然注定要有伟大的事业，我将带领你们走向美好的将来……我的航向是正确的航向，它将继续指引前行"，他于 1892 年 2 月，在勃兰登堡省议院的一次宴会上如是宣布。

他的祖父为他树立了普鲁士容克的榜样，他并不喜欢的母亲，试图向他解释绅士的举止和议会制的好处，但是威廉二世却极度鄙视人民代表。他对 1900 年至 1909 年担任他的帝国首相的伯恩哈德·冯·布洛侯爵说："对我来说完完全全毫无所谓，在帝国议院这个笼子里，是红色，是黑色或者黄色的猴子跳来跳去。"

社会民主党人在 1912 年 1 月 12 日帝国议院选举中

1908 年的一张威廉二世图像邮片

成功，并以 110 议席而首次成为最强党派，这些也几乎没有给他任何触动。

持批判眼光的同时代人，认为他是一个矛盾的人格。密切关注社会发展的作家台奥多尔·冯塔纳，在 1897 年 4 月作出评判："这位皇帝让我喜欢的，是他与旧事物的决裂，但这位皇帝让我不喜欢的，则是他又如此矛盾地在恢复更古老的一切……在所有和每个方面，德国都应该站在高处……他所要的，如果不是不可能的话，则恰恰是最危险的，用错误的装备，用不足的手段。他自以为可以用古老的方法来获取新的事物，他想用储藏室的武器充当现代装备；他用老管装新酒，而他自己也不再相信那些老管管用，因此就用细绳把老管绑得越来越粗，还认为'现在这样管用了'，但这不管用。"

威廉二世一生都因左臂畸形而遭受痛苦，这是他艰难出生的后果，尽管进行了各种尝试，但仍然无法纠正。"我属于那种需要称赞才能受到鼓舞并做好事的人，责备使我瘫痪"，皇帝这样描述他艰难的少年时期。

即使成为一个帝国的统治者，他也无法做到改变这一性格特征。

他想要在世界上找到新的位置，可太小，无法统治所有人，却又太大，可以没有怨言地融入一切。以他宫廷理发师的定型剂命名的、他的"成功了"八字捻须，体现了他对时代进步的乐观态度。

德国的工业产量增加了 6 倍，成为经济超级大国，并通过其产品质量，确立了自己的地位。不列颠人为了在廉价进口商品贸易中的自我保护，通过法律要求对原产地标以"德国制造"，反而使其成为出名的质量印章。此外，自 1901 年开始每年颁发的诺贝尔奖，到 1918 年为止，至少有 21 次颁给了德国获奖者。

虽然威廉二世感觉他就像他的前任一样是"君权神授"，但他也并没有超越帝国宪法设定的范围。同样，他不想按照自由党和社会民主党所要求的那样，推行德国的民主化，况且后者很快就被打上了"不爱国的家伙"的烙印。

皇帝在社会公众中异乎寻常地受欢迎。1913 年，他举办了一个辉煌的皇位 25 周年庆典。1913 年 5 月 24 日，在他唯一的女儿维多利亚·路易丝与恩斯特·奥古斯特·冯·布伦瑞克公爵的婚礼上，相互间多为亲戚的高等贵族相聚一堂。威廉二世和他的伦敦和圣彼得堡表弟，大不列颠国王乔治五世和俄罗斯的沙皇尼古拉二世，互相之间以昵称"威利"、"乔奇"和"尼基"相称呼。

皇帝主要是在他的知己好友中得到认可和赞赏，其中尤其是皇帝于 1900 年将其提升为侯爵的普鲁士外交官菲利普·楚·奥伊伦堡 – 赫特费尔德周围的圈子。奥伊伦堡显然有同性恋倾向，这不仅被教会标记为一种罪恶，而且根据《刑法》第 175 条，也受到监禁的威胁。

当威廉二世登上皇位时，比他大 12 岁的"菲利"，成为他不可或缺的帮手和知己，但是，这对于一些人来说未免有点太毛骨悚然。于是，奥伊伦堡被外交部于 1894 年派往维也纳当大使。当库诺·冯·毛奇伯爵出任奥伊伦堡的武官时，两人开始了一场同性恋情，被毛奇的妻子发现，从而造成丑闻，奥伊伦堡遂于 1902 年放

威廉二世皇帝

皇子于 1859 年 1 月 27 日生于波茨坦，就读于卡塞尔一所拉丁语中学，并于 1877 年高中毕业。然后，他在波茨坦服兵役，并同时开始在波恩学习法律和国家社会政治学。1881 年，他与和他几乎相同年龄的奥古斯特·维多利亚·冯·石勒苏益格 – 荷尔斯泰因公主结婚，他们婚后生了 6 个儿子、1 个女儿。

父亲腓特烈三世去世后，这位 29 岁的皇子于 1888 年 6 月 15 日以德意志皇帝和普鲁士国王的身份成为统治者。在社会政策和政府领导方面的争议，导致了 1890 年 3 月对首相奥托·冯·俾斯麦的撤职。在外交政策方面，威廉二世在对与邻国间互相理解的渴望和对世界地位的诉求之间摇晃，从而使德国越来越陷入孤立。

对奥匈帝国在"七月危机"中毫无保留的支持，导致了 1914 年 8 月的第一次世界大战，并使德国不得不两线作战。他几乎完全将军事领导权交给了最高陆军统帅部。1918 年 11 月革命后，他于 11 月 10 日流亡荷兰，并于 18 天后退位。

他一直生活在乌得勒支附近一座叫多伦豪斯的小城堡里，直到 1941 年 6 月 4 日去世。

在扎伯恩，那是一个有着极其野蛮的土著人的城市。在那儿，英雄少尉冯·福斯特纳表现出了真正的英勇气概。在只有4个战士的保护下，他出去买巧克力。

正是在这座城市，发生了可怕的事情，这使德国军队及其整个祖国面临了最大的危险。

但是，多亏了祖国卫士杰出的英雄精神，它在一场可怕的战斗中被消灭了。

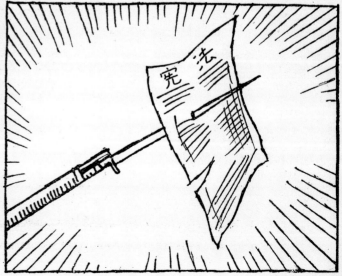

讽刺杂志《真正的雅各布》上描述扎伯恩事件的漫画。1914年1月

弃了大使职务。

这些事情刮进了媒体人士马克西米利安·哈登的耳朵，他于1906年秋天，在他的周刊《将来》中披露了此事，对奥伊伦堡所造成的无可挽回的影响作了谴责。这一事件经过数轮法庭争辩，也因此损害了皇帝的声誉。1907年5月，皇帝被迫将奥伊伦堡逐出宫廷，并彻底断绝了与他的关系。哈登赢了。

军国主义

也只有在威廉主义的德国，军事思想影响了一切公共生活，预备役军官证件成了进入上层的门票。正因为如此，才可能发生像"科佩尼克的上尉"那样的事件。已经57岁犯有多次前科的制鞋匠威廉·沃伊特，在1906年10月16日那天，穿了一件从一个旧货商那里买来的上尉制服，领着几个他刚巧碰到的第一禁军团的士兵，占领了科佩尼克市政厅，并没收了市府金库。他的制服和口令"持枪！"足以让所有平民立正。

泛滥的军国主义，也有它令人极不愉快的一面。阿尔萨斯军人与当地平民百姓之间的冲突，就证明了这一点。该冲突以扎伯恩事件被记载在历史上——1913年10月，一名20岁的少尉，向阿尔萨斯的城市扎伯恩的新兵，发表了对当地人的侮辱言论，并鼓动新兵，用刺刀来对付阿尔萨斯平民。在当地群众抗议后，扎伯恩有一段时间处于戒严状态，军方对平民采取了严厉高压的政策，少尉则逍遥法外。

为"太阳下的一席之地"而战

"一言以蔽之，我们不想把任何人置于阴影之下，但我们也想要太阳下的一席之地。"

当时的外交国务秘书伯恩哈德·冯·布洛，于1897年12月6日在德意志帝国议院发表的这句话，被多次引用，它清楚地表明了威廉二世的德国，正在竭力争取国际地位。俾斯麦时代后期相对保守的外交政策已经成为过去，正在推行的殖民政治和舰队建设计划，让这个帝国对其邻国而言变得越来越难以估测。

1880年至1914年之间的年代，被认为是殖民主义的鼎盛时期。第一次世界大战爆发时，超过一半的地球表面积，以及三分之一的世界总人口，处于旧世界（主要是西班牙、葡萄牙、大不列颠、法国）和美国、比利时、意大利及日本，也包括德国在内的新殖民势力霸占之下。

俾斯麦原本拒绝采纳实行积极的殖民政策，但是即使在他的时代，私营经济的活动已经达到了一个高度，由此也再也无法避免（商业）"保护区"的建立，这主要是通过德国殖民社团组织的宣传，以及1887年成立的德国殖民地协会来保障实现的。

普遍的调子是，德国已经太落后了，必须赶紧在瓜分世界中分得一杯羹，并向那儿的"野蛮人"传播文化。

在非洲的德国殖民地

1883年，不来梅的富商阿道夫·吕德里茨，收购了西南非洲海岸那个后来以他的姓名命名的吕德里茨海湾及其腹地，他为德意志－西南非洲的建立奠定了基础。

现在的纳米比亚地区，于 1884 年 4 月 24 日，被作为帝国保护下的第一个殖民地，尽管有慷慨的财政支持，但直到 1914 年，也只有 1.2 万个德国人生活在那里。德意志 – 西南非洲，当时是德国人居住最多的殖民地，也是唯一一个有目的的、向那里移民德国人的殖民地。

1884 年 7 月，在德国非洲研究学者古斯塔夫·纳赫蒂加尔的倡议下，建立了多哥和喀麦隆殖民地。这两个地区几乎都没有吸引什么德国移民，但多哥作为"模范殖民地"，是唯一带给德国人回报超过其付出的"保护区"。1885 年 2 月，由德国殖民地协会的共同创始人卡尔·彼得斯获得的东非地区，成为了德国统治区。德意志 – 东非，包括了非洲最高的山脉，海拔 5895 米的乞

力马扎罗山。

随着对位于澳大利亚东北方向新几内亚北部（威廉皇帝领地），以及对在它前方的美拉尼西亚群岛的接管，德国完成了它殖民政策的第一阶段。美拉尼西亚群岛因1885年5月17日帝国皇帝的保护信，而被称为"俾斯麦群岛"。

5年后，德国和英国通过一项协议，规定了它们在非洲殖民地的领土和主权，联合王国还将黑尔戈兰岛移交给了德意志帝国。

为了保证自己的统治，德国殖民主义者像其他帝国主义列强一样，对当地人进行残酷的镇压。1904年1月12日，为反对其受到的经济和社会歧视，在德意志－西南非洲，开始了一次赫雷罗人的起义。

德国"保护军"和他们的指挥官特奥多尔·洛伊特温大吃一惊，急忙从德国引进了增援部队。新任指挥官洛塔·冯·特罗塔，最初试图在温得和克的瓦特贝格包围并消灭赫雷罗人，但是，许多当地人还是向东逃往奥马海凯沙漠。冯·特罗塔随即将几乎断水的沙漠封锁，共有约80%的赫雷罗人因此渴死。10月2日，特罗塔宣布："在德国边境内，每一个有枪或没有枪，有牛或没有牛的赫雷罗人，都将遭到枪杀。"

然而在10月3日，殖民地南部基特曼斯胡普的纳玛人（被欧洲人贬称为"霍滕托特"），在其部落首领亨德里克·维特布依的领导下，也站起来反抗。这次起义，发展成为一场持久的小规模游击战争，战争状态在德意志－西南非洲一直持续到1907年3月。

随着其首领的去世，纳玛人屈从于德国人的征服条约。但是，德国的灭绝政策依然继续执行：赫雷罗人和纳玛人被送到集中营，这个词语是第一次在德语中使用。大约一半的被拘禁者，最后死于这些集中营中。

在这同时，"马及马及起义"又在德意志－东非兴起，并发展成为非洲大陆历史上最大的殖民战争之一。

武装冲突始于起义者捣毁了1905年的棉花田，而其动因，则是当地人如果无法缴纳索求的税款，就必须在棉花田上工作。起义在马亨盖的最大战役之后，陷于非洲人的游击战争，德国人对此采取了"焦土"政策。村庄被捣毁，田野被焚烧，最后的战斗一直持续到1908年。

穿制服的保护军和被捆绑的非洲人在德意志－东非

与其他地区的起义不同，在这儿的非洲各族群，组成了一个广泛的联盟。

殖民帝国和海军力量

在亚洲，德国人的殖民野心也给他们带来了暴力冲突。1898年，中国被迫将首府为青岛的胶州湾，租给德国99年。一年后，太平洋加罗林群岛和马里亚纳群岛、帕劳以及今天的西萨摩亚，并入了德意志殖民帝国。

在最大的扩张时期，德意志殖民帝国所拥有的土地面积约为300万平方公里，为世界第四大。但是，在1400万殖民地居民中，只有不到2.4万个德国人，而且，从经济角度来看，殖民地被证明是一项巨大的补贴买卖。

为了从军事上长期确保如此广大的地区，需要有一支相应强大的海上力量存在。因此，在对海军和航海充满热情的威廉二世支持下，帝国海军扩大成为仅次于英国皇家海军的世界第二强大海军。对于从1889年起每年乘坐他的游艇"霍亨索伦"号启程去"诺尔兰航游"的皇帝来说，一支强大的深海舰队是必不可少的（"三叉戟应该掌握在我们手中"）。德国对英国军舰的比例应从二分之一更改为三分之二，一支如此强大的"风险舰队"，能够威慑潜在的对手。

"不要对不起"：威廉二世正在作他的"匈奴人演讲"

伴随着海军军备宣传，德意志海军协会于 1898 年成立，就像 1891 年成立的泛德协会一样，它也为扩张主义的外交政策服务。军事思想的加强，也是拥有 280 万成员的屈夫霍伊泽联合会的关注点，一个所有战争协会的顶层组织。

不仅是殖民政治和海军军备，而且一系列外交上的失误和不成功的实力试验，都让德国与其他国家的关系承受压力。首先在 1896 年 1 月，皇帝用缺乏思考的言语激怒了不列颠人——他以电报方式祝贺了南非总统（保罗大叔）保卢斯·克留格尔，祝贺他抵御了英国志愿军对德兰士瓦的攻击——在伦敦，人们因"克留格尔

急件"而感到生气，皇帝的外祖母维多利亚女王对此表示"并不好笑"。

威廉二世的"匈奴人演讲"，使德意志皇帝对待外国人民和文化的态度尤为清晰。

皇帝于 1900 年 7 月 27 日在不来梅港口，以这一讲话作为致远征军士兵的告别词，他们将进军北京，镇压中国的"义和团起义"。

1900 年 6 月 20 日，德国公使克莱门斯·冯·克林德男爵被杀害，以及随后由"义和团"运动（德语的概念是指中国起义者所练习的传统武术）和部分正规的中国军队围攻北京的使节区，使殖民列强组成了军事联盟

卡尔·李卜克内西于 1911 年 9 月 3 日，在柏林特雷普托公园一个社民党集会上讲话

统一行动。

皇帝对他的士兵们说："不要对不起，不用抓俘虏，凡是落入你们手中的人都该去死！就像一千年前由阿提拉国王率领的匈奴人让自己成名那样，这让他们现在仍然在神话和童话中如此强大。你们将让中国人一千年都记住德国人这个名字，并以这种方式，让任何一个中国人，都永远不敢侧目斜视一个德国人！"

皇帝的话激起了国内外的愤慨。

关于摩洛哥的争端，演变成了尖锐的冲突。

法国人于1904年夏天开始对该国进行"和平渗透"，这与德国在自由贸易中的利益背道而驰。威廉二世希望通过对摩洛哥苏丹阿卜杜勒·阿齐兹的访问，对苏丹进行外交升级。1905年3月31日，皇帝在丹吉尔登岸，以他将近七个小时的逗留，引发了第一次摩洛哥危机。

在首相伯恩哈德·冯·布洛侯爵的敦促下，利益相关的欧洲国家和美国，在西班牙港口和驻军城市阿尔赫西拉斯会面，1906年4月签署的《阿尔赫西拉斯协议》，虽然保障了摩洛哥的主权以及所有国家的自由贸易，但同时也加强了法国在北非国家的经济和政治影响，这与德国所希望的结果恰恰相反。

6年后，苏丹由他的对法国特别开放的兄弟取代，摩洛哥又一次成为焦点。作为对法国军队占领非斯和拉巴特的回应，德国于1911年7月1日，向港口城市阿加迪尔派遣了"豹号"炮舰。

在欧洲，"豹子飞跃阿加迪尔"，引起了人们对战争爆发的恐惧。许多城市举行了和平示威游行，仅在9月3日的柏林，就有20万人聚集在社民党召集的一次集会上，其口号是"反对战争鼓动！为了民族和平！"

第二次摩洛哥危机于1911年11月4日解决，那天在德国首都签署的《摩洛哥－刚果条约》，确认了法国对摩洛哥的保护国地位。作为补偿，法国将其非洲占领区刚果的一部分，割让给了德国喀麦隆殖民地（所谓的鸭嘴）。

德国被包围

德国在欧洲列强的协奏曲中，越来越多地陷入防御。

1904年4月，大不列颠和法国结成了一个双边联盟，即《Ententecordiale》（法语：《诚挚协定》）。作为应对，威廉二世皇帝试图通过1905年7月在芬兰比约克与他的俄罗斯表弟沙皇尼古拉二世缔结两国之间的防御联盟，但是该协议却未得到双方政府的支持，德国和俄

1909年，伯恩哈德·冯·布洛站在他的议院政府座位前，发表他作为帝国首相的最后一次讲话

罗斯都未批准。更何况该协议本身，违反了俄罗斯和法国之间已经存在的联盟承诺。

因此，当 1907 年 8 月这一双边同盟继而扩展成为三边同盟时，因为俄罗斯加入了英法联盟，形成了一个对德国的完美包围。

首相冯·布洛侯爵看似根本不担心这一点，就如他于 1906 年 11 月 14 日在德意志帝国议院的保证："先生们，德国没必要那么害怕孤立。我们真的被孤立了吗，我们没有；但是，即便让我们来作这个假设，我们也没必要像森林里一个孤独的孩子那样哇哇乱叫。一个拥有六千万人民的国家，一支拥有像德国那样水平的军队，就永远不会孤立，只要保持自我忠诚，只要自己不放弃……只要我们让我们的剑保持锋利，那我们就能帮助朋友，而让我们的敌人难受。"

在说了这些有力的话将近两年之后，皇帝在一次坦率的采访中，再一次挑起了不列颠人的愤怒。

1908 年 10 月 28 日，人们可以在《每日电讯报》上阅读他对英国人的看法："你们英国人真是很棒，太棒了，就像三月的兔子一样棒。到底什么事情，让你们自己变得如此猜疑？这可和一个伟大的民族不相称……我的人民中大部分普遍的感觉……对英国不友好。那就是说，我在我自己的国家成了少数派……德国是一个年轻且发展中的帝国。它……必须拥有一支强大的舰队……甚至可能有一天，就连英国都会对德国拥有一支舰队而感到高兴。"

因威廉二世的失礼而引起两国公众的愤怒情绪很快就来了，甚至还有不少人提出让皇帝退位的要求，布洛提出辞呈。1909 年 7 月 14 日，皇帝用特奥巴尔德·冯·贝特曼 - 霍尔韦格取代了他的首相布洛。新首相努力与英国沟通，但这不能阻止对德国包围圈的发展。

德国最重要的盟友奥匈帝国也来凑热闹。波斯尼亚和黑塞哥维那，虽然是奥斯曼帝国的正式组成部分，但自 1878 年以后，一直由奥地利实行行政管理。1908 年 10 月，奥地利吞并了这两个省，这与俄罗斯的利益，以及其盟友塞尔维亚煽动的全斯拉夫运动（泛斯拉夫主义），发生冲突。德国是唯一向维也纳政府承诺"尼伯龙根忠诚"的欧洲国家，如果奥匈帝国与同法国结盟的俄罗斯发生冲突，德国将不可避免地卷入其中。

自 1870 年至 1871 年以来，德意志帝国已经在和平环境中生活了 43 年。发生战争的事实，似乎是不可避免的，甚至还有不少人，企望将其作为"清理空气的雷暴"。

一场现代战争的规模程度如何？不再有挥舞闪亮军刀的骑兵袭击了，而是数年在战壕中的漫长死亡，当时没有一个人能够想象。

第一次世界大战

在萨拉热窝的暗杀事件中，奥匈帝国皇位继承人弗朗兹·费迪南大公和他的妻子苏菲·冯·霍恩贝格女公爵遭到谋杀，将欧洲在四周之内推入了第一次世界大战。

这一"二十世纪的灾难之源"，不仅结束了帝国君主制下的权力平衡，而且引发了改变整个世界的革命发展。

巴尔干地区冲突

巴尔干地区长期以来一直被视为火药桶。

王储夫妇访问 1908 年被奥地利吞并的波斯尼亚首府，偏巧他们选择的日子是 6 月 28 日，这被斯拉夫民族主义者视为挑衅：根据格里高利历，这是圣维特日，塞尔维亚人在这一天，纪念在 1389 年科索沃战役中"殉难"的军队统帅拉扎尔大公，这场战役被作为基督徒为基督教价值观牺牲的象征，从而被写入塞尔维亚历史。

整个事件，看来几乎就是弗朗兹·费迪南故意想挑战命运。

在一个炸弹袭击错过了它的目标之后，访问继续按事先安排的计划进行，开敞篷车作城市游览。下一个刺客早已等候在人群中。19 岁的高中生加夫里洛·普林西波，从很近的距离射出了致命的两枪。

年轻的刺客是民族主义运动"Mlada Bosna"（"青年波斯尼亚"）的成员。在这之前，塞尔维亚军官协会"Crna ruka"（"黑手"）用武器武装了一个来自"青年波斯尼亚"的学生和学徒组织。

欧洲公众被震惊得目瞪口呆。人们普遍认定，那些暗杀的煽动者在塞尔维亚王国。

维也纳既有德国的"无限全权"，则正可利用来惩罚塞尔维亚，以儆效尤，但是俄罗斯自视为塞尔维亚的保护力量，有介入的风险。再者，俄罗斯与大不列颠和法国已结成三边同盟，这使得欧洲五大强国与塞尔维亚之间的冲突状态越发尖锐，"七月危机"因此演变成一场世界大战。

动员和宣战

皇帝威廉二世于 1914 年 7 月 6 日开始了他诺尔兰的年度旅行。所以，当奥匈帝国于 7 月 23 日下午 6 时向塞尔维亚政府提交最后通牒，要求逮捕所有应该为谋杀事件负责的人时，他并不在柏林。塞尔维亚意外地在 7 月 25 日答应了几乎所有要求，经过这一"最谦和的投降"，甚至皇帝也不再相信会有一场战争。

但是当他两天后到达柏林时，事件已升级进入到下一个阶段。维也纳中断了与塞尔威亚的外交关系，开始了战争动员，并于 7 月 28 日 11 点对塞尔维亚宣战。第二天晚上，奥地利多瑙河舰队炮击贝尔格莱德，俄罗斯随后下达了总动员命令，迫使德国迅速在西线发动进攻。

早在 1905 年，当时的总参谋长阿尔弗雷德·冯·施里芬伯爵，就提出过一项计划。根据这一计划，在发生战争的情况下，德国军队武装力量主力，将以钳形运动包围并摧毁法国军队。

施里芬和他的继任者赫尔姆特·冯·毛奇，愿意接受因此而产生的风险，那就是由于破坏了荷兰、比利时和卢森堡的中立立场，而挑起大不列颠的干预。预计俄罗斯的战争部署不会很快，因此，他们希望在东线可以用很少的兵力，坚持到在西线取得胜利。

1914 年 7 月 31 日下午，一名卫队军官在柏林皇家军械库前宣读皇帝的布告，这让事态的严重性显而易见："从彼得堡德国大使馆发来的消息是，俄罗斯军队和舰队的总动员令今天已经下达，皇帝陛下据此下令进入战争危险的状态，皇帝陛下根据《帝国宪法》第 68 条宣布，全德意志除了巴伐利亚以外，进入战争状态。对巴伐利亚，也已发出了同样的指令。"

当天下午，对俄罗斯发出了限期为 12 个小时的最后通牒，柏林要求俄罗斯结束其战争动员。

8 月 1 日下午，紧急事件接踵而至——法国开始动员。德国总动员令于下午 5 时正式宣布，德国驻彼得堡大使在下午 7 时，递交了德国对俄罗斯的宣战书。

一个小时后，皇帝站在了聚集在皇宫前的人群面前："如果要开战了，每一个政党都该停下来，我们只是德意志兄弟。在和平时期，虽然这一党派或那一党派

弗朗兹·费迪南和苏菲在萨拉热窝被刺杀

一名卫队军官在菩提树下大街军械库前宣读皇帝的布告

对我进行过攻击，但我真的诚心诚意地原谅他们。如果我们的邻居不让我们和平，那么，我们希望并祝愿我们的德意志宝剑，将能够从这场战斗中取得胜利。"

　　整个德国沉浸在战争的狂热之中，到处都在举行爱国的演讲、唱歌以及为皇帝欢呼。"每个人刺杀一个法国人""每个人射杀一个俄罗斯人""每个人踢倒一个不列颠人""塞尔维亚人必须死"都是常见的胜利标语口号。

第一阶段战斗

　　德国的第一阶段军事行动很快就开始了，它们发生在西方，而不是东方。

　　8月3日，德国对法国宣战。德国人想在对俄国的征战开始之前，通过积极地进攻并战胜法国，从而获得战略上的主动权。依据施里芬计划，德国军队最初进入了卢森堡和比利时，违反了这两国的中立原则，并承担了英国参战的风险。这件事很快就发生了，英国于8月4日参战，相反，盟友意大利则宣布中立。

　　帝国议院于8月4日一致通过了17项战争法案，其中包括政府申请的50亿马克战争贷款。胡戈·哈泽和社民党主席弗里德里希·艾伯特，虽然此前曾投票反对此类贷款，但现在在议会中却这样解释道："为了我们的人民和他们自由的将来，战胜俄罗斯独裁专制非常重要……如果不是最最重要的话。一切都是为了避免这一危险……在这种危险时刻，我们不会置自己的祖国而不顾。"

　　按照官方的说法，德国正在发动一场保卫战。就像威廉二世说的，在"强加的自卫中，用纯洁的良心和干净的手"握紧宝剑。

党派间还缔结了"城堡和约"（中世纪的一种和约，在某种状态下，堡内停止一切争斗——译者注）：他们都承诺，在战争期间，他们将不再公开进行争执，并将支持战争的努力。政府迫切需要倾向社会民主党的自由工会站在他们一边，以便能够共同实现战争的军备物资生产。威廉二世对帝国议院的政党代表说："我不再认识任何政党，我只认识德国人！"

"七月危机"，演变成了一场世界大战。在战争的过程中，同盟国一方除了德国和奥地利 – 匈牙利两个大国外，只有两个盟国，即在 1914 年 10 月加入的奥斯曼帝国，以及在 1915 年 10 月加入的保加利亚。

最后，德国与 18 个国家交战。战场遍及非洲、南太平洋和中国、巴勒斯坦和美索不达米亚的沙漠、阿根廷沿海的福克兰群岛以及印度洋无尽的广阔海域。

德军于 8 月 20 日进入布鲁塞尔，到了 9 月初，距巴黎仅有 100 公里。然而，在 9 月 6 日至 9 日之间，法国人和英国人将德国的攻势停顿了下来。因为害怕被包围，毛奇下令战术撤退。

本来自己都已经相信失败了的法国军队，得到了喘息的机会，由于这一"马恩河奇迹"，德国的进攻

1914 年 8 月柏林的战争狂热气氛

欧洲 1914 年和 1915 年

- 协约国及盟友
- 同盟国及盟友
- 中立国

挪威
克里斯蒂安尼亚（奥斯陆）
芬兰
赫尔辛基
圣彼得堡
斯德哥尔摩
莫斯科
瑞典
北海
斯卡格拉克海峡
卡特加特海峡
波罗的海
里加
大不列颠及爱尔兰联合王国
都柏林
丹麦
哥本哈根
但泽
柯尼斯堡
考纳斯
明斯克
俄罗斯
坦能堡
汉堡
荷兰
伦敦
阿姆斯特丹
布鲁塞尔
柏林
华沙
布列斯特-立陶夫斯克
罗夫诺
基辅
大西洋
敦刻尔克
比利时
卢森堡
德意志帝国
布拉格
波西米亚
摩拉维亚
切诺维兹（切尔诺夫策）
贡比涅
巴黎
凡尔赛
凡尔登
慕尼黑
维也纳
布达佩斯
亚速海
克里米亚半岛
巴塞尔
瑞士
奥地利-匈牙利
罗马尼亚 自1916年
布加勒斯特
黑海
法国
里昂
的里雅斯特
贝尔格莱德
波尔多
意大利 自1915年
萨拉热窝
塞尔维亚
保加利亚 自1915年
埃迪尔内
康斯坦丁堡
马赛
罗马
蒙特内哥罗（黑山）
索菲亚
葡萄牙 自1916年
马德里
巴塞罗那
那不勒斯
地拉那
阿尔巴尼亚
斯科普里
塞萨洛尼基
加里波利
里斯本
西班牙
希腊 自1917年
雅典
奥斯曼帝国
地中海
塞浦路斯
丹吉尔（1911年成为国际区）
埃尔-里夫（1911—1912年成为西班牙保护国）
阿尔及尔
西西里岛
突尼斯（城）
摩洛哥（1912年成为法国保护国）
阿尔及利亚（1879年成为法国一部分）
突尼斯（1881年成为法国保护国）
地中海
0   300km

策略得不到实现，西线的战争几乎已经失败了。对毛奇而言，这次失败使他丢掉了总参谋长一职，该职由埃里希·冯·法尔肯海于 9 月 14 日接任。

随后是 1914 年 9 月至 11 月的"奔向大海"。敌对的军队，一方是德意志帝国，另一方是法国和英国，双方几乎平行地朝北海运动。但是，通过夺取运河港口，并在法国北部的阿图瓦和在佛兰德地区实现对敌军的包围计划没能获得成功，经过在阿拉斯、伊珀尔和艾泽尔河岸激烈的战斗后，前线陷入到艰苦的堑壕战争中。

在接下来的 4 年中，两军在从北海海岸到瑞士边境长达 700 公里的前线彼此对峙，新武器如重型机枪和改进的火炮，其毁灭性效果，使失去战壕掩护的任何步兵攻击都几乎成为自杀。

东线战场

在东线，俄罗斯人的动员速度，要比预期的快得多，并且有两个集团军进入东普鲁士。在退役后复职的保罗·冯·兴登堡将军和他的参谋长埃里希·鲁登道夫将军的指挥下，两军在 8 月 30 日马祖里亚西部的坦能堡会战中，俄罗斯第二集团军几乎被全歼。两周后，当德国军队在马祖里亚湖泊地区又取得胜利之后，俄国军队最终被迫撤离了东普鲁士。

在远东地区，日本于 1914 年 8 月 23 日对德国宣战，并在长期围困后，于 11 月 7 日占领了中国东部山东省的德军基地青岛。此外，德国的南太平洋殖民地，以及非洲的"保护区"，也就很快消失了，只有在德意志-

东非，德国保护军直到 1918 年 11 月还在竭力进行抵抗。

俄罗斯军队于 1915 年 2 月，在东普鲁士发动了新的进攻，但在马祖里亚的冬季战役中遭到阻击。5 月，同盟国在东部前线南方的戈尔利采和塔尔努夫取得了决定性的突破，随后又夺回了加利西亚。到 9 月初，整个波兰都落入同盟国之手。

1915 年 5 月 23 日，意大利加入协约国一方参战，即加入德国的战争敌对方大不列颠、法国和俄罗斯的三国同盟一方参战，他们与奥地利人的激战，主要发生在克恩顿和蒂罗尔，以及流入里雅斯特海湾的伊松佐河河岸。

阵地战

在西部前线，战争的形式仍然表现为阵地战。双方损失惨重的战斗重点地区，是在香槟地区和法国北部。1915 年 4 月 22 日，德军首次在伊珀尔大规模部署使用了化学武器。化学武库包括 "绿十字毒气" 和 "黄十字毒气"，前者会永久性地损害呼吸道，而后者腐蚀伤害皮肤。这些名字，来自灌着各种毒剂的瓦斯炸弹的不同颜色标记。

鉴于东部战线的军事成果，德意志帝国内部对战争目的的讨论越来越多。这些讨论包括对一个殖民帝国的渴望，相宜的战争补偿，让法国受损的领土扩张以及对比利时和卢森堡的兼并。除社民党外，各个党派均支持这种观点。

1915 年 2 月 18 日，德国潜艇开始攻击北海的航运商船，帝国政府想切断大不列颠的供应。

但是，水下战争恶化了与先前中立的美国之间的关系。5 月 7 日，在爱尔兰南海岸的潜水艇 "U 20" 击沉英国邮轮 "卢西塔尼亚号" 时，共有 1198 人溺亡，其中包括 128 名美国公民。在华盛顿提出抗议之后，没有预先警告的鱼雷攻击，在 1915 年 9 月被暂时停止。

战争的下一年，有影响的重大战役是凡尔登战役和

西部前线的德国士兵站在他们的阵地前。1917 年

索姆河战役。

1916 年 2 月 21 日，德军开始了对法国战线支柱凡尔登的进攻，这导致了第一次世界大战中历时最长的战役。德军希望通过一场消耗战，给敌方造成最大的人员伤亡。虽然德军这次进攻，通过 2 月 25 日占领杜奥蒙要塞，以及 6 月 7 日占领沃要塞，从而取得了战术上的成功，但是却并没有实质性的战线变化。法国人还是守住了凡尔登，并在 12 月 16 日发动反攻之后，再次返回初始位置。

在这 10 个月的战役中，估计有 16.7 万法国士兵

W. MALCHIN

和 14.3 万德国士兵阵亡。

　　1916 年 7 月 1 日，英法两国联军在进行了为期一周的炮击之后，展开了索姆河战役。尽管在 40 多公里长的战线上，他们可以投入比德国人多一倍的兵力，但他们并没有取得战略上的重大突破。因此，战役于 11 月底停止，超过 100 万人在这场战役中死亡、受伤或失踪。

　　罗马尼亚在协约国的敦促下，于 1916 年 8 月 27 日对奥匈帝国宣战，却在一次快速运动战中惨败。1916 年 12 月 6 日，德军进入布加勒斯特。

海战及空战

　　深海舰队只在 1916 年 5 月 31 日至 6 月 1 日投入过一次海战。

　　在第一次世界大战这次最大的海战中，21 艘德国战舰，在北海的斯卡格拉克海峡，同 37 艘英国战舰对战。德军损失了超过 6.1 万吨位战舰，英国损失的战舰超过 11.5 万吨位以上。但是，这一战术上的成功，并没有改变英国的海上霸主地位，以及其对北海的持续封锁。

　　海战主要是由辅助巡洋舰（改装和武装的商船或客轮）和潜艇进行的。事实证明，对德国深海舰队的数百万投资，是一个巨大的失误。

　　战争初期，军用航空还处于起步阶段，刚开始，飞机主要用于侦察和搜索。由于所谓的福克 E 单翼飞机，在其飞行方向上装备

德国舰队在斯卡格拉克海峡战役中。卡尔·马尔钦，油画作品，1916 年

1917 年的一个德国弹药厂中，妇女正在生产雷管

有与螺旋桨同步的机枪，德国在自 1915 年后的很长一段时间里，在西线空战上处于领先地位。多名"王牌飞行员"也引起了德国战争宣传的轰动，外号"红男爵"的曼弗雷德·冯·里希特霍芬男爵，在 1918 年 4 月 21 日的空战中阵亡。因他共击落了 80 架敌机而被奉为偶像。

早在 1916 年 12 月 12 日，同盟国就首次向敌方提出了和谈建议。但是，他们没有给出任何可能成为谈判主题的具体战争目标或要求。这项建议，就如同 1917 年 7 月 19 日得到了议院中左翼多数派支持的和平决议一样，渐渐没了声息。那份决议只要求达成和平协议，而不含吞并或战争赔偿。

但决议来得为时已晚，5 天前，在最高陆军统帅部的鼓动下，首相特奥巴尔德·冯·贝特曼－霍尔韦格被格奥尔格·米夏埃利斯接任。毕竟，按威廉二世皇帝的说法，这是一个"善良，敬畏上帝的人"，但他对"平衡的和平"不感兴趣。不管怎样，真正的权力中心已是

最高陆军统帅部，自 1916 年 8 月 29 日起，由保罗·冯·兴登堡担任总参谋长，埃里希·鲁登道夫担任他的第一军需总监。

战争走向失败

德国并没有为多年战争做好经济准备。试图提高食品价格助长了黑市，直到 1915 年初，随着面包和面粉卡的推出，德国才开始了配给制。但是，即使是少量的配给，也不是总能供应得了，而且由于使用代用品，食品质量也下降了。1916 年德国歉收，随之而来的是"芜菁之冬"，因为缺乏马铃薯，芜菁甘蓝成为各种样式的主要食物。

在战争期间，尽管"领头闹事者"通常很快被拽入一线部队，但抗议和罢工还是屡屡发生。1916 年 12 月 5 日颁布的《祖国志愿服务法》，要求所有 17 岁至 60 岁的

德国男性公民，在战争中进入辅助兵役，从而严格地限制了在职人员的自由流动。由于大量招兵，妇女就业的人数越来越多，战争结束时，一半以上的劳动力是女性。

1917年2月1日，德国最高陆军统帅部试图通过新一轮无限制潜艇战，来扭转战场局势。当美国在4月对德意志帝国宣战时，协约国的军事态势得到改善，即便大量美军士兵一直到秋季才进入西线战场。

1917年11月20日，英国首先在西部战线投入大量坦克（装甲车）。在康布雷战役中，这些坦克装甲车翻越了德国战壕，但是，由于英国步兵的跟进速度不够，德国的反攻，使丢掉的阵地又失而复得。

在东部战线上，"二月革命"和相应的沙皇统治结束（根据西方历法是3月8日），俄罗斯的进攻暂时停止。俄国革命者弗拉基米尔·伊里奇·列宁，于1917年4月从瑞士流亡地返回俄罗斯，并在那里掀起革命热潮。德国希望，由列宁领导的社会民主工党（SDAPR）中的激进派布尔什维克，在俄国取得胜利，这样就能够迅速地结束东线战争。

当布尔什维克通过"十月革命"暴力接管政权后，停火不久就实现了。1918年3月3日，德国与俄罗斯签署了《布列斯特－立托夫斯克条约》。俄罗斯被逼放弃对波兰、芬兰、乌克兰和波罗的海国家的主权，从而失去了它四分之一以上的欧洲领地。

战争的最后一年初春，德国在西线发动了一系列进攻，企图以此取得有利于同盟国的战争结局。在"迈克尔"攻势中，德国人想在美国还未能完全投入战争之前，在西线康布雷和圣康坦之间强行突破而取得胜利。他们于3月21日，以71个师和6600门大炮，冲破了协约国的防线。两个半星期后，进攻停止了。

协约国反攻始于7月中旬，并将德国军队又击退回原来的位置。在8月8日"德国军队黑暗日"那天，西部战线的德军在亚眠崩溃，一直到11月，德国军队不断地被迫撤退，战争结束的时刻来到了。

帝国的灭亡

伴随着德国在西线的军事崩溃，发生了1918年11月的革命，它使德国成为一个在政治上和经济上不稳定的共和国。

1918年1月，美国总统伍德罗·威尔逊宣布了该国的和平协议条件。这些条件包括重建比利时并维护其主权、阿尔萨斯－洛林归还法国、德军撤出在俄罗斯和巴尔干的占领区、组建一个独立的波兰国家、奥匈帝国和奥斯曼帝国人民自治、建立一个国际联盟。

柏林在10月初接受了这个"14条"，兴登堡和鲁登道夫此时也意识到了局势的严重性。他们敦促迅速停火，甚至要加强帝国议院的权限。但是，现在还想真正的谈判为时已晚，正如人们的不满情绪早已太强烈一样。

起义和宣告

糟糕的食品供应状态、军事战果的缺乏、帝国和军队领导层坚持要获得一个"胜利和约"，以及不愿进行内政改革，所有这些，都使厌战情绪越来越普遍，分歧直达社会民主党党内。1917 年 4 月 6 日，在哥达，独立社会民主党（USPD）从社会民主党分离，为了区别于独立社会民主党，社民党改名为德国社会民主党多数党（MSPD），直到 1922 年。

人民的情怀已经转变，1918 年 1 月 28 日，成千上万的工人，在好几个大城市举行了罢工，口号是"和平和面包！"。

这种紧张局势，最终蔓延到了军队内部。10 月 29

日，深海舰队的官兵在威廉港反叛，拒绝执行最后一次在军事上毫无意义的、驶向泰晤士河口的命令。至少 1000 名水手被抓获并移交至基尔，在那里，其他舰队人员、岸勤人员和反叛的陆地士兵联合在一起。11 月 4 日晚上，基尔的一个士兵委员会接管了市政府。动乱在几天之内，遍布整个帝国。

11 月 7 日，德国独立社会民主党的慕尼黑党主席库尔特·艾斯纳，宣布成立"巴伐利亚自由人民联邦"。

11 月 6 日在威廉港海军基地举行的一次示威

与此同时，巴伐利亚王国国王路德维希三世和他的家人逃出慕尼黑，他放弃了王位。符腾堡国王和其他大公国、公国和侯国的君主也一样。

这样，基尔成了动荡扩散的动力，导致了整个帝国范围内的 11 月革命，导致了德意志帝国的灭亡，以及最终导致了魏玛共和国的建立。

11 月 9 日中午，在柏林发生了共和国的过渡，1918 年 10 月 3 日被任命为首相的马克西米连·冯·巴登亲王，大约在中午 12 时，径自宣布了皇帝退位的消息，并任命德国社会民主党多数党领导人弗里德里希·埃伯特为首相："埃伯特先生，我将德意志帝国交给您。"埃伯特回答："我为这个帝国失去了两个儿子。"

下午 2 时左右，菲利普·谢德曼宣告成立议会制共和国："皇帝退位了，他和他的朋友们消失了，人民战胜了一切！陈旧而腐烂的君主制已经瓦解。新政权万岁，德意志共和国万岁！"

两个小时后，卡尔·李卜克内西在柏林皇宫前，宣告德国为"社会主义共和国"。由他和罗莎·卢森堡领导的斯巴达克斯同盟，要求成立一个由工人和士兵委员会执政的政权。

1918 年 11 月 9 日，菲利普·谢德曼从帝国议院大楼的一扇窗口宣告共和国成立

年轻共和国的内部斗争

一天后，年轻的民主政治获得了一个政府。人民代表委员会，包括了德国社会民主党多数党的埃伯特、谢德曼和奥托·兰茨贝格，以及德国独立社会民主党的胡戈·哈泽、威廉·迪特曼和埃米尔·巴尔特。

所有的停战条件，也都交由协约国来决定，现在只有听命于政治了，皇帝和他的最高统帅部的将军们，都不想与之有任何关系。法国陆军元帅费迪南·福煦，向由 4 人组成的德国代表团团长、中央党政治家马蒂亚斯·埃茨贝格尔提出的停战协定条件，具有最后通牒特征。德国应被剥夺继续战争的任何机会，因此，德军必须立即结束一切战斗，并撤离占领的外国地区和撤离莱茵河左岸的德国地区。11 月 11 日上午，在贡比涅森林里的一节铁路车厢里，交战双方签署了停战协定，确定了德国的失败。

德国的战争结果是：180 万人死亡，420 万人受伤，60 万人被俘。

战争终于结束了。德国在政治上前进的方向，将由 12 月 16 日至 21 日在柏林举行的"德国工人和士兵委员会全国代表大会"来决定。参加会议的至少 500 名代表，全没有自己的德国转型计划，基本上只是赞同两个工人政党德国社会民主党多数党和德国独立社会民主党的提议。在普鲁士参议院，会集的参议员们，以绝大多数决定——举行国民大会选举。

多数社民党想保证德国免于激进、内战和饥荒，因此他们选择与旧的权力机构结盟。1918 年圣诞节，最初没有流血的革命变成了激烈的暴力：临时政府下令"人民海军团"撤出驻守的柏林皇宫，但是水手们拒绝了，还警告要补齐所欠的薪饷，并在圣诞夜将柏林市指挥官奥托·威尔士（社民党）劫为人质。12月29日，独立社会民主党的3名人民代表辞职，以抗议对基尔的至少一千名水手动用军队。政府由古斯塔夫·诺斯克和鲁道夫·威塞尔（均为社民党）补充了空缺的人数，他们一直任职至1919年2月11日。

1918年至1919年除夕前后，由罗莎·卢森堡和卡尔·李卜克内西领导的斯巴达克斯联盟和其他左翼团体，在柏林组合成立了德国共产党（KPD）。

共产党参加了抗议埃伯特－谢德曼政府的集会，1919年1月5日晚上，柏林科赫大街被占领，由此形成了"斯巴达克斯同盟起义"。但是从一开始，这种起义的成功前景就很黯淡，政府军于1月8日发动反击，起义仅在4天后就结束了。

1月15日晚上，李卜克内西和卢森堡被君主护卫骑兵师自由军团的成员逮捕、虐待和杀害。卢森堡的尸体，被扔进了兰德威尔运河，直到5月底才被发现。

几万人参加了他们两人的葬礼活动，葬礼游行成为一次大规模的示威活动。

在德国土地上建立苏维埃政权的尝试，只是在慕尼黑取得过暂时的成功。在那儿，一个苏维埃共和国于4月7日宣布成立，并建立了一支红军武装。

与德国的其他地方一样，对他们的镇压是通过招募自由军团来进行的。这种通常由原来前线士兵组成的右翼保守社团，行为极其残酷，其中最大的一支，是由巴伐利亚职业军官及后来的国家社会主义德国工人党（NSDAP）成员弗朗茨·冯·埃普骑士指挥的。尽管遭到了顽强的抵抗，但自由军团还是于5月1日攻入了慕尼黑，并在对慕尼黑苏维埃共和国的血腥镇压中，起了决定性的作用。这场一直持续到5月3日的战斗，共造成600多人死亡。

柏林市中心的战斗：1919年1月5日，柏林弗里德里希大街上一个路障后的枪手

罗莎·卢森堡和卡尔·李卜克内西

1919 年 1 月 15 日，罗莎·卢森堡和卡尔·李卜克内西在柏林被谋杀，德国的左翼激进派失去了他们的领袖人物。

两人都于 1871 年出生，卢森堡 3 月 5 日出生在俄属波兰的扎莫希奇，李卜克内西则是 8 月 13 日出生在莱比锡。

李卜克内西的父亲威廉与奥古斯特·倍倍尔共同创立了德国社会民主党。在完成法律学业和服完兵役之后，卡尔·李卜克内西于 1899 年在柏林成立了一家律师事务所，并于 1901 年作为社民党代表当选为市议员。

当时，卢森堡作为"波兰和立陶宛王国社会民主党"（1893 年）的创始人之一，以及华沙俄国革命（1906 年）的参与者，已经是一个知名的大人物。因为对军国主义和帝国主义的猛烈攻击，她多次被投入监狱。1907 年 10 月，她开始在柏林的社民党党校任教。与社民党领导层的改良政策不同，她倡导革命的、但不类同俄国布尔什维克中央集权主义的民主马克思主义。

也是在 1907 年，李卜克内西因其纲领性文献《军国主义和反军国主义》被判处一年半要塞监禁。1908 年，他当选普鲁士参议院议员，1912 年当选帝国议院议员。1914 年 12 月 2 日，他作为唯一的一个议员，对进一步的战争贷款投了反对票，遂于 1915 年 2 月被征召为不直接在战场上参加战斗的工程兵。当他于 1916 年 5 月 1 日在柏林波茨坦广场参加和平示威后，他被判处牢狱监禁。卢森堡当时也被监禁，拒服兵役的呼吁使她于 1914 年 2 月入狱，随后对她施行了"保护性监禁"。

战争结束前不久，两人出狱，并于 1918 年至 1919 年除夕前后，在柏林创立了德国共产党。

1919 年 1 月 25 日，卡尔·李卜克内西和其他斯巴达克斯同盟起义的死亡者被抬向墓地

魏玛共和国
1919—1933

《魏玛宪法》

《凡尔赛条约》

共和国的威胁

黄金 20 年代

民主的结束

国家总统弗里德里希·埃伯特（持礼帽者）1922 年在一次部队检阅中

《魏玛宪法》

第一次世界大战的结束和帝国的瓦解，为德国带来了民主。但是，第一个德意志共和国存在先天缺陷，它是由上层颁布的，又同时背负着军事失败的耻辱包袱。一直到它的结束，年轻的德意志民主所拥有的真正民主人士太少了。

制宪大会

社会民主党人如弗里德里希·埃伯特和菲利普·谢德曼等，都希望能非暴力地使国家过渡到民主体制。埃伯特与最高陆军统帅部结成的同盟，虽然使德国朝着这个方向发展，但最终也还是导致了军事、经济、行政和司法领域的保守，以及专制结构的延续。

1919年1月19日，在君主立宪制结束后两个半月，一个制宪议会被选了出来。

妇女第一次有选举权和被选举权，选举权年龄也从25岁降低到20岁，共有3670万公民被允许投票，投票率为83%。

尽管选民的人数，是帝国时期最后一次帝国议院选举的两倍多，但议会中的权力分布，基本上与1912年的分布相同。妇女拥有37个席位，社民党多数党在421个席位中赢得了163个席位，但即使加上独立社民党的22个议席，也形不成一个左翼的多数，从而能实现经济和社会的根本变化。

国民议会选举在魏玛德国国家剧院举行

柏林一个投票站前拥挤的选民。1919 年 1 月

1922 年，分裂成多数党和独立党的社民党得到愈合，独立社民党中的一小部分回到了社民党中，其大部分加入了共产党，从而使得共产党成为了一个大党。共产党没有参加共和国的第一次选举，在其 1918 年年底的建党大会上，共产党做出了拒绝参加国民议会选举的决定。

大多数妇女所选的不是两个左翼政党，而是市民阶层势力。

在社民党之后的第二大党，是代表天主教教徒利益的德国中央党，它拥有 91 个议席。巴伐利亚协会于 1918 年 11 月，组成了独立的巴伐利亚人民党。

德国民主党（DDP）成立于 1918 年 11 月，拥有 75 个席位。这个政党是由左翼自由势力、前德意志进步党的支持者，和部分民族自由党成员组成的联合体。

这三个政党（社民党、德国民主党和中央党）共同组成了"魏玛联盟"，形成第一个民主德国在好年景中的稳定性。

德国国家人民党（DNVP）作为一个右翼保守势力、反犹太主义势力、君主主义势力的组合池，继承代表了德国保守党、帝国党（自由保守党）和成立于 1917 年的德国祖国党的利益，它有 44 名议员。

同样成立于 1918 年年底的德国人民党（DVP），有 19 名议员进入议会。由以前民族自由党的右翼所派生出的这一政党，开始追随的是反民主的路线。它的一位著名政客，是党的创建主席、后来的国家总理古斯塔夫·施特雷泽曼。

通过国民议会，将建立一个政府，选举国家总统，起草一部宪法，从而为新国家奠定一个坚实的基础。它不是在政治动荡的、被三月武装冲突再次震撼的柏林召开，而是在相比之下安逸平静的魏玛举行。它于 2 月 6

日至 5 月 21 日举行，2 月 11 日，议会选举社会民主党人弗里德里希·埃伯特为临时国家总统。

埃伯特委派他的党内朋友菲利普·谢德曼组阁。2 月 13 日，第一届通过议会民主选举的政府宣誓就职。

这个"魏玛联盟"由社民党多数党、德国民主党和德国中央党的部长们组成，其基础是国民议会议席中的四分之三多数。

德国的第一部民主宪法，于 7 月 31 日以 262 票对 75 票获得第三轮讨论通过，并自 1919 年 8 月 14 日起生效。

宪法元素

新宪法的基础结构元素，是主权在民（第 1 条）、权力分立和基本权利。第一次，妇女在公民法权和家庭法权方面受到平等待遇（第 109、119 和 128 条）。宪法赋予了平等权利、人身自由、行动自由、言论自由、请愿权、集会自由以及信仰自由和道义自由（第 109—118 条）。

但是，这些基本权利，并非总是在任何情况下，能在国家权力介入时受到保护，因为可以有"通过国家法律允许的"例外。

在联邦制的国家里，各联邦州拥有自己的警察自主权和文化自主权，以及自己的司法管理机构。国家立法通过议院完成，而议院则完全是人民根据各政党名单，纯粹按比例代表权选举出 4 年任期的议员组成，政党的作用，如今远比帝国时代重要。

相比之下，18 个联邦州的代表，即国家参院则不那么重要了。普鲁士以 66 票中的 26 票，在参院中终究占据着统治地位。人民还能够通过全民请愿和全民公决，来影响国家的政治和法律。

任期为 7 年的国家总统，作为国家的国际法权代表，任命和罢免国家的行政官员和部队官员，并拥有国家军队的最高指挥权。根据宪法第 48 条第 1 款，他还能够对违反宪法或国家法律的联邦州采取措施（即"帝国执行"）。此外，他能够根据第 48 条第 2 款实行国家紧急状态，并发布具有法律性质的紧急条例。宪法第 48 条的紧急状态法与第 25 条（德国议院的解散），共同构成了国家总统强势地位的重要基础。总理和部长的任命和罢免（宪法第 53 条），也属于他的职权范围。但与帝国时期不同的是，总理及其部长也还需要国家议院的认可（宪法第 54 条）。

1918 年革命提出的建立委员会民主的要求，反映在涉及经济生活的宪法章节中（第 151—166 条）。

根据第 153 条第 3 款："私人财产责任。对它的利用同时也应该是服务，以符合集体利益。"按此本该成

弗里德里希·埃伯特

弗里德里希·埃伯特于 1871 年 2 月 4 日出生在海德堡，他走的是在当时的帝国典型的社会民主党人仕途生涯：在完成了制皮匠的职业培训后，他于 1889 年进入熟练工阶段，加入了社民党并积极参与工会活动。1891 年，他在不来梅定居。在那儿，他成功地进入议会，并当选为当地的党主席和社民党议院团主席。1905 年，他去了柏林，成为社民党执委会书记。

从 1913 年起，他与胡戈·哈泽一起成为社民党党主席，也是一战期间最有影响力的社会民主党人。与反对战争、并于 1917 年成为独立社会民主党共创者的哈泽相反，埃伯特坚持了"城堡和约"的路线。

在 1918 年 11 月的革命中，他于 11 月 9 日受命担任德意志帝国首相，并于 11 月 10 日（同哈泽一起）当选为人民代表委员会主席，在使帝国向共和国过渡中起到了决定性的作用。为了与激进的左派活动作斗争并维护国家秩序，埃伯特还与旧的帝国主义势力合作。

从 1919 年 2 月一直到 1925 年 2 月 28 日在柏林逝世期间，他一直担任国家总统的职务，同时伴随着不断汹涌的右翼激进鼓动潮流。

坐在写字桌后的国家总统埃伯特。1922 年

立一个国家经济委员会，但这一点从未得以完全实施。然而，1918 年 11 月 15 日签署的、以大工业家胡戈·斯廷内斯和工会主席卡尔·列金的名字命名的《斯廷内斯 – 列金协议》，除了引入工作日八小时全薪补偿外，也使雇员超过 50 人的公司得以建立工人委员会。在鲁尔地区和德国中部发生罢工后，政府于 1920 年，通过了一项关于建立企业劳方委员会的法律，但该委员会的权力，仅限于社会性职能。

《凡尔赛条约》

《凡尔赛条约》让所有德国人感到失望，他们本来以为美国总统伍德罗·威尔逊 1918 年 1 月的 "14 条" 精神，将确定战后秩序。

无论如何，国际联盟作为一个国与国之间的组织建立了，但在 1920 年 11 月大选中共和党获胜后，美国却并未加入。

《凡尔赛条约》为新的冲突铺平了道路。其 440 条条款，虽然确认了德国是一个整体的国家，但与此同时，又要在长时期内，阻碍德国任何经济和政治方面的实力发展。德国别无选择，如果他们不接受这些条件，他们将不得不重回战争。

对《凡尔赛条约》的批评

"那只手又怎么会不凋谢枯萎，它把自己和我们都捆绑于如此的束缚之中！"1919年5月12日，德国总理菲利普·谢德曼发表了悲伤激昂的声明，并于6月20日辞职以示抗议。

3天后，议会授权新上任的政府首脑古斯塔夫·鲍尔签署这份合约，1919年6月28日，德国代表外交部长赫尔曼·穆勒（社民党）和运输部长约翰内斯·贝尔（中央党）在条约上签上了他们的姓名。签名的地方是极具象征性的：在凡尔赛宫的镜厅，48年前在那儿，建立了德意志帝国。

德国损失了70579平方公里土地，占其国土面积的七分之一，人口相应减少了十分之一。

莫里斯尼特地区割让给比利时，阿尔萨斯-洛林割让给法国，波兹南和西普鲁士省（"走廊"）的大部分地区割让给波兰，北摩拉维亚的赫卢钦地区割让给捷克斯洛伐克。德国殖民地大部分都变成了国际联盟控制下的委托管地，梅梅尔（东普鲁士的一部分）在未经公投的情况下割让给协约国，然后在1923年被立陶宛吞并。从那时起，但泽便成了在国际联盟监督下的自由城市。

但在一些边境地区，应该由当地人民做出决定。1920年所进行的公投结果，使奥伊彭-马尔默迪落入比利时，北石勒苏益格由德国和丹麦分割，而东普鲁士南部，则几乎全票决定留在德国。在德国人和波兰人混合的上西里西亚，1921年，将近有60%的人投票赞成属于德国，然而该地区还是在1922年被分割，上西里西亚东部的工业区落入波兰。萨尔地区作为国际联盟之下的托管区，为期15年。通过条约第80条，战胜国禁止德国同奥地利的合并。第160至213条，严格细致地规定了德国的裁军义务：普通兵役制被取消，陆军被限制为10万名士兵（7个步兵师和3个骑兵师），禁止使用

凡尔赛条约后的德国

- 被邻国分割的地区（1919—1921年）
- 在国际联盟保护之下的但泽自由城市，1939年被德国吞并，1945年属于波兰
- 萨尔地区，至1935年由国际联盟管理，之后归德国
- 梅梅尔，至1923年于协约国盟军管理之下，之后归立陶宛
- 1920年的德国
- 莱茵兰非军事区内的被占领区
- 1914年的德意志帝国边界
- 非军事区的东部边界

1924 年的这一幅德国国家人民党选举海报显示，他们所认为的第一次世界大战战败的责任何在：一个戴着面具的工人，正从身后击向德国士兵的脊背

重型火炮和装甲车，禁止组建空军，海军人数减少到 1.5 万人。

协约国盟军占领了莱茵河的左岸，以及莱茵河右岸的科隆、美因茨和科布伦茨 3 个桥头堡，德国不允许在莱茵河右岸 50 公里宽的区域内部署军队。

德国公众对德国为战争爆发负全部责任（条约第 231 条）这一结论反应尤为激烈。以此，战胜国理所当然地要求赔偿"由于德国及其盟国的进攻而强加给他们的战争，对盟军和协约国政府及其国民所造成的所有损失和伤害"。

这一"战争罪责条款"，进一步推动了德国的国家民族主义运动，与《凡尔赛条约》的斗争，成为他们蛊惑煽动的支点。此外，再加上德国最高陆军统帅部所散布的"刀刺在背传说"：德意志军队在"战场上没败"，而是遭到在故乡的反对派，这些"不爱国的"民众"从背后捅刀"，所指的主要是社会民主主义者和其他民主政治家。在 1919 年 11 月 18 日的议会调查委员会中，前陆军元帅保罗·冯·兴登堡认为："责任何在，这已得到清楚证明。"并以这一说法欺骗公众。因为陆军最高统帅部在其指挥的 1918 年夏季攻势失败后，曾要求帝国政府开始停战谈判。

战争赔款问题

尚未确定德国应该支付多少金额的战争赔款。

赔偿额度应该由一个将在巴黎成立的赔偿委员会估计，除财政付款外，战争赔偿还应包括有价值的实物。通过德国战争赔款，不列颠人和法国人，都希望偿还他

1926 年在柏林卢斯特花园 5 月集会上的反对战争赔款画像

们在美利坚合众国的战争债务。

赔款要求于 1921 年 4 月 27 日发出，德国分期 66 年度，支付 1320 亿金马克。由于在政府联盟党派间（中央党，德国民主党和德国人民党），对此最后通牒存在意见分歧，康斯坦丁·费伦巴赫（中央党）政府于 1921 年 5 月 4 日辞职。中央党政治家约瑟夫·维尔特，于 5 月 10 日同德国社会民主党和德国民主党一起，组成了一个新内阁，被迫接受了协约国的要求，并同时想向战胜国证明，这要求是无法满足的。共和国的反对者保守派和激进右翼派则以此为由，辱骂民主党政治家为"满足政客"。

结果很快变得很明显，鉴于经济和货币形势的不断恶化，德国确实无法履行这些义务。人们试图通过 1924 年 9 月 1 日生效的道威斯计划，来重新规划战争赔款问题。这一得到一致同意的计划，以美国银行家和政治家查尔斯·盖茨·道威斯的名字命名，也因此在 1925 年为他赢得了诺贝尔和平奖。

该计划将 1924 年的债务定为 10 亿金马克，到 1928 年，每年支付的总金额将增加到 25 亿，从而达到一个"正常额度"。

但是，即使这个数字，也大大高估了德国经济的承受能力。在这一计划中，赔偿金的总期限和总额度没有确定。美国金融专家西摩·帕克·吉尔伯特，是驻柏林的专员，负责监督赔偿金的支付。作为担保，德国国家铁路和德国国家银行，被置于国际管控之下，这意味着对德国主权的重大侵犯。

与道威斯计划挂钩，作为启动援助的美利坚合众国的 8 亿金马克债券，对德国经济产生了积极影响。

在德国的坚持下，战争赔款问题通过"扬计划"，第三次得以规划。

该计划于 1929 年 6 月 7 日在巴黎，由美国工业家欧文·D.扬主持的一次会议上得到通过。该计划将战争赔款总额，确定为 1120 亿金马克，偿还的最终期限为 1988 年。通过这一"扬计划"，债权人放弃了对德国国家铁路和德国国家银行的控制，战争赔款代理的任务，则转交巴塞尔新成立的国际清算银行（BIS）。

作为对接受"扬计划"的对应酬报，法国人和比利时人将在 1930 年 6 月 30 日前，从 1923 年起被他们占领的整个莱茵兰地区提早撤离。

尽管减轻了战争赔款负担，但极右势力仍然迫使政府针对"扬计划"进行了一次全民公决。

像德国国家人民党这样的传统右派，第一次与国家社会主义德国工人党（NSDAP）一起行动，他们提出的"反对德国人民奴役法"不仅要修改战争赔款额，而且要修改《凡尔赛条约》中的所有承诺，并要求以叛国罪，判处签署"扬计划"的人牢狱监禁以为惩罚。尽管这次 1929 年 12 月 22 日的公投遭遇惨败，因为只有 14.9% 的拥有投票权的人参加了这次公投。但是这种毫无顾忌的宣传，预示了未来的竞选方向，并在政治上为国家社会主义者所利用。

面对全球经济危机，"扬计划"也被证实是无法实现的。1931 年 7 月，一个以美国总统赫伯特·胡佛命名的、为期一年的债务延期清偿规定，所有付款义务都暂停一年，这不仅适用于德国，而且适用于所有盟约国之间的战争债务。

随着在同一个月的德国银行危机爆发，情况更加恶化，德国国家银行在可预见的短时间内，将不再拥有足够的外币。在一年后的洛桑会议上，各方同意最终取消赔款，转而象征性地再支付 30 亿金马克余款，虽然这笔余款在后来也从未实际支付过。

对于面临崩溃的共和国而言，这项措施来得实在太迟了。

共和国的威胁

激进团体的夺权企图、经济危机、通货膨胀和社会动荡，让年轻的魏玛共和国面临极大挑战。国民议会选举仅 14 个月后，一场未遂的政变，将德意志共和国推向了内战的边缘。

政治暴力

普鲁士东部地区的政府首脑沃尔夫冈·卡普，柏林前警察局长特劳格特·冯·雅戈夫，以及柏林军事管理区指挥官瓦尔特·冯·吕特维兹男爵将军，想利用《凡尔赛条约》强制军队人员裁减和自由军团解散来进行武装政变。

1920 年 3 月 13 日上午，驻扎在柏林以西德贝里茨的一支 6000 人的海军旅，在海军少校赫尔曼·埃尔哈特的率领下，占领了柏林政府区。忠于政府的部队没有对抗政变部队，总参谋长汉斯·冯·塞克特将军宣布："部队不要向部队开枪。"

3 月 13 日，德国政府的新闻长官，以德国总统和社民党的名义，呼吁进行一次总罢工，大约有 1200 万人响应。这次罢工以及政府官员拒绝与阴谋者合作，使卡普 – 吕特维茨政变流产。几天后，政变者放弃了行动，卡普逃往瑞典，吕特维茨逃到匈牙利，埃尔哈特则在巴伐利亚躲了起来。

在鲁尔地区，因反对卡普 – 吕特维茨政变而导致了一次起义，自发成立的"执行委员会"接管了工业区较大区域的权力，并且还组建了一支约由 5 万名武装人员组成的"红鲁尔军"。经过一番犹豫后，德国政府向该地区派遣了部队，而他们也充分行使了给予他们的指令："根据情况采取行动的完全自由。"

直到 4 月 12 日，指挥官奥斯卡·冯·瓦特尔将军，才下达了禁止其下属以任何形式进行"非法行为"的命令。然而那时起义已经结束，超过 1000 名起义者，以及大约 250 名德国军队士兵、安全警察和自由军团士兵死亡。

在 1920 年 6 月 6 日举行的德国议院选举中，"魏玛联盟"中的 3 个政党，永远失去了它们共同组合的绝对多数席位，稳定的政府现在出现动荡。

对共和国代表的仇恨引发了恐怖主义行为。1921 年

8 月 26 日，两名前海军军官在黑森林巴特格里斯巴赫，谋杀了中央党议员和停战协议的签署人马蒂亚斯·埃茨贝格尔。在安葬日那天，即 8 月 31 日，整个国家举行了反对右翼激进主义的抗议示威活动。在"民族"圈子中，人们反而为此欢呼："现在每个人都感谢上帝 / 为这次出色的谋杀 / 这个大恶棍，将他埋葬 / 凶手应该对我们来说是圣洁的 / 这面黑白红三色旗帜。"下一次谋杀发生在 1922 年 6 月 24 日，外交部长瓦尔特·拉特瑙从他位于柏林格吕内瓦尔德的别墅驾车前往外交部时，被一个 23 岁的大学生射杀身亡。死亡射手的行踪于 7 月 17 日在萨勒河岸巴特科森被发现，并在与警察发生的枪战中死亡。这次谋杀，是由前自由军团指挥官

在卡普政变期间，武装政变者驾车穿过柏林波茨坦广场。从其军帽上及卡车上可见，埃尔哈特旅采用纳粹符号作为识别标志

埃尔哈特的"执政官组织"成员进行的。

6月25日，德国总理约瑟夫·维尔特，在德国议院为拉特瑙举行悼念仪式的悼词中说："敌人就在那儿，将他的毒药撒入人民的伤口。敌人就在那儿，毫无疑问，这个敌人在右边！"

1922年7月21日，德国议院通过了《共和国保护法》。那些想要废除国家秩序的协会社团，被警告将受到严厉的惩罚，宪法法院将追究反共和国的阴谋活动。但是，如果那些激进的右翼刺客真被抓住的话，他们大多只会受到相对温和的惩罚，不像对待那些来自左翼的凶犯。

共和国在1923年走到了衰亡的悬崖边。

1月11日，超过6万名法国和比利时士兵占领了鲁尔区，法国奉行"生产物资抵押"政策，希望以此索取拖欠的战争赔款。无党派总理威廉·库诺领导下的德国政府，号召消极抵抗。由于生产损失和对罢工的支持，德国损失了35亿至40亿马克。9月26日，库诺的继任者古斯塔夫·施特雷泽曼宣布结束"鲁尔斗争"。

恶性通货膨胀

到那时，通货膨胀的漩涡越转越快，为了履行战争赔款承诺，国家加印越来越多的纸币，尽管这不再含有任何价值。随着马克的不断贬值，价格和工资飞涨，储蓄被消耗殆尽，其中有些是几代人的积累，人民的大多数陷入贫困。每个人都想方设法，尽快地将纸币换成实物，那些拥有债务而现在能够用一文不值的钱去偿还债务的人从中受益，债权人反而成了失败者。在货币贬值最严重的时候，1美元相当于4.21万亿德国马克。

11月15日，以地租抵押马克作为过渡，才将市场稳定（1地租抵押马克＝1万亿纸马克）。这种新货币在1924年8月30日，更名为德国马克。

通货膨胀纸币

通货膨胀的主要获利者包括企业家，如重工业家胡戈·斯廷内斯，他们几乎不花分文地聚揽了庞大繁杂的企业集团；受益者还有德国政府，1640亿马克的战争负债，仅仅相当于16.4芬尼地租抵押马克的购买力。

最重要的是，战时债券的全部贬值，让公民彻底失去了对国家政府的信任。

在通货膨胀高峰时，经济危机早已成为政治危机，共和国同时受到多个方面的威胁。

在法国的帮助下，多个分裂主义社团协会的追随者，于10月21日在亚琛宣布成立莱茵共和国。由于莱茵兰的非军事化，政府对此无能为力。但是，就像在巴伐利亚的普法尔茨和莱茵黑森州一样，分裂主义者也无法获得当地大多数人民的支持。此外，在德国政府和英国政府多次抗议之后，法国占领势力的支持度也迅速消退下降。

国家采取措施

同时，德国政府对萨克森州和图林根州左倾州政府的形成所作出的反应就敏锐多了——采用了"帝国执行"计划。

10月22日，在德国国防部长奥托·格斯勒的命令下，德国军队进入了萨克森。共产党人在那里呼吁建立的无产阶级百人团，拒绝解散这种准军事组织的萨克森州政府，于10月29日被解散。在这种情况下，图林根社民党随之被迫终止了于10月16日刚建立的与共产党的政府联盟。同样，共产党的"汉堡起义"也注定要失败。10月23日上午，许多当地及邻近的普鲁士社区的警察局遭到袭击，两天后，安全部队控制了局势。

莫斯科共产国际所设定的"德国十月革命"武装夺取政权的目标，终究没能实现。

自1923年9月26日起，巴伐利亚州处于紧急状态之下，执法权已移交给现任为"州务总专员"、前巴伐利亚州州长古斯塔夫·冯·卡尔骑士，他与军区司令官奥托·冯·洛索夫将军和州警察局长汉斯·冯·塞瑟尔上校一起，组成了右倾三人联盟，并计划了一次"进军柏林"行动。

但是，阿道夫·希特勒却想先行一步，他的纳粹党当时只是许多右翼组织的其中一支。11月8日晚上，他率领着他的武装追随者一起冲进公民啤酒窖，卡尔当时正在那儿作演讲。希特勒逼迫卡尔许下支持他计划中的"民族革命"诺言。但到了夜里，卡尔命令忠于政府的部队进入慕尼黑，希特勒的追随者，被州警察拦截在统帅堂，并发生了枪战。希特勒虽然得以逃脱，但仍在两天后于施塔弗尔湖畔乌芬被捕。司法机构于1924年4月，仅对被指控为叛国罪的希特勒，轻判为5年的莱希河畔兰茨贝格的要塞监禁，而且在圣诞节前不久，使他重获自由。

在这一时期，德国经济又重新复苏。而希特勒的时代，只有当德国又陷入经济危机的泥潭中，当600万人失去工作时，才会最终到来。

希特勒在慕尼黑因叛国罪受审

PERNET DR.WEBER KRIEBEL LUDENDORFF HITLER RÖHM WAGNER
FRICK BRUCKNER
PHOTO: HOFFMANN

黄金 20 年代

人们后来把从第一次世界大战结束到民主彻底崩溃的这段时期，赞誉为"黄金 20 年代"。

然而马马虎虎算得上"黄金"的，只是 1924 年至 1929 年之间的时期。在此期间，魏玛共和国经历了经济的飞速发展，然而在事实上，却是由美国提供贷款资金的虚拟繁荣。

经济增长

通过 1924 年道威斯计划对战争赔款问题的临时解决方案，促进了德国经济强劲的增长动力。从 1924 年到 1929 年，每年国民收入的人均增长约为 4%。然而，即使在这些好的年份里，超过 140 万的失业人数也并没有减少，但大工业开始集中合并了。1925 年 12 月，6 家德国公司在美因河畔法兰克福，合并成立了全名为染料工业利益集团的法本公司，成为当时世界上最大的化工集团。1926 年 1 月，欧洲最大的矿冶集团联合钢铁集团在杜塞尔多夫成立。

由于利用外国贷款，其中至少一半以上是短期贷款，德国的外债增长为 250 亿马克。

起初德国人并不在乎，他们充分享受这相对富裕的时期。柏林通过行政区域的不断扩大，已经拥有 390 万居民，自 1920 年起，成为继伦敦和纽约之后的世界第三大城市。柏林不仅确立了自己在德国的政治中心地位，而且无疑也成为了德国的文化中心。

文化和体育

"黄金 20 年代"是一个社会变革的时代，战争期间在苏黎世出现的达达主义，对所有艺术表现形式都提出了绝对的怀疑。

叛逆的艺术家们反叛一切，反对艺术，反对当代社会及其价值观，反对战争的破坏和技术的完善。像欧文·皮斯卡托这样的戏剧导演，用简陋的舞台布景及电影场景投影，就可以上演现代作品；贝托尔特·布莱希特，则要通过他的"史诗般的戏剧"，来改变公众的观演习惯，同时传达对社会的认知见解。他不仅通过他的教学作品，而且通过他于 1928 年在柏林的造船工人大街剧场首演的《三毛钱歌剧》，来追求这一目标。作家们印象深刻地描述战争的恐怖，打破了光荣辉煌英勇死亡的禁框，如埃里希·玛利亚·雷马克，在他 1929 年出版的小说《西线依旧》（这本小说及根据小说改编的电影都被译成《西线无战事》，意思不尽准确——译者注），源于对生活感受的困惑，同时寻找新的生活方式：志同道合的婚姻、青年运动、妇女解放。

体育在 20 世纪 20 年代成为一种大众现象。

另一个重要的现象是电台广播，1923 年 10 月 29 日，它在柏林波茨坦大街的佛克斯大楼开播。到 1933 年，在德国注册的接收设备数量，已增加到 542.4 万台。

作为大众娱乐的亮点，有鲁道夫·纳尔逊和弗里德里希·霍兰德的布景歌舞，有作曲家弗朗兹·莱哈尔的轻歌剧作品，有奥地利男高音理查德·陶伯的精准诠释，更重要的还有电影。在德国制作的电影，有一段时间，超过了所有其他欧洲国家的总和，尤其是通过 1917 年 12 月成立的环球电影股份公司（德语为"Universum Film AG"——译者注），又因公司名的大写字母缩写发音，而多被译为乌发（UFA）电影公司。

对进步的信念决定了希望和思考，概念如"新形式""新家""新音乐""新客观性""新城市"等，决定了设计、文化和城市规划的趋势。由瓦尔特·格罗皮乌斯设计的包豪斯，于 1926 年底在德绍开业，它力求在强调造型艺术的工艺基础之上，达到技术和艺术的和谐。

返回国际政治舞台

时尚换代更新和流行娱乐明星转瞬即逝，战败的德国却逐步地恢复着它的外交声誉。其中，在 1923 年至 1929 年出任德国外交部长一职的右翼自由派政治家古斯塔夫·施特雷泽曼，发挥了极大的作用。

还在关于德国应支付多少战争赔款额的、充满情感色彩的争论中，德国政府就获取了意想不到的名声。

两个欧洲政治的"局外人"，战败国德国和苏维埃俄罗斯，通过《拉帕洛条约》，意外地站到了一起。1922 年 4 月 16 日，两国代表同意立即建立外交和领事关系，并放弃相互间的战争赔款要求。

第一届国际达达展览会在一家柏林的书店开幕。从左至右站着的是拉乌尔·豪斯曼、奥托·布尔查德、约翰内斯·巴德、威兰德·赫兹菲尔德、玛格丽特·赫兹菲尔德、乔治·格罗兹、约翰·哈特菲尔德；坐着的是汉娜·霍克和奥托·斯玛豪森。

古斯塔夫·施特雷泽曼

1878 年 5 月 10 日出生于柏林的古斯塔夫·施特雷泽曼，从 1907 年至 1912 年和 1914 年至 1918 年作为民族自由党代表担任德意志帝国议院议员。

在第一次世界大战中，他属于在德国"胜利和约"情况下，要求为德国获得领土利益的政治家之一。战后，他是主张君主主义的德国人民党联合创始人。在 1923 年 8 月至 11 月担任政府首脑时，这位"理智的共和国人"施特雷泽曼结束了"鲁尔斗争"，并通过引入地租抵押马克，结束了恶性通货膨胀。

在后来的政府中，施特雷泽曼一直担任外交部长，直到 1929 年 10 月 3 日在柏林去世。与法国和解是他外交政策的指导方针，这需要冲破来自党内保守派的阻力而得到贯彻。1926 年，施特雷泽曼与法国人阿里斯蒂德·白里安一起被授予诺贝尔和平奖。他工作成果的巅峰是使德国加入国际联盟。

而通过 1925 年 10 月 16 日的《洛迦诺公约》，德国终于重返欧洲政治舞台。德国与法国和比利时，达成一项保证现有边界并维持非军事区的协议，德国认可失去阿尔萨斯－洛林、奥伊彭和马尔默迪，并认可莱茵兰地区的非军事化，但是德国保留更改其东部边界的权利。英国和意大利做了该协议的担保国。

施特雷泽曼外交的另一个胜利，是德国加入了 1919 年成立的国际联盟。

1926 年 9 月 10 日，施特雷泽曼在国际联盟日内瓦会议的主旨演讲中，主张各国人民之间进行和平合作："这具有历史意义，德国和这些……国家在国际联盟中持久和平地一起合作。……如果我们想要一个不受干扰的全球经济发展，那么，这不会是通过将各个地区彼此关闭，而是通过在以前分隔的各国经济之间，架起连接的桥梁来实现。"

尽管施特雷泽曼在与他的法国同事阿里斯蒂德·白里安的讨论中努力争取，但还是被法国人拒绝提前撤离莱茵兰。

两人因签订《洛迦诺公约》，而双双

古斯塔夫·施特雷泽曼 1926 年在国际联盟作主旨演讲

获得 1926 年诺贝尔和平奖。

从埃伯特到兴登堡

当时，魏玛共和国有了一位新的国家总统。弗里德里希·埃伯特于 1925 年 2 月 28 日，因阑尾炎治疗拖延而去世，享年 54 岁。

当 7 位候选人在第一轮投票中均未获得绝对多数后，"魏玛联盟"三党提名中央党政治家威廉·马克思为联合候选人，右翼政党则拥戴前帝国陆军元帅保罗·冯·兴登堡。1925 年 4 月 26 日，兴登堡以 48.3% 的唱票率，战胜了马克思（45.3%）和共产党人恩斯特·台尔曼（6.4%）而当选。1925 年 5 月 12 日，兴登堡根据宪法宣誓就职。

仅从他坚决拒绝了由共产党和社民党提出的、关于无偿剥夺前皇家政权财产的全民投票，就足以表明，他仍然是一个坚定的君主主义者。由于参加人数太少，投票于 1926 年 6 月 20 日失败。

共和国在 1928 年 5 月 20 日举行的德国议院选举之后，才获得了一个稳定的政府。经过长时间的谈判，社民党政治家赫尔曼·穆勒，组成了一个大联盟内阁，但是其工作却因军备争端而困难重重。

比如，社民党以"要给儿童粮食，不要建造装甲巡洋舰"的口号，成功开展了竞选活动。在基层党员的坚持下，社民党向议院党派提交了要求，以停止建造已计划了不少时间的装甲巡洋舰 A。但为了不危及大联盟，社民党的部长们，还是不得不继续实行这一计划。这艘最后被命名为"德国"的装甲船，终于在 1931 年下水，而穆勒那时早已离职。

赫尔曼·穆勒（站在讲台上）在 1925 年国旗团的一次集会中

民主的结束

1929 年 10 月，纽约证券交易所的暴跌，突然结束了长达 10 年之久的上升态势，使世界陷入了一场深重持续的经济危机中。这次股灾，也被称为黑色星期五，它宣告了德国民主的结束。

股灾和它的后果

道琼斯指数已经在 1929 年 10 月 25 日这一决定命运之日的前两天开始疲软，到 10 月 29 日，已有约 1650 万股被卖出，指数下跌了 39.6%。1932 年 7 月 8 日，自 1896 年以来每个交易日都收报的这一指数，是 41.22 点，其价值下跌了 89.2%。

开始时，在欧洲只有那些报纸读者，才知道这一戏剧性的事件："许多人，尤其是女性投机者，在得知自己失去了资本后都晕厥了。"维也纳《新自由报》通讯记者在 10 月 24 日的电报中这么报道。5 天后，据《新苏黎世报》报道，震动波已经扩散到世界各地："连华尔街都还没有度过危机的严峻时期，在阿姆斯特丹，已经有数百名钻石切割工在一天之内被解雇……也不用惊讶，纽约事件倒了里维埃拉海岸酒店业务的胃口。"

股灾对欧洲金融业的影响，要比对里维埃拉海岸的酒店更为严重——美国贷方撤回了短期贷款。1931 年 5 月 11 日，奥地利信贷银行破产。7 月 13 日，德国第三大银行联合体达姆施塔特银行 – 德国国家银行关门。

只有国家的干预，才能阻止信贷体系的彻底崩溃。

紧接着的经济下滑，导致德国的工业生产，在 1928 年至 1932 年之间缩减了 26%，失业率在 1932 年 2 月达到高峰，失业人数为 612.7 万，短工为 300 万。

由此，政治极端化也越来越厉害。1929 年底，普鲁士及国家内政部长卡尔·塞弗林（社民党）描述了街头恐怖的程度："由于共和国保护法未能延长（1929 年 7

失业者在等待他们每周的"救济"

月），几乎每一天在德国的某个地方，经常是一天内在多个地方，会发生对持不同政见者的枪击、殴打或刺杀事件。公民安全状况，已经达到可悲的低点，并且每天还在下降。出现这种悲伤现象的根源，是不受限制的共和国的反对者和极右派口头和书面的煽动及驱使。"

共和国敌人的进攻

形势越来越由准军事社团协会来决定。成立于 1918 年的"钢盔团，钢盔前线士兵联盟"是一个右翼公民的会集池。

左派则团结起来对抗右翼激进主义。共产党自 1924 年以来，就一直活跃在"红色阵线战士同盟（RFB）"中，但该组织在 1929 年柏林的五月动乱之后被禁止。成立于 1924 年亲社民党的"国旗团"，于 1932 年同自由工会合并，成立了"铁阵线"。

他们的对手是国家社会主义德国工人党（又译为"德

意志民族社会主义工人党"，简称纳粹党——译者注），成立于1925年的准军事打击和宣传力量冲锋队（SA）。作为纳粹党的领导人，阿道夫·希特勒拥有自己的党卫队（SS），海因里希·希姆莱于1929年初，接任了"党卫队全国领袖"。

1930年3月27日穆勒内阁辞职后，德国没有民主

合法的政府。自这个政治不稳定的共和国成立以来，以 636 天成为时间最长的内阁，因为失业保险筹资的争议而下台。

国家总理布吕宁在一次柏林体育馆的集会上支持重选兴登堡

自 1927 年 7 月，工人和职员享有申请救济的法权，所需的资金在雇主和雇员之间平均筹集。该系统所考虑的最高失业人数为 140 万人，但是早在 1930 年 2 月，失业人数就超过了 500 万。社民党希望在有限的范围内增加筹款，而政府合作伙伴德国人民党则要削减筹款。

中央党政治家海因里希·布吕宁，于 1930 年 3 月 30 日，建立了由民众中间政党代表组成的"总统内阁"，并根据宪法第 48 条紧急状态法来执政。

布吕宁希望一个经济的"健康萎缩"，为了调整国家预算，他奉行了严格的紧缩政策，削减了养老金、失业救济金和公务员的工资，并增加了税收和关税。通过这项"供给面政策"，他想使德国具有国际竞争力。在国内，布吕宁对劳动力市场的消极政策，使危机更加尖锐，购买力萎缩和内需急剧下降，导致了进一步裁员，广大民众陷入贫困，人们对民主的信心越发动摇。

其后果在 1930 年 9 月 14 日已经很明显，当议院被解散后，新议会在那天重组。国家社会主义者获得 18.3% 的选票，并因此以 107 名议员之优势重回议院（之前是 12 席）。

为了不冒新议院再一次解散的危险，社民党被迫只得容忍布吕宁，从而加快丧失了劳动阶层的支持，而共产党则得到了加强。

一个反对布吕宁第二内阁的反民主势力联盟"哈尔茨堡阵线"的形成，证明了国家社会主义德国工人党在"公民阶层"右翼中的认可度提升。1931 年 10 月 11 日，他们在巴特哈尔茨堡举行的唯一一次宣传会议上，阿道夫·希特勒带着他的纳粹党也参加了。这位纳粹党元首，和那位拥有环球电影公司、德国最大报业集团之一的舍尔出版公司、媒体大亨阿尔弗雷德·胡根贝格德，被"民族反对派"一起邀请到了巴特哈尔茨堡。

在 1932 年德国总统选举中，公民阶层党派和社民党，迫不得已推举当年已 85 岁的兴登堡作为候选人。

年迈的陆军元帅，在 1932 年 4 月 10 日的第二轮投票中，获得了 53.1% 的选票，希特勒获得 36.8% 的选票，台尔曼获得 10.2% 的选票。

为了使由于叛国罪而曾被判过刑、自 1925 年以来就无国籍的希特勒，最终能够在政府中就职，由德国国家人民党和国家社会主义德国工人党组成的不伦瑞克政府，于 1932 年 2 月，任命他为不伦瑞克州政府驻柏林专员，从而使他获得了德国国籍。

希特勒当上总理之路

布吕宁任职至 1932 年 5 月 30 日。然后，在易北河东岸大庄园主的压力下，兴登堡撤除了对他的信任。大庄园主抗议政府考虑以紧急状态法取消东部支持的计划，而兴登堡本人，则也对政府继续普鲁士东部省份的农业支持政策有兴趣。

布吕宁的继任者是弗朗茨·冯·帕彭。

这位天主教威斯特法伦贵族，组成了一个"贵族内阁"，几乎清一色的属于不带政治色彩的保守派贵族。1932 年 6 月 12 日，帕彭解除了于 1932 年 4 月因为街头暴力事件爆发而实行的、对国家社会主义准军事组织的禁令。

"普鲁士政变"导致了民主体制的持续衰弱。1932 年 7 月 20 日，帕彭根据紧急状态法罢免了普鲁士社会民主党人奥托·布劳恩领导的普鲁士政府，并让自己兼任普鲁士国务专员。

自 1932 年 4 月 24 日举行州议院选举以来，布劳恩就失去了议会多数，仅仅担任政府职务而已。普鲁士警察一直以来就是民主的堡垒，如今也由右翼政治掌控了。采取这一专横行动的理由，是街头暴力的增加，特别是 1932 年 7 月 17 日的"阿尔托纳血腥星期天"。这一天，国家社会主义者举行了一次宣传游行，穿越汉堡附近的"红色"阿尔托纳，他们挑起了枪战，

夺走了 18 条生命。

在伴随着谋杀、枪击和大厅混战的竞选活动之后，国家社会主义德国工人党在 1932 年 7 月 31 日提早举行的德国国家议院选举中，所得选票增加了一倍，拥有 608 名议员中的 230 名，并由前战斗机飞行员赫尔曼·戈林担任国家议院主席。

1932 年 4 月 4 日，希特勒在柏林卢斯特花园的一次集会中动员大众

因为没有议会多数来组建新一届政府，所以在 1932 年 11 月 6 日，又举行了一次新的国家议院选举，希特勒党失去了 200 万选民和 34 个席位。

1932 年 12 月 3 日，兴登堡任命原帕彭内阁中的国防部长、在原内阁中扮演"灰衣主教"的库尔特·冯·施莱谢尔中将担任内阁总理。施莱谢尔寻求"跨战线"策略，一种旨在将民族主义和社会主义（社民党及德国工会联盟）的对立意识形态相结合的策略。

但这个目标并没有实现，取而代之的是，来自大庄园主、工业界和军方的利益代表，对兴登堡施加了更大的压力，并要求兴登堡，任命被他叫做"波西米亚下士"的希特勒为国家总理。

第三帝国
和第二次世界大战
1933—1945

夺取政权和"一体化"

军备和扩张

对犹太人的排斥和迫害

波兰战役与西线进攻

从"全面战争"到"全面失败"

1935 年元旦，希特勒在柏林威廉大街检阅一支军队仪仗队

夺取政权和"一体化"

1932 年 11 月 6 日的德国议院选举，也未能产生能够执政的多数。此后，12 月 3 日，兴登堡任命库尔特·冯·施莱谢尔将军为国家总理。为了防止希特勒接管政府，施莱谢尔想宣布一项临时的"全国紧急状态"，但被兴登堡拒绝。于是，在 1 月 28 日，国家总统在施莱谢尔将军任职仅仅 57 天后，就再一次取消了对他的信任，这已是自 1919 年以来的第 12 任总理和共和国第 20 届政府的失败。

希特勒成为国家总理

这一来，兴登堡终于克服了他对"波西米亚下士"阿道夫·希特勒的长期反感，于 1933 年 1 月 30 日，任命他为国家总理。

在短短几个月内，这个国家社会主义元首，就在德国摧毁了民主政治、联邦政体和国家法治。

对希特勒的任命于 1 月 30 日下午 12 时 40 分宣布。

在最初的几个月中，国家社会主义德国工人党和德国国家人民党组成内阁联盟，德国国家人民党的 8 名保守派部长，属于这个总统内阁。社民党党报《前进报》的标题是：《精致者和三个纳粹——大资本内阁》。

副总理弗朗兹·冯·帕彭，向波美拉尼亚骑士封地庄园主埃瓦尔德·冯·克莱斯特·施蒙津保证："您想要什么呢？我有兴登堡的信任，在两个月的时间内，我们就把希特勒挤到角落里尖叫。"

但是，国家社会主义部长们都坐在关键位子上：威

保罗·冯·兴登堡

在以步兵上将军衔退休 3 年后，这位于 1847 年 10 月 2 日出生在波森的职业军官保罗·冯·兴登堡成为民族英雄。

1914 年秋天，他作为军队主帅被派往东普鲁士并和他的参谋长埃里希·鲁登道夫一起经历多次重大战役，他们成功地逼退了俄国军队。特别是 1914 年 8 月底战胜俄国人的坦能堡战役，深深地埋进了德国人的集体记忆之中。1916 年 8 月，他被提升为东方面军总司令，并和鲁登道夫一起指挥第三集团军，这对德意志帝国的政治产生了重大影响。1919 年，兴登堡辞去了总参谋部参谋长的职务。

在 1925 年 3 月的第一轮国家总统选举中，在没有候选人获得绝对多数选票的情况下，无党派的兴登堡作为右翼党派候选人，在第二轮选举中当选为总统。1932 年，包括社民党和中央党在内的民主党派将他选为候选人，以阻止希特勒赢得大选，从而使兴登堡再次担任国家总统长达 7 年。

由于在议院中没有议会多数，自 1930 年 3 月后，国家总理一直依赖于总统对其的信任。1933 年 1 月 30 日，经过长时间的犹豫，兴登堡任命了国家社会主义德国工人党领袖阿道夫·希特勒为国家总理。

1934 年 8 月 2 日，兴登堡在西普鲁士的他的领地纽德克去世。

第一次世界大战时期的兴登堡。雨果·沃格尔，油画作品

大约 15000 名冲锋队员和党卫队员以及 2000 名钢盔队员，于 1933 年 1 月 30 日游行穿过勃兰登堡门。游行并没有事后照片所想要显示的那么壮观

廉·弗里克担任内政部长；赫尔曼·戈林担任国家部长，但不属于任何部门，并兼任普鲁士警察代理最高指挥官。戈林立即利用他对监管机构的控制权，建立了一支由冲锋队、党卫队和准军事组织钢盔（亲国家人民党的前线战士联盟）组成了辅助警察部队。他的格言是："我的措施不会受到任何官僚主义的感染，我不是到这里来主持正义的，我是来摧毁和灭绝，仅此而已。"

1 月 30 日晚上，国家社会主义党人搞了"民族革命胜利"的庆祝活动，希特勒和兴登堡在位于威廉大街 77 号的德国总理府，观看了烛光游行。

两天后，希特勒让德国总统解散了德国国家议院，随后是第一个宪法修正案和紧急状态法，通过"保护德国人民"法，对新闻自由和言论自由进行限制。这将使其他党派为 3 月 5 日举行的德国议院选举所要进行的竞选活动变得极为困难，那也是根据魏玛共和国法律举行的最后一次议院选举。

国家议院大火及其后果

刚过了 1 月 30 日，冲锋队和党卫队就立刻在德国开始了恐怖活动，在德国议院大火后他们更变本加厉：2 月 27 日晚上，一场大火烧毁了议会大楼中楼和会议大厅。作为可能的纵火嫌犯，警方逮捕了荷兰共产党人马里努斯·范·德·卢贝。

对于国家社会主义德国工人党而言，这是一个很受欢迎的机会。这一行为，被称作为共产党人企图制造动乱的尝试，共产党议会议员恩斯特·托尔格勒，以及3个保加利亚共产党人格奥尔基·迪米特罗夫、布拉戈伊·波波夫和瓦西尔·塔涅夫被逮捕。在莱比锡国家法院的审判中，只有范·德·卢贝于1933年12月23日被判处死刑，他的共同被告，都不得不被宣判无罪。

作为专门针对涉嫌反对纳粹国家的"叛国"及"卖国"案件的特别法庭，国家社会主义党人于1934年在柏林成立了人民法院，该法院仅应作出该党和该国可以接受的判决。

不管真正的纵火犯罪者是谁，国家议院的大火，对于国家社会主义者来说，来得太及时了。希特勒立刻充分地利用了这一事件，于2月28日让兴登堡签署了另一项法令：《保护人民和国家》法令，又称为"国家议院纵火法令"，使《魏玛宪法》中的公民权利失去效用，

目的是"防御危害国家的共产主义暴力行为"。

然而，极右派在几次选举中，均未能达到修改宪法所需的三分之二多数。国家社会主义德国工人党在647个席位中赢得了288个席位，战斗前线黑白红（国家人民党和钢盔的联盟）赢得了52个席位，即使宣布共产党所获的81个席位无效，也还是不能使极右派达到所希望的多数。

国家社会主义德国工人党人于1933年3月21日，组织了国家议院的第一次组成会议，并称其为"波茨坦日"，这是在皇家卫戍教堂举行的一个国家庆典，德国总统也参加了这一活动。纳粹国家希望以此延续普鲁士人的古老传统，即帝国皇帝欢迎新当选的帝国议员。

就在那一天，冲锋队在柏林北部奥拉宁堡的一个废弃工厂里，建立了柏林地区的第一个集中营（KZ）。

"老"德国和"新"德国象征性的结合："波茨坦日"那天，希特勒向兴登堡鞠躬

由大学生联合会组织的人群，在柏林歌剧院广场焚烧书籍，形成"抵制反德意志精神行动"的高潮（1933 年 5 月 10 日）

第二天，首批 200 名"保护性囚犯"，被关进了慕尼黑附近的达豪集中营。共产党人、社会民主党人和犹太人，被国家社会主义者关押进集中营，并被强迫劳动、虐待和杀害。其他的"保护性监管营"，建立在萨克森豪森（1936年）、布痕瓦尔德（1937 年）、拉文斯布吕克（1938 年至 1939 年）、诺因加默（1938 年）和弗洛森比格（1938 年）。

国家议院的自行解体

国家议院的会议，于 3 月 23 日在柏林克罗尔歌剧院举行，它在国家议院大火后，暂时被用作议会大厅。议院以 441 票对 120 个社民党议席中当时仍然自由的 94票，通过了《解除人民和帝国苦难法》（即《授权法》——译者注），这意味着《魏玛宪法》的终结。

这一法律规定，政府可以在没有议会参与的情况下立法，甚至允许偏离宪法。为了获得《授权法》的必要批准，议事规则已被预先更改，无故缺席的议员被视为在场，这些包括先前已被"保护性监禁"或被逼流亡的议员。

社民党议会党团主席奥托·威尔士，为其议会党团对《授权法》的拒绝说明了理由："没有任何法律赋予您消灭永恒和无法摧毁的思想之权力……我们的自由和生命能够被夺走，但荣誉不能……在这个历史时刻，让我们……庄严地坦承人道与正义、自由以及社会主义。"

但是，立法权毕竟移交给了希特勒政府，因此国家社会主义专政，已不再有任何阻碍。

随后是《联邦州同帝国一体化法》，该法律规定了各联邦州议会的解散。此外，帝国地方代理长官在全国各地行政，他们确保希特勒的政策路线得以贯彻。

1933 年 5 月 1 日，在德国不是工作日，这是帝国政府自 1890 年以后就宣布的带薪假日五一劳动节。

一天后，冲锋队和党卫队占领了德国工会联盟（ADGB）、自由职工总联合会和各个工会的所有组织设施。它的成员和工会财产，全部被移交给 1933 年 5 月 10 日成立的德意志劳工阵线，这是一个由国家社会主义德国工人党内的领导人罗伯特·莱伊领导的、统一的组织。全国所有来自工业、贸易和商业的雇员和企业家，被强制统一于这一组织，它也包含休闲旅游组织"力量来自欢乐"（KdF）。

公众生活一体化

同样在 5 月 10 日，犹太人和其他"非德意志"作家的书籍，在柏林和其他大学所在地，被公开焚毁。

大部分被唾弃的作家、演员和音乐人流亡国外，如托马斯·曼和他的兄弟海因里希·曼。就像作家利翁·福伊希特万格、恩斯特·托勒尔、库尔特·图霍尔斯基和戏剧评论家阿尔弗雷德·凯尔一样，托马斯·曼也是在 8 月 23 日通过移民而失去德国国籍的最早那批人之一。

在禁止自由工会之后，6 月 22 日希特勒对社民党实施了禁令，其中一些领导人其实已经移居国外。其他各党派均在 7 月 5 日之前自行解散。一天后，希特勒宣布"政权接管"结束。

1933 年 7 月 14 日，《反对成立新政党法》最终确立了唯元首独尊的中央集权独裁。那时，只要还没有被禁止或解散，大多数公共机构和协会，都已经按照"元首原则"重组完成了。

国家社会主义者所誓愿的"民族共同体"，也确实是建立在越来越多民众认可的基础之上的。

如果说在 1933 年之前，是由受到经济危机和大规模失业威胁的中产阶层给希特勒 – 纳粹党投了票，国家社会主义德国工人党如今借助大规模的就业措施，也赢得了工人阶层政党和天主教中央党的选民支持。

1933 年 7 月 20 日与梵蒂冈缔结的国家条约，对担忧他们的教堂能否保存的天主教徒而言，是一种抚慰。

在适应和反对之间的教会

福音派基督徒们也对新状态持开放态度。但是，福音派教会内部存在意见分歧，与国家社会主义者关系密切的"德意志基督徒"，试图使教会按国家社会主义思想搞一体化重组，引起了内部的抵制。特别是要求按照雅利安条款安排圣职，要求对"非德意志"旧约的放弃，从而分裂了教会。

在教会内，抵制国家社会主义政府在教堂事务上也要求一体化的反对者是少数派。他们聚集于认信教会，并认为国家社会主义和德意志基督徒的教义为非基督教异端。1934 年 5 月 31 日，他们在伍珀塔尔 – 巴门举行的第一届"认信教会代表会议"上，通过了一份大部分由神学家卡尔·巴特起草的宣言，这份宣言摈弃政府当局及德意志基督徒的"错误教义"。

纳粹当局对福音教徒反对派运动，实行了警告和言论禁令的措施，如对牧师马丁·尼莫拉和迪特里希·潘霍华的禁令，并从 1937 年开始，更升级为对其进行迫害。从 1937 年起，尼莫拉先是被拘禁于萨克森豪森，然后被关押在达豪集中营，直到 1945 年，他才得到美军解救。

罗姆政变

1934 年 6 月，希特勒以冲锋队内部所谓的政变计划为由，让冲锋队参谋长恩斯特·罗姆，以及其他冲锋队指挥官们一起到巴特维塞参加一次会议，在那里对他们加以逮捕并处决。共有大约 200 名冲锋队成员，以及其他被国家社会主义领导层判断为敌对者的人遭到杀害。7 月 3 日，帝国内阁宣布这次行动为国家紧急自卫，以"镇压叛国和卖国的袭击"，冲锋队在政治上失势。

希特勒为罗姆政变所出的告示

4 周后兴登堡的去世，使希特勒得以将元首和总理这两个帝国最高职务集于一身。

纳粹万字符下的青少年

由于实行了普通兵役制度和国家劳动团（1935 年），以及希特勒青年团（HJ，1936 年）的服务义务，国家社会主义党人，掌控了所有 10—25 岁的德国人。

在 10—14 岁年龄段的少年和少女，必须进入德国少年团和德国少女团服务；14—18 岁年龄段的，则进入希特勒青年团和德国少女联盟（BDM）；随后是为期 6 个月的国家劳动团服务，作为"为德国人民的荣誉服务"。这对于所有 18—25 岁的男性都是强制性的，从 1939 年起，对于女性（"工作姑娘"）也成为强制性的。

希特勒在 1938 年 12 月 4 日的一次演讲中，解释了纳粹帝国这么做的目标："当这些男孩 10 岁时进入我们的组织，常常有第一次得到了新鲜空气和感受，4 年后从少年团到希特勒青年团，在那里我们又让他们待上

令希特勒深感遗憾的是，奥林匹克运动会的英雄是个黑人

4年，然后……我们立即让他们进入党内或去劳工阵线，去冲锋队或去党卫军……然后他们去了劳动团，并在那里再次磨练六七个月……然后呢……如果还有什么阶级意识或者还存在什么阶层骄傲，之后就由国防军来进行两年的进一步处理……他们将一生不再自由。"

1936 年奥林匹克运动会

"掌权" 3 年后，德国有机会作为奥运会的东道主，在世界面前展现自己。

1936 年 2 月 6 日至 16 日，在加米施 – 帕滕基兴举行的第四届冬季奥运会，就像同年 8 月 1 日至 16 日在柏林举行的第十一届夏季奥运会一样，举办得光华四射，组织井井有条。在柏林，有 49 个国家的将近 4000 名运动员参加了奥运会，创造了参赛和观赛的新纪录。

诸如 "禁止犹太人" 之类的标识，在公众面前消失了很短的一段时间。然而对宣传很不幸的一个事例是，一个有色人种，在新建的奥林匹克体育馆内成为明星：美国选手杰西·欧文斯，在男子短跑项目和跳远比赛中，共获得了 4 枚金牌。

军备和扩张

"生存空间在东方" ——这一在威廉帝国时代大众运动中的标志性口号，完全吻合国家社会主义征服战略的目标。依据他们的意识形态，国家社会主义者根据种族生物学，重新诠释了这一目标，即 "日耳曼民族" 在德国边界以外地区的生息居住。

1933 年 10 月 14 日，希特勒宣布德国退出国际联盟，并撤销日内瓦裁军谈判会议，以此来表示他或迟或早将取消《凡尔赛条约》对德国施加的武器装备限制的决心。同时，各国也应通过反复的和平担保，来权衡自身的安全。希特勒在这个过早的时间点，对一场战争还不感兴趣。1934 年 1 月 26 日，他与波兰缔结了 10 年的互不侵犯条约。这些最初的、具有重大意义的外交政策步骤，更多是为了显示德国人民的自决权和平等权，退出国际联盟就是以全民投票方式决定的。

军备时期

从 1933 年到 1939 年，每年的军备开支，从 7 亿马克增加到 259 亿马克，而它们在国家开支中的同期比重，从 8.6% 增长到 61.4%。

国家社会主义者主要是通过（隐蔽地）贷款来筹集资金扩充军备。1933 年至 1939 年担任德意志帝国银行行长的亚尔马·沙赫特，从 1934 年到 1937 年，同时也出任帝国经济部部长，他安排了这种形式的筹款运作，最终导致了国家财政的完全破坏。1939 年，沙赫特被解职，帝国银行直接由希特勒控制，这样他可以自己向帝国提供无限额的贷款。

1935 年 3 月 9 日，第一次世界大战中的战斗机飞行员、现任国家航空部部长的赫尔曼·戈林，宣布拥有一支德国空军。一周后，同样被《凡尔赛条约》禁止的普通兵役制也开始实行。最初的服役期定为一年，到 1936 年 8 月，服役期已经延长至两年。国家防卫军被更名为德国国防军，由陆军、海军和空军组成。

在 1934 年 8 月 2 日兴登堡去世后立即采用的士兵誓言，是面对希特勒的个人誓言："我向上帝发这一神圣誓言，我无条件地服从德意志帝国和德意志人民的元首阿道夫·希特勒，德国国防军的最高统帅，愿时刻准备做一个勇敢的战士，并随时愿为这一誓言奉献我的生命。"

1938 年，由于一个跨阶层的不合法的婚姻，德意志帝国国防部长维尔纳·冯·勃洛姆堡被迫辞职，希特勒接管了国防军的指挥，帝国国防部也被并入德国国防军统帅部（OKW）。

西方列强鉴于德国违反《凡尔赛条约》的行为而

1935 年在吕讷堡石楠草原一次德国国防军军事演习中的阅兵

提出了抗议，但却放弃了制裁。英国希望通过 1935 年 6 月 18 日达成的舰队协议，来控制德意志帝国——它将德国舰队的吨位，限制为英联邦舰队的 35%，并将潜艇吨位的上限，定为英国舰队的 45%。

希特勒将此协议，视为迈向与英国全面联盟的第一步，但却于 1939 年 4 月终止了该协议。那年，世界上最大、也是最强大的战列舰"俾斯麦号"和"提尔皮茨号"下水。

1936 年 3 月 7 日，德国军队进入非军事化的莱茵兰。5 个月后，希特勒在一份秘密备忘录中要求："对我们部队军事力量规模和速度的评估，已经到了不能再大不能再快的程度了……最终的解决方案，在于扩大生存空间，或者说扩大我们民族的原材料基础和食物基础……为此我提出以下任务：1. 德国军队必须在 4 年后达到能够投入使用；2. 德国经济必须在 4 年后达到能够进行战争。"

巨大的建造计划

在计划修建高速公路时，国家社会主义者可以使用魏玛共和国的设计图纸。

法兰克福 - 海德堡之间线路的第一路段，于 1935 年在达姆施塔特剪彩开通。并不像宣传所想象的那样，高速公路建设，仅在有限程度上减少了失业。该项目的负责人是工程师弗里茨·托特，他于 1933 年被任命为德国道路交通的总监。

1936 年 9 月宣布的 4 年计划，旨在满足希特勒在 3 月提出的要求，以使德国在 4 年内从经济上和军事上满足战争要求，同时不再依赖进口。比如，化工集团法本公司被责成迅速扩大洛伊纳工厂氢化设备，以获取动力燃料；与此同时，在施科堡开始了大规模生产合成橡胶（布纳）的努力。

1938 年 5 月 26 日，希特勒在法勒斯雷本为汽车建造厂奠基，在这家厂里，将建造由工程师斐迪南·保时捷设计的大众汽车。战争爆发后，在此装配线上建造的却是军用车辆。到 1945 年，所有德国人都通过分期储蓄合同，总共支付了 2.86 亿德国马克，他们希望因此可以拥有一辆自己的汽车，却都空手而归。

希特勒根据他好大喜功的品味，也推动了柏林作为首都的转型。1937 年 1 月 30 日，他任命建筑师阿尔伯特·施佩尔为建筑建造总监，并委托他将"帝国首都柏林有计划地设计规划"发展成为"世界首都日耳曼尼亚"。

新建在沃斯大街上宏伟的帝国总理府，于 1939 年 1 月基本完成。谁想去希特勒的工作间，首先必须穿过

阿道夫·希特勒

他从一个无业的帝国军队士兵到国家总理还不到 14 年。希特勒 1889 年 4 月 20 日出生于上奥地利的莱因河畔布劳瑙，最初对文化比对政治更感兴趣的他，受到维也纳反犹太气氛的影响，接受了大众反犹太主义的"世界观"。

1913 年，他通过搬迁至慕尼黑而躲避了兵役。在战争爆发后，他自愿加入巴伐利亚军队，并在西线服役直至战争结束。

担任国家社会主义德国工人党主席（NSDAP）后，他成为巴伐利亚右翼激进势力的关键人物。1923 年 11 月 9 日，他的一次试图发动政变的努力归于失败，在随后的要塞监禁中（1923—1924 年），希特勒撰写了他的纲领性文献《我的奋斗》。

在 1933 年 1 月 30 日被任命为总理后，他迅速地排除了他的政敌以及他以前的盟友，建立了一个一党制国家。运用他的战争扩张政策和"闪电战概念"，他获得了长时间的成功，到 1941 年，欧洲的很大一部分地区都在他的强权之下。1941 年 6 月 22 日对苏联发动的袭击导致了第三帝国的军事衰败。

希特勒于 1945 年 4 月 30 日在柏林他的地下室与他的伴侣爱娃·布劳恩一起自杀身亡。

希特勒出席后来的大众汽车厂的典礼

北海

丹麦

瑞典

哥本哈根

西兰岛

博恩霍尔姆岛

叙尔特岛

洛兰岛

吕根岛

弗伦斯堡

基尔

罗斯托克

科尔贝格

黑尔戈兰岛

吕贝克

什切青

汉堡

不来梅

荷兰

阿姆斯特丹

汉诺威

波茨坦

柏林

马格德堡

明斯特

德绍

莱比锡

杜塞尔多夫

卡塞尔

科隆

魏玛

德累斯顿

布鲁塞尔

德意志帝国

苏台德地区
（1938年）

比利时

卡尔斯巴德
（卡罗维发利）

布拉格

奥伊彭-马尔默迪
（1940年）

法兰克福

美因河

波希米亚和摩拉
维亚保护国
（1939年）

卢森堡
（1942年）

比尔森

萨尔布吕肯

海德堡

纽伦堡

洛林
（1940年）

雷根斯堡

斯特拉斯堡

斯图加特

法国

奥格斯堡

林茨

阿尔萨斯
（1940年）

弗赖堡

慕尼黑

康斯坦茨

奥地利
奥斯特马克
（1938年）

巴塞尔

苏黎世

格拉茨

伯尔尼

瑞士

博岑
（博尔扎诺）

南施
马

日内瓦

上克雷恩

特伦托

意大利

莱巴赫

波罗的海

梅梅尔地区
（1939年）

蒂尔西特
（加里宁格勒）

考纳斯

维尔纳（维尔纽斯）

（立陶宛）

明斯克

柯尼斯堡

苏瓦乌基
（1939年）

但泽

东普鲁士

比亚韦斯托克区
（1941年）

但泽-西普鲁士
（1939年）

阿伦施泰因
（奥尔什丁）

比亚韦斯托克（城）

比得哥什

托伦

东南普鲁士

苏联

维斯瓦河

西布格河

波兹南

华沙

布列斯特-立陶夫斯克

瓦尔特兰大区
（1939年）

罗兹

瓦尔塔河

卢布林

布雷斯劳

波兰总督府
（1939年）

比托姆

卡托维茨

利沃夫（伦贝格）

上西里西亚

克拉考

伦贝格区（1941年）

切申

奥洛穆茨

斯洛伐克

切尔诺夫策
（切诺维兹）

多瑙河

维也纳

布达佩斯

1941年

匈牙利

蒂萨河

克罗地亚

玛莉亚特雷西亚波尔（苏博蒂察）

阿格拉姆（萨格勒布）

德意志帝国 1933—1944 年

- —·— 1937 年的国家边界
- ·········· 德国－苏联分界线 1939—1941 年
- - - - 1944 年的"大德意志帝国"边界
- 吞并地区（年份在括弧中）
- 波西米亚和摩拉维亚保护地区
- 波兰总督府
- 伦贝格区（属波兰总督府）
- 比亚韦斯托克区

0   50   100   150 km

大理石长廊，长廊的长度为 146 米，是凡尔赛宫镜厅的两倍。

侵略性的扩张政策

西班牙内战为测试国防军的战斗力，提供了一个求之不得的可能性。

从 1936 年至 1939 年，在民主选举政府与弗朗西斯科·佛朗哥将军所领导的右翼政变者之间的斗争，反映了欧洲的意识形态矛盾冲突。战争以佛朗哥的胜利结束了，但是，如果没有德国国家社会主义和法西斯意大利的支持，佛朗哥原本将失败。德国主要通过空军部队"秃鹫"，参加了与西班牙共和国政府及其支持者的战斗。1937 年 4 月 26 日，西班牙北部小城格尔尼卡遭到轰炸，就是德国空军向共和国阵地的一次重大空袭。

内战快要结束时，西班牙于 1939 年 3 月，加入了 1936 年 11 月 25 日在德国和日本之间的《反共产国际协定》。这份协定的官方目的，是反对共产国际（第三国际）对"现有国家的分裂和强奸"。但日本人主要是需要为其占领满洲（中国东北——译者注）提供依靠。1932 年，他们在那里建立了卫星国满洲国。

在西班牙内战中，民主国家的消极状态，无疑鼓励了希特勒的领土扩张。他首先的目标是奥地利，以及属于捷克斯洛伐克的苏台德地区，那儿的居民大部分是德国人。

自 1933 年 3 月以来，奥地利也处于专制统治之下。基督教社会党政治家恩格尔伯特·陶尔斐斯，在一次国家政变中取消了议会，并于 1934 年 2 月，镇压了社会民主党人的一次起义。但是，他更接近意大利法西斯主义，而不是德国国家社会主义。1934 年 7 月 25 日，他在一次国家社会主义党人的政变中被刺杀。

1938 年 2 月 12 日，希特勒对来萨尔茨山访问的、陶尔斐斯的继任者库尔特·舒施尼格施加了极大的压力，这位奥地利总理，必须同意任命纳粹政治家阿图尔·赛斯 – 英夸特为内政部长。四周后，舒施尼格意外地宣布了"一个自由和独立的奥地利"全民公投，但是，鉴于来自柏林的巨大威胁，他于 3 月 11 日下午辞职，德国国防军第二天早上侵入奥地利。

3 月 15 日，希特勒在维也纳英雄广场面对十万多人宣布："作为德意志民族的元首和帝国的总理，我现在在历史面前，宣布我的故乡合并于德意志帝国。"

作为"后续"措施，是一波逮捕行动，消除了所有政治上的反对派，也杀死了许多奥地利犹太人。

超过 350 万的德国人居住在苏台德地区，对希特勒来说，他们对自治的渴望，只是实现目标的工具。由康拉德·亨莱因领导的苏台德德意志党，作为在那里的德意志少数民族代表，也与纳粹领导一起行动。在希特勒的鼓动下，亨莱因不断地提出越来越极端的要求。

尽管法国和英国支持布拉格的政府，但他们不想因为苏台德地区而冒战争的风险。特别是保守的英国首相内维尔·张伯伦，他的"绥靖"政策正合希特勒之意。9 月，他前往德国，希望通过与希特勒在贝希特斯加登和巴德戈德斯贝格的会面，讨论寻求和平的解决方案。

这一绥靖政策的高潮是《慕尼黑协定》，希特勒、张伯伦、法国总理爱德华·达拉第和意大利独裁者贝尼托·墨索里尼，于 1938 年 9 月 29 日至 30 日的夜里达成了协议。苏台德地区的吞并得到认可，作为回报，希特勒只需要承诺放弃进一步的领土扩张。该协议规定，捷克军队和行政当局，应在 1938 年 10 月 10 日之前，逐步撤出这个主要由德国人居住的边缘地区，捷克人失去了其国家领土的五分之一。

但是，希特勒继续推动"捷克其他地区的解决"。

1939 年 3 月 15 日，希特勒命令捷克总统伊米尔·哈卡到柏林，在其国家将被占领和轰炸的威胁下，迫使他同意德国占领捷克。哈卡在电话中指示不要反抗德军，同时，他必须以书面形式，确认自己将"捷克人民和国家的命运充满信任地交到"希特勒的"手中"。这样，捷克斯洛伐克的其他国土，以波西米亚和摩拉维亚帝国

希特勒在 1938 年 3 月穿越维也纳街道的凯旋仪式

保护国的形式，成为了大德意志帝国的"自治"部分。在希特勒的压力下，斯洛伐克已经中断了与捷克斯洛伐克共和国的关系。

1939 年 3 月 23 日，德国国防军终于占领了 1919 年脱离的东普鲁士的梅梅尔地区，而前一天，立陶宛政府不得不同意"归还"德国。

然后，开始了进攻波兰的准备。

希特勒要求波兰，把在西边的波美拉尼亚和东边的维斯瓦河下游的狭长地区"波兰走廊"，以及自由城市但泽割让给德意志帝国，但被波兰拒绝。在这之前，华沙已拒绝了参与希特勒对苏联发动进攻的战略计划。

在英国人和法国人于 3 月 31 日对波兰作了提供军事支持的保证之后，希特勒终止了与波兰达成的互不侵犯条约，也终止了与英国达成的舰队协议。

出乎意料的是，德国竟然有机会与一直以来的死敌苏联达成协议。苏联领导人约瑟夫·维萨里奥诺维奇·斯大林，给了希特勒而不是西方列强优先权，因为第三帝国已准备与苏联缔结一项互不侵犯条约。1939 年 8 月 23 日在莫斯科签署的这份条约，又为希特勒提供了进攻波兰的保障。斯大林则通过一份秘密的附加协议，可以在波罗的海国家、波兰东部和罗马尼亚的比萨拉比亚放手作为。

英国和波兰缔结了一份军事联盟的消息，将德国对波兰的进攻推迟了几天。但到了 1939 年 9 月 1 日，这个时刻来到了——随着对波兰的袭击，世界有史以来最具破坏性和伤害性的战争开始了。

对犹太人的排斥和迫害

在接掌政权的过程中，国家社会主义者的宣传机器和恐怖活动，最初是针对政治上的反对派。但从一开始，纳粹的政策，就旨在迅速地将犹太人排除在生活和社会的各个领域之外。

国家社会主义德国工人党在 1920 年成立后不久，就明确了具体方针："只有同民族同志，才能成为公民，只有同德意志血统的人，才能成为同民族同志，不论教派如何。因此，没有一个犹太人可以成为同民族同志。"这种种族意识形态，是基于粗暴的观点，即人类的不同种族，具有不同的价值，而"雅利安"种族，是优等种族。

1933 年掌握政权后，国家社会主义者开始贯彻执行其计划，将所有犹太人排挤出德国社会。1933 年，约有 50 万犹太教信仰者居住在德国。到了 1945 年，纳粹已经颁布了大约两千项反犹太规定。

抵制及第一波恐怖行动

1933 年 4 月 1 日，冲锋队在全国范围内的游行，奏响了对犹太人迫害的序曲。在犹太商人、医生和律师的工作场所前，冲锋队士兵高呼"德国人！保卫自己！不要从犹太人那里买东西！"和"犹太人是我们的不幸"等口号，阻止行人进入商店、诊所和律师事务所。紧随

对柏林犹太人商场的抵制

着抵制犹太人的第二步行动，是 1933 年 4 月 7 日，通过了《恢复公务员制度法》，以解雇政治上不受欢迎的和"非雅利安族"的公务员。

开始执行时是有例外的，如那些自 1914 年 8 月 1 日起担任公务员的人（老公务员法规），或在第一次世界大战中参战或其父其子为德国而阵亡的人（前线战斗人员特权），是可以排除在外的。与国家社会主义者的期望相反，许多犹太人公务员，满足了这些例外条件。因此到了 1935 年，公务员身份与新规定的国家公民身份相关联，而那是"德意志血统者"才有的资格。

1934 年 4 月 22 日，一项规定废除了犹太医生、牙医和牙科技师作为医疗保险机构的医生执业许可。9 月，在约瑟夫·戈培尔的运作下，通过《建立国家文化协会法》，创建了一个致力于文化生活各个领域一体化的协会机构，每个文化工作者，都必须属于与他们相对应的文化协会，但是，只有持有雅利安人证明的艺术家才被允许加入。如此一来，非雅利安艺术家们被禁止工作。

大约有 6 万个德国犹太教信仰者，在日益被排斥的感受中，早在 1933 年至 1934 年就离开了他们的故乡。第二次移民浪潮的开始，是当国家社会主义德国工人党，在 1935 年 9 月 15 日他们的第七次纳粹帝国党代会上宣布了纽伦堡种族法，从而也使他们的反犹太意识形态有了法律依据之后。

《德国血统和德国荣誉保护法》以及《德国公民法》，将德国犹太人降为二等人。根据《德国公民法》，只有"德国或相关血统"的人，才有权行使公民权利。一个行政细则规定对此进行了解释："一个犹太人不能成为德国公民。他在政治事务上没有投票权；他不能担任公职。"作为一个"全犹太人"，是指至少有 3 个犹太教信仰的祖辈，而只有一个或两个犹太教信仰的祖辈者，则属于一个"混血儿"，宗教属性被一种"种族血统"等同。血统保护法，禁止犹太人与"德国血统或相关血统的公民"之间有婚姻关系和"婚外性行为"，这种"种族耻辱"，会受到强制劳动监禁和监狱的惩罚；如果犹太人

像至少 1400 座其他的犹太教教堂一样，1938 年 11 月 9 日夜里，勃兰登堡埃伯斯瓦尔德的犹太教教堂在燃烧

家庭雇用 45 岁以下的"雅利安人"女佣，也将受到惩罚。

1938 年的 11 月屠杀

1938 年 11 月 7 日，17 岁的波兰犹太人赫舍·格林斯潘，刺杀了在德国驻巴黎使馆工作的使馆秘书恩斯特·冯·拉特。与 1933 年的德国国家议院大火类似，国家社会主义者利用了这一事件，以此作为进一步采取行动打击德国犹太人的借口。

国家宣传部部长约瑟夫·戈培尔，于 11 月 9 日晚间，向党和冲锋队领导人通报了拉特的死亡，并且宣布，在已经有了第一次反犹太社会的动乱后，党不想以反犹太行动的组织者身份出现，但不会对他们的行动加以干涉阻拦。无疑，这大大鼓动了冲锋队和党卫队的暴徒团伙，他们蜂拥而出，冲进了全国的大街小巷。

根据官方的数据，11 月 9 日至 10 日的一夜，有 191 座犹太教教堂被纵火焚烧，其中 76 座被烧毁，7500 多家商店和 171 栋住房被捣毁，91 个犹太人被杀害。实际数据远比这高：有 1300 多人丧生，1400 多座犹太教教堂和礼拜场所被完全或部分毁坏，这是全德国一半以上的犹太教堂。

奥斯威辛集中营里的犹太囚犯

民众目睹了这据称是自发的、美名为"水晶之夜"的野蛮血腥袭击，但他们大部分都无动于衷。

自 11 月 10 日起，大约有 30000 名犹太人被拖进集中营，超过 26000 人被带到了达豪、布痕瓦尔德和萨克森豪森集中营。数百人在那里被折磨致死，如果谁有足够的钱，也被允许买到自由。

11 月 12 日，赫尔曼·戈林组织了一次纳粹高级官员会议，决定了进一步的反犹太镇压行动。其中，犹太人财产税，这是德国犹太人从那时起必须缴纳的一种随意而霸道的特别税。作为对拉特遇刺身亡或者说"犹太人对德国人民的敌对态度"的"赎罪款"，犹太人必须支付 10 亿马克。

此外，这些反犹太人的措施还将犹太人完全从经济生活和金融活动中排挤出去，并没收其财产。犹太人还将被禁止拥有武器和穿着军服，被禁止进入戏剧院、电影院和音乐会等场所。

通过这种极端的排斥，逼迫犹太人大量移民，而且让其必须先缴纳"帝国飞行税"，并尽可能地扣留他们的财产。

此时，集中营的囚犯还能够用自己的钱赎买自由和移民。已经按计划进行的"雅利安化"运动，既可以私下充实纳粹高级官员的腰包，又可以消除不喜欢的经济竞争者。

大约有 30 万德国犹太人离开家园，直到 1941 年 10 月 23 日全面禁止移民的指令发布。

对留在帝国本土的犹太人，纳粹采取了进一步的强制措施。从 1939 年 1 月 1 日起，在每个犹太人的身份证明文件中，男性犹太人都必须加上"以色列"这个名字，女性犹太人加上"撒拉"。同时，犹太人的护照上都标有"J"字样。自 1941 年 9 月以后，犹太人被迫必须佩戴"犹太星"，这是带有"犹太人"字样的、"手掌大小的六角星黄色布料"，必须"明显地缝在衣服的左胸侧"。

在这同时，开始了将犹太人、辛提人和罗姆人大规模地驱逐到东欧和中欧的犹太人集中区和灭绝营。从 1943 年春季起，对在军备工厂工作和有"混血婚姻"犹太人的例外条例不再适用。

大屠杀

纳粹认为，犹太民族应该在德意志的权力范围内被彻底消灭。

大屠杀，事实上在 1941 年就已经做出了决定。1942 年 1 月 20 日，以党卫军上层集团领导人莱因哈德·海德里希为首，国家社会主义帝国政府和党卫军当局的高级代表，在柏林党卫军的会议大楼万湖路 56—58 号举行会议，以组织对欧洲的犹太人进行种族灭绝。作为负责人的海德里希，是 1939 年成立的、由盖世太保和刑事警察及党卫军保安局组成的国家安全部部长。

在"万湖会议"召开之际，"最终解决方案"已经全面展开。对于计划中的大屠杀，欧洲将"从西向东梳理"。大约有 600 万人（欧洲犹太人的绝大部分）沦为大屠杀的受害者，其中约 300 万是波兰犹太人（占 1939 年波兰犹太人口的 90%），90 万来自苏联。这其中超过一半，是在被占领的波兰灭绝营中死亡的。

从 1940 年 5 月起，纳粹在布隆贝格附近的切尔姆诺，在贝乌热茨、索比堡、波兰总督府卢布林的特雷布林卡，以及奥斯威辛－比克瑙和卢布林－马伊达内克建立了灭绝营，后两个灭绝营同时也用作集中营。

当新来者一到达铁路车站站台坡道后，先由党卫队的医生对其进行"选择"，其中没有工作能力的人直接被带进了毒气室。从 1942 年 6 月到 1944 年 11 月，仅在奥斯威辛集中营，就有至少 100 万人被毒气杀死。1945 年 1 月 27 日，当奥斯威辛集中营被解放时，苏联军队仍然发现约有 7600 名囚犯还活着，其中许多人不久就死于饥饿和器官衰竭。

波兰战役与西线进攻

从一开始，希特勒的核心目标就是消灭"犹太布尔什维主义"和掠夺"东方生存空间"。因此，对他而言，与波兰的战争是不可避免的。

第二次世界大战始于 1939 年 9 月 1 日，这一天，德国入侵波兰。

战胜波兰

早晨 4 时 45 分，8 月 25 日驶入但泽湾进行"友谊访问"的、有着 30 年历史的"石勒苏益格－荷尔斯泰因"号战列舰，向驻守着波兰士兵的西盘半岛开火。

前一天晚上，伪装成波兰士兵的国家安全部成员，侵入了上西里西亚的格莱维茨广播电台，并用波兰语阅读了一条消息。这个行动是为了造成宣传上的借口，德国人只是反击，对波兰的袭击，应该表现为对波兰挑衅的"公正的惩罚行动"。上午 10 时，阿道夫·希特勒在德国国家议院前宣布："波兰今晚第一次在我们自己的领土上，其国家正规士兵向我们开了枪。从凌晨 5 时 45 分开始，我们开始了反击。"

在国防军的报告中，最初也没有提到战争："在元首和最高统帅的命令下，国防军承担了对帝国的积极防卫，德军部队于今天凌晨，在德波边境全线进行了反击。"

战争开始时，希特勒颁布了一项战争经济法令。根据这个法令，每天晚上都将完全进入黑暗，不允许收听"敌台"，违者将受到牢狱监禁或处决的惩罚。任何公开表示怀疑"最终胜利"的人，有时甚至会付出生命。

食品购物卡开始使用，并定量供应面包、面粉和全脂牛奶。

德国决定在与波兰的战斗中，运用"闪电战"策略，并从第一天起就在波兰加大了残酷的战争强度。德国空军和陆军的联合作战，在这里进行了首次成功的测试，也被认为是后来战争过程中德军进攻的特征。

波兰希望西方大国能够迅速介入，而且事实上，英国（以及后来的不列颠自治领）和法国于 9 月 3 日对德意志帝国宣战，但是，西方没有发动正经的战争行动。

德意志帝国与苏联于 8 月 23 日通过一项互不侵犯条约，确保战争中彼此中立，并在一项秘密附加协议中，

德国警察于 1939 年 9 月 1 日在但泽通往波兰的边境上，将一根拦木拆除

确定了德国对波兰战争时双方的利益范围。由此，苏军于 9 月 17 日袭击了波兰东部。经过重炮和空袭后，华沙于 9 月 27 日投降，而波兰政府已于 9 月 17 日逃往罗马尼亚。

一份 9 月 28 日在莫斯科签署的边界和友好条约中，德苏双方解散了作为一个独立国家的波兰，新的边界沿德国和苏联双方占领区划定，即沿着维斯瓦河的右支流布格河划定。

德国占领区的部分地区，作为帝国"但泽 – 西普鲁士大区"和"瓦尔特兰大区"，进入了"大德意志帝国"疆域。

波兰的其余部分统称为"波兰总督府"，在接下来的几年中，在波兰总督和纳粹高官汉斯·弗兰克领导的德国占领当局统治下，遭受了极其残酷的恐怖和掠夺。

为了巩固欧洲北方并先发制于不列颠人，1940 年 4 月 9 日，德国国防军占领了丹麦和挪威。

尽管在丹麦没有遭到什么军事抵抗，但在挪威发生了激烈的战斗。海军海军损失尤其严重，其水上力量的总兵力损失了约三分之一。后来，当盟军在德军西方攻势下从挪威撤军后，挪威武装部队才于 6 月 10 日投降。

西方战场

自 1939 年 9 月 3 日以后，西线双方都在不积极主动地"静坐战争"，现在这种局面也结束了。

1940 年 5 月 10 日上午，国防军对法国发动了进攻。在北部地区，德国人袭击了中立国荷兰、比利时和卢森堡。在对鹿特丹进行了一次造成 900 多人死亡的空袭后，荷兰于 5 月 15 日缴枪。5 月 10 日上午，比利时国防重镇阿尔伯特运河上的埃本 – 埃梅尔要塞，被德国空降部队占领，比利时国王利奥波德三世，于 5 月 28 日投降并成为战俘。

但与法国人的预期不同，德国进攻的重点，并不是佛兰德地区，而是在西部前线的中段。快速的德国装甲部队，穿越森林茂密的阿登丘陵地带，用 10 天的时间，到达了索姆河口和法国海峡沿岸。盟军在索姆河以北的后方联系被切断，他们唯一的可能，就是从敦刻尔克经海路撤退到大不列颠。

在 1940 年 5 月 28 日至 6 月 4 日期间，有 338226 名盟军士兵撤离到英国。

西部攻势的第二阶段于 6 月 5 日开始，大部分法国部队在法国东部被包围。德军于 6 月 14 日进入巴黎，鉴于近乎绝望的境地，法国总理向德国提交了一份停火协议，该协议于 6 月 22 日签署。被用作签署点的，正是 1918 年协约国规定德国人接受停战条件的沙龙车厢。

法国北部，包括巴黎和大西洋海岸直至西班牙边界的一条地带，全部被德国军队占领，阿尔萨斯和洛林归德国民政管理。在没被德军占领的法国南部小城维希，成了法国新政府所在地。菲利普·贝当元帅，于 6 月 17 日被任命为"法兰西国家元首"。在他领导下的政府，与德国当局合作，处理获取劳动力及遣送法国犹太人事宜。

希特勒成了欧洲大陆的统治者。

在伦敦，温斯顿·丘吉尔于 5 月 10 日取代了不幸的内维尔·张伯伦，并成立了一个全国统一政府。新任首相抗战决心极其坚定："我除了献上鲜血、辛劳、眼泪和汗水之外，别无一切。"他在就职后第一次向他的同胞发表广播讲话中如是宣布。

为了占领英国，德国人需要制空权，但是在"英伦空战"的过程中，德国人失去了越来越多的飞机和无可替代的飞行员。到了 9 月中旬，入侵不列颠的念头只能

1940 年 9 月 7 日德国空军对伦敦港口和工业设施进行空袭

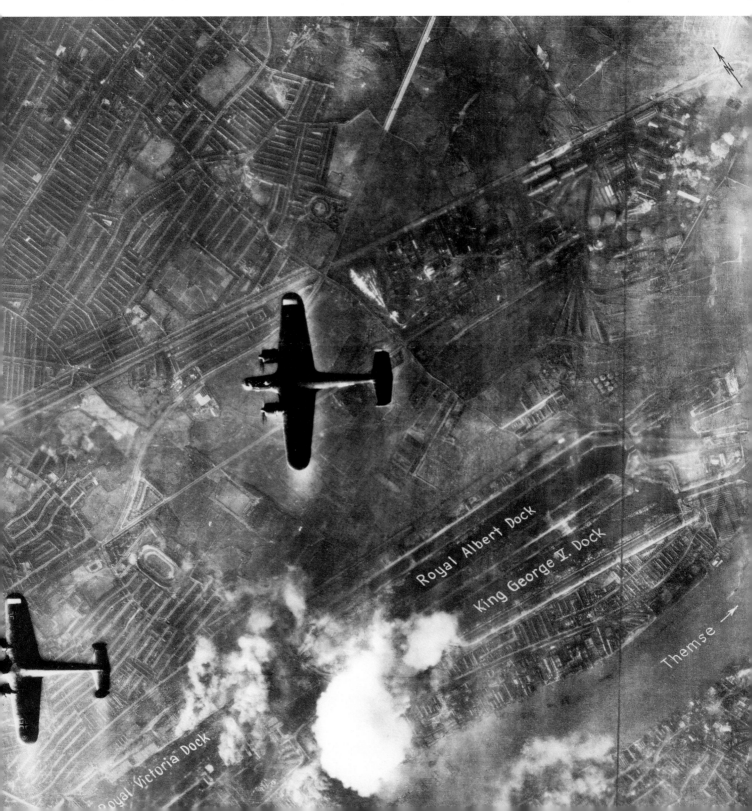

打消。1941 年春，德国领导层不得不因为德国空军惨重的损失，而放弃了征服英国的计划。到那时，已有超过 27000 名英国平民，成为德国空袭的受害者。

海战

就同 1914 年至 1918 年一样，潜艇也是第二次世界大战期间德国在海战中最有效的武器。从 1940 年 6 月到 1941 年 12 月，德国潜艇击沉了盟军 380 万舰船容积注册总吨位，这使英国的供应日益受到威胁。

美国于 1939 年 9 月 5 日宣布中立。然而鉴于潜艇的危险，美国总统富兰克林·德拉诺·罗斯福于 1940 年 9 月，将第一次世界大战中的 50 艘驱逐舰送给了英国。作为回报，英国向美利坚合众国出租了纽芬兰岛和加勒比地区的军事基地。1941 年 3 月，一个租借法案，允许将美国战争物资抵押或出让给参战国家，这尤其使英国受益。

1941 年 5 月，德国人派出战列舰"俾斯麦"号与重型巡洋舰"欧根亲王"号，一起前往北大西洋进行贸易战，英国战列巡洋舰"胡德"号被击沉在丹麦海峡。1941 年 5 月 27 日，"俾斯麦"号在遭到英国鱼雷轰炸机攻击后，因舵机损坏而沉没，从而结束了德国水面舰队在大西洋上的航行。

南方战场

德国的盟友意大利，在北非和巴尔干地区发动了

"平行战争"，这打乱了希特勒再次提上议事日程的进攻苏联的计划。意大利于 1940 年 6 月 10 日对法国和英国宣战，并于 1940 年 9 月 13 日，从其殖民地利比亚入侵埃及，但几个月后就被英国人击退。为了稳定盟友，希特勒不得不派遣德国军队进军北非。

1939 年 4 月，阿尔巴尼亚被意大利吞并。1940 年 10 月 28 日，出乎希特勒的意料，意大利军队展开了对希腊的进攻，但在随后的几个月中，意大利人不得不又撤回阿尔巴尼亚，希腊人也得到了大不列颠的支持。为了避免在巴尔干地区的失败，德国只得又出面干预。1941 年 4 月 6 日上午，德国国防军从保加利亚和匈牙利领土，进军希腊和此前曾拒绝与德国结盟的南斯拉夫。与对南斯拉夫的占领相比，德国对希腊的战争要困难得多，损失也更大，而且一直到 1941 年 6 月才完全占领希腊。

在克罗地亚，激进的右翼政客安特·帕韦利奇和他的乌斯塔沙独立运动开始行动，他们在黑山建立了一个德意志卫星国，南斯拉夫的其余地区处于德国军事管辖之下，而斯洛文尼亚则被德国、意大利和匈牙利瓜分。在那里以及在希腊，有一些拥护君主制的和一些拥护共产主义的游击队组织，他们不光对抗德国人，而且也彼此争斗。

为了确保南翼而进行的巴尔干战役，打乱了德国进攻苏联的计划，并将计划好的进攻日期推迟了一个多月，这彻底破坏了德国国防军在冬季来临之前征服莫斯科的计划。

在冰岛南部的海战中，德国战列舰"俾斯麦"号遭到重创

从"全面战争"到"全面失败"

国防军的苏联俘虏。1941 年

赢得一场对苏联的征服战争，是希特勒的战争中心点。

在没有宣战的情况下，他于 1941 年 6 月 22 日，动用了约 300 万军队，对他的前盟友约瑟夫·维萨里奥诺维奇·斯大林发动了侵略战争。凌晨 3 时 15 分，153 个德国师参与了"巴巴罗萨行动"，来自匈牙利、罗马尼亚、芬兰、斯洛伐克和意大利等盟国的超过 60 万士兵，支持了德国国防军的行动。西班牙国家元首弗朗西斯科·佛朗哥，派遣了志愿军"蓝色师"助战。

苏军没作准备，当进攻开始时，拥有 470 万士兵的苏联红军，大约只有一半，驻防在苏联西部以及 1939 年征服的波兰东部。

从一开始，这场战争就是一场"世界观战争"：根据德国 6 月 6 日所发布的"政委命令"，苏维埃的所有政治委员在被俘后，都将被杀害。在这场战争中，"仁

慈宽大和根据国际法来考虑这些因素都是错误的"。共有 4 个来自党卫军和警察部队的行动队，蓄意对犹太人和平民进行了大规模屠杀，这些行动不光是在国防军指挥官知情的情况下，有时甚至还得到了他们的支持。通过多次大型的"包围战"，几十万苏联士兵沦为战俘。

9 月 8 日，列宁格勒被北方集团军群包围，然后被围困了 900 天。由于人民的抵抗决心，德国人希望的这座城市因为绝粮而投降的目标失败了。

德国对首都莫斯科的攻势始于 10 月，比最初计划的要晚得多。到 12 月初，攻势因为下雪和寒冷被迫停止。

德军方面出于闪电战的预期，并没有为冬季做好准备，设备也缺乏；而苏联人基于日本不会在东方发动进攻的考虑，故而能够大量增添新部队守卫莫斯科。

与美国和英国的战争

从 1942 年起，德意志帝国开始与美国、英国和苏联的坚实联盟作战。

太平洋战争始于 1941 年 12 月，始于日本对夏威夷美军基地珍珠港的袭击。尽管在 1940 年 9 月 27 日德国、日本和意大利之间的三国同盟条约中，没有对此所要求的相应义务，但德国和意大利还是于 12 月 11 日对美国宣战。

1942 年 1 月，德国潜艇发动了代号为"定音鼓打击"的行动，这是针对美国东海岸船运航道的攻势。在三周内，德国潜艇击沉了 23 艘总计注册吨位超过 15 万吨的美国舰船。之后，德国人发动了进一步的攻击波，但美国通过雷达定位和空中监视等手段，防卫得越来越好。

与英国之间的冲突，主要部分发生在非洲大陆，那是为了通过德国的支持，阻止英国在意大利殖民地地区

取得胜利，从而防止英国地位的加强。

埃尔温·隆美尔中将于 1941 年 2 月 12 日抵达利比亚，并担任了非洲军团指挥官。凭借机动的沙漠战争战术，他起初能够逼迫英国人后退。在 1941 年，英国人成功地进行了大规模反攻之后，隆美尔于 1942 年初发动了军事进攻，成功地占领了具有战略意义的重要港口城市图卜鲁格，并于 6 月下旬率领德意联军，一直打到埃及北部距亚历山大港不到 100 公里的阿拉曼。

但是，德国人在突破通往苏伊士运河的英国防线的决定性战斗中遭到失败。10 月，在伯纳德·劳·蒙哥马利中将的指挥下，英国第 8 集团军的反击，迫使德国非洲军团撤退。两周后，由德怀特·大卫·艾森豪威尔将军担任最高指挥官的美英联军在法属北非登陆，从而扭转了北非整体战局。1943 年 5 月 13 日，非洲的德国军队在突尼斯投降。

东方战场

东方前线，苏联在 1941 年至 1942 年冬季战役中的反攻，开始了一段历时长达 3 年多的德国国防军西撤之路。

虽然在 1942 年对塞瓦斯托波尔的占领，以及南方集团军群的夏季攻势，使德国的势力范围扩张达到顶峰，但是，进军高加索地区和顿河却陷于困境，让德军感到力不从心。

前往格罗兹尼油田的道路尚未打通，进攻斯大林格勒的德国第 6 集团军，经过激烈的巷战，虽然到 11 月中旬，已经占领了伏尔加河岸边这座城市的大部分经济和运输中心，但苏联军队从斯大林格勒的北部和南部运动并转入反攻。到了 11 月 22 日，苏军在斯大林格勒对 28.4 万名德国和罗马尼亚士兵形成了包围。

德军指挥官弗里德里希·保卢斯将军一个力图突围的计划被元首否决。按照希特勒的意愿，包围圈内应"战至最后一个人"。投降发生在 1 月 31 日和 2 月 2 日。

这次战役中，德军 14.6 万名士兵阵亡，在大约 9.1 万名被俘幸存者中，一直到 1956 年，只有 6000 多人脱离囚禁返回家园。

斯大林格勒战役，被德国的宣传机器打造成为"我们历史上最伟大的英雄之战"。

因此，帝国宣传部长约瑟夫·戈培尔希望能再次振奋群情。1943 年 2 月 18 日，在一次全场爆满、并且通过电台全国转播的、在柏林体育馆的大型活动上，他呼吁德国人民坚持毅力。希特勒在一个月前就已下令为"最终胜利"进行总动员，所以戈培尔在狂热的演讲中向人群大喊："你们要全面战争吗？如果你们要的话，那么如果必要，你们是否希望，它比我们今天所能够想象的还要更加全面和强化？"人群激情洋溢地回答"是"。

然而在事实上，德国国防军已经失去了其不可战胜的声誉，斯大林格勒战败，在德国人民中所造成的心理后果是毁灭性的。

斯大林格勒战役之后，国防军想通过在库尔斯克长达 150 公里前线突出部的"堡垒行动"，重新夺回战略主动。第二次世界大战中规模最大的坦克战役，在经过没有多少公里的交战之后，就于 1943 年 7 月，在国防军的灾难中结束。

防守中的德国

此后不久，英军和美军登陆西西里岛，战争也第一次转移到了意大利本土。在一个法西斯大委员会宣布不信任之后，"统帅"贝尼托·墨索里尼，于 1943 年 7 月 25 日被撤职并被逮捕。彼得罗·巴多格里奥元帅，在没有法西斯主义者参与的情况下组建了政府，并于 9 月 3 日与盟军达成了停战协议。

这样，德国国防军几乎是在没有前轴心国伙伴支持的情况下，独自防御英美联军的攻击。当时，超过三分之二的意大利领土仍在德国手中，德军的抵抗，一直坚持到 1945 年 5 月 2 日。

1943 年夏天的另一个特点，就是空袭。盟军想通过有计划地毯式地轰炸德国城市，来摧毁德国人的士气。英国皇家空军，主要集中在夜间实施对居民区的轰炸，而美国"飞行堡垒"波音 B17 和 B24 重型轰炸机，则除此之外，也在白天轰炸德国的国防装备工业和基础设施。

尽管遭受空袭，德国军备工业仍在加紧运转中，主要是通过投入数百万强迫劳动者和战俘。政府当局竭尽全力在平民中蛊惑坚韧和"仇敌"，这是否真的获得了成功，却是大可怀疑的。

在"蛾摩拉行动"中，汉堡的大部分地区，在 7 月 25 日至 8 月 3 日之间被摧毁而成为一片废墟，超过 3 万人丧失了生命。柏林遭到 363 次空袭，是德国遭受轰炸最多的城市。

从 1940 年起，约有 250 万男孩和女孩，在"孩子送往农村"行动中，被送到危险稍小的农村地区，而年龄稍大的希特勒青年团员，则必须充当德国空军地勤辅助人员。纳粹宣传机器利用"盎格鲁－美国人空中恐怖"（盎格鲁原为日耳曼民族，大约在 5—6 世纪迁徙到不列颠北部，这儿意指英国人——译者注），号召坚忍不拔的意志（"我们的墙碎了，我们的心未碎"）。

在 1945 年 2 月 13 日和 14 日的轰炸中，一直到那时还基本完好的德累斯顿，被英国人和美国人彻底炸毁，

约瑟夫·戈培尔

1897 年 10 月 29 日出生于莱茵兰莱特的约瑟夫·戈培尔，因行走缺陷而不能服兵役，在 1924 年取得了德语语言文学博士学位后，他于 1924 年加入了国家社会主义德国工人党。

1926 年 11 月，他接任柏林大区领导的职位，即柏林党区的领导人。作为 1927 年出版的战斗杂志《进攻》的创办人和出版商、国家社会主义德国工人党议院议员（从 1928 年开始）、党的宣传部门负责人（从 1930 年 4 月开始），他是最有影响力的国家社会主义煽动者。

戈培尔于 1933 年 3 月被任命为帝国公共教育和宣传部部长，并担任帝国文化局局长。他主导视觉艺术、电影、文学、音乐和戏剧方面的工作，并通过他对大众媒体的"一体化"指示来引导公众舆论。

1944 年 7 月 20 日后，戈培尔担任"全面战争部署全权代表"一职。1945 年 5 月 1 日，戈培尔夫妇在元首的地下室毒杀了他们的 6 个孩子，随后自杀。

戈培尔在体育馆的演讲中

约有 25000 人死亡。

1944 年 1 月 14 日，苏军对北方集团军群组织了大规模的攻击，结束了德军对列宁格勒的封锁。苏联夏秋战役始于 6 月，在此战役期间，德军几乎完全被赶出了苏联领土，红军已经站在了东普鲁士的边界。

然而，纳粹党和当局仍然没有及时疏散平民。对"最终胜利"的信念，让他们要不惜一切代价保卫东普鲁士。

同样也在 1944 年 6 月，盟军对希特勒宣称的"欧洲堡垒"发动了猛攻。6000 多艘舰船带着入侵部队，在瑟堡和卡昂之间登陆。希特勒最初认为盟军在诺曼底的入侵，只是一种欺骗手段，所以在长时间内，都没有向在那里战斗的德国部队提供来自法国东部的增援。

尽管盟军占有优势，但英美联军在内陆的推进，并没能按他们的计划进行。经过艰苦的战斗，盟军在 7 月底突破德军在阿夫朗什的防线。8 月 15 日，盟军在法国南部的土伦和戛纳之间第二次登陆。10 天后，夏尔·戴高乐的法国军队和美军进入巴黎。

10 月 21 日，美军占领了德国第一个大城市亚琛。

德军的"阿登攻势"，于 12 月 16 日在维恩高地和卢森堡北部之间展开，目的是占领安特卫普，包围在比利时和荷兰的盟军，但在几天后就陷于停顿。

对政权的抵抗

1944 年 7 月 20 日，一次军事抵抗组织的暗杀尝试失败了。下午 12 时 42 分，在东普鲁士拉斯滕堡的元首指挥总部狼穴召开的一次战况会议中，一颗放在公文包里的炸弹爆炸了，但希特勒只是受了轻伤。

当时，暗杀者上校克劳斯·申克·冯·施陶芬贝格伯爵，已经在返回柏林的路上。只有在他到达柏林之后，施陶芬贝格才能够启动代号为"女武神"的推翻政权的计划。政变失败了，午夜前后，施陶芬贝格和他最亲近的同谋，在本德勒大街的陆军总司令部被枪杀。追捕同谋者时，盖世太保逮捕了大约 7000 人，其中 170 余人被人民法院判罪，随后被处决。

反对希特勒的军队反对派组织建立得很晚。1933 年以后，主要是共产党人和社会民主党人进行地下抵抗活动。只是当一切都明了了，德国正被推向一场战争时，在军队里，如 1938 年辞去国防军陆军总参谋长职务的路德维希·贝克，以及在民族保守派中围绕着莱比锡前市长卡尔·弗里德里希·格德勒的圈子中，才成长起反对希特勒并发动政变的愿望。

但是暗杀希特勒的好几次尝试都失败了。

1945 年 2 月 14 日，德累斯顿市中心展示了一幅恐怖景象

战争走向结束

当德国的敌方军队从各个方向挺进时，当局拿出了最后的后备力量——"人民冲锋队"。1944年10月18日，元首发布了一道命令，对所有16—60岁适合兵役的男子进行编制。在战争的最后几个月中，成千上万未经训练而且装备不足的"人民冲锋队"队员失去了生命。

此外，希特勒还试图用使用"奇迹武器"的宣传方式，来煽惑希望并掩饰毫无意义的战斗。除了诸如因为军备规划不良，因而太晚才投入使用的梅塞施密特262喷气式战斗机之外，属于"奇迹武器"的，主要包括从1944年6月中旬起，向不列颠群岛发射的"复仇武器"，这儿所指的是由菲斯勒工厂设计制造的无人导弹"V1"，以及代号为"V2"的遥控液体火箭，那是由佩讷明德的韦恩赫尔·冯·布劳恩所领导的一个科研团队研制开发的。

到1944年底，除挪威和丹麦以外，德国已经失去了大部分占领领土。1945年1月12日，苏联沿维斯瓦河向西发动了强大的攻势，拥有很大优势的楔形攻击前锋直逼华沙、克拉考、布雷斯劳和上西里西亚工业区。红军仅在几周内就到达了奥得河和尼萨河，目标直指柏林。

自1944年10月以后，漫长的难民队伍一直向西移动，到战争结束时，海军已经将至少200万平民和士兵撤离到丹麦和德国西北部。其中，有超过25000人，没能在这些海上运输中幸免于难。

在西方，美国军队于1945年3月7日，在雷马根越过了莱茵河，并同3月24日在韦瑟尔越过莱茵河的英国军队一起，占领了鲁尔区。

4月16日，苏联在奥得河前线对柏林大举进攻，在4月20日希特勒56周岁生日那天，柏林已经在苏联大炮的射程之内，柏林有约100万德国士兵和不到800辆坦克，面对着大约250万拥有6000多辆坦克的红军士兵。

几天之内，德国首都被红军占领。

4月30日下午，希特勒和他长年的恋人爱娃·布

柏林不到5天就被占领：1945年5月2日，红军士兵在帝国议院大厦上扬起了苏联国旗。这张事后上色的彩色照片，重现了当时的场景

劳恩自杀。

希特勒的遗嘱指定继任者为卡尔·邓尼茨，安排了国防军的无条件全面投降。5天后，在艾森豪威尔的兰斯盟军总部，由阿尔弗雷德·约德尔一级上将签署了投降书，并于5月8日23时起生效。应苏联人的愿望，投降仪式于5月9日午夜后不久，在柏林的卡尔斯霍斯特的一所国防军指挥学校重复了一次，这是欧洲战区第二次世界大战的结束。

在不到6年的时间里，有5500万人失去了他们的生命，超过600万的德国士兵和平民丧生，苏联的受害者人数要高得多，大约在2000万至2700万之间。

这场世界大战，给参与战争的所有国家，都留下了深刻的痕迹。

重新开始与分裂
1945—1989

国家人民军的一支工程队，于 1961 年在柏林区域边界上建起界墙

"零点"时的德国

1945 年 5 月，德国被打败，并且被反希特勒联盟占领。

在这一全面失败和民主重新开始之间的"零点"时刻，大多数德国人最关心的，只是如何维持眼前的生存。至少有五分之一的住房被炸弹炸毁，大约一半的交通道路同样也被炸毁。许多人生活在瓦砾下的地下室、营地板房或因急需而临时搭建的房屋里。铁路、邮局和行政部门不再运作，电力、天然气和水的供应全部或部分瘫痪。

战争的后果

必须清除超过 4 亿立方米的瓦砾。1945 年 6 月 1 日，所有 15 岁至 50 岁的柏林妇女，被要求帮助清除瓦砾，任何不以"瓦砾女人"身份参加的妇女，都无法获得食物卡。其他德国城市，也纷纷效仿柏林的做法。

为了确保人民生存，主要是美国和英国提供了谷物和土豆。盟军继续实行战争期间的食物配给管理，每个德国人都有权利获得起码的卡路里。在英国占领区，1945 年 5 月底，每日配给的卡路里值为 1470 卡。重体力劳动者配给的卡路里量最高，非劳动者的配给量最低。作为普通民众的平均消费典型，1948 年拍摄的电影《柏林叙事曲》中，主角"奥托·普通消费者"，由当时还比较消瘦的杰特·弗罗比来扮演。

由于配给量不足，城市居民将每平方米可用的土地，都用来种植西红柿、土豆或色拉菜。到农村去的"储存之旅"，可以弄到蔬菜和牛奶，但农民会让他们珍贵的食品得到足够好的报酬，他们用粮食换取战争中得以留存的贵重物品。同时，黑市蓬勃发展，在这里，人们可以用钱或者最好是用"美国香烟"，换到许多好东西。

因为战争的破坏和原材料的缺乏，特别是在苏联的占领范围内，还因为苏联人拆卸机器及工业设备作为战争补偿，阻碍了德国经济的重新启动。

在 1939 年至 1945 年之间，大约有 1350 万强制劳动者、战俘和集中营囚犯，维持着德国的战争经济运转。战争结束后，其中至少有 100 多万人，不想回到他们现在已经成为共产主义的国家，他们暂时以"流离失所者"的身份留在德国。此时，约有 1100 万国防军士兵，还被盟军囚禁着。

除了担心眼前的生存外，失败者还担心迷惘的未来。

盟军士兵被严格禁止"兄弟化"。1945 年 4 月访问莱茵兰的美国记者玛莎·盖尔霍恩，是这样记录她与平民的交流的："没有一个人是纳粹分子，没有一个人曾

"储存之旅"者正在奥得布鲁赫地区高尔格斯特火车站搬运土豆袋

波茨坦会议谈判桌一瞥

经是过，隔壁的村庄里可能有几个纳粹分子……整个民族，都在躲避着责任，都是一片令人悲伤的景象。"

5 月 23 日，英国士兵在弗伦斯堡的米尔维克，逮捕了以卡尔·邓尼茨为行政领导的帝国政府成员，以及德国国防军最高司令部成员。1945 年 6 月 5 日，由 4 个占领国指挥官组成的联合管制委员会，接管了柏林的最高政府机构，并将德国划分为 4 个占领区。

管制委员会拥有一切权力，"包括德国政府、国防军最高司令部，以及各州、城市和社区的政府、管理机构或办公机关的所有权力"。每个占领国对其占领区域全权负责，涉及全德国的事务由管制委员会决定，该委员会于 7 月 30 日，在柏林举行了首次会议。

在波茨坦会议上，苏联国家和政党领导人约瑟夫·斯大林，和 1945 年 4 月 12 日接任去世的富兰克林·D.

罗斯福的美国总统哈里斯·杜鲁门，以及在会议期间新当选的英国首相克莱门特·艾德礼，就战后秩序的原则达成协议。

7 月 17 日至 8 月 2 日，在塞西琳霍夫宫举行的波茨坦会议，在实质上确认了雅尔塔"三巨头"（1945 年 2 月 4 日至 11 日）针对德国达成的协议。根据这个协议，德国将被共同管理，并且在整个德国范围内的所有德国人，"在切实可行的情况下"将得到相同对待。他们也考虑过将德国分割，但这类计划很快被废弃。

地区变化及人口驱离

人民必须"非纳粹化"，战犯要受到审判，德国必须被完全非军事化和民主化。

纽伦堡国际军事法庭被告席视角。中间一排最左边戴太阳眼镜者是赫尔曼·戈林，他旁边（从左至右）为鲁道夫·赫斯、约阿希姆·冯·里宾特洛甫、威廉·凯特尔、恩斯特·卡尔滕布伦纳、阿尔弗雷德·罗森贝格、汉斯·弗兰克、威廉·弗里克、尤利乌斯·施特莱彻、瓦尔特·冯克

作为放弃定额战争赔偿的条件，斯大林要求西方大国认可他接管包括柯尼斯堡在内的东普鲁士北部，并移动波兰的西部边界。奥得河和尼萨河以东的德国地区应由波兰管理，而原先的波兰东部则应属于苏联。

德国边界的最终确定，将留待未来的和平条约解决。

而居住在那儿的德国人应该有秩序地和以人道的方式被迁离。

来自前德国东部地区及波兰、捷克斯洛伐克和匈牙利的大约 1200 万德国人，以及讲德语的居民，不得不离开他们的故乡，并且只允许带走他们所能携带的随身物品。将近 800 万难民和被驱离者，在 3 个西部地区得到庇护，其余的留在苏维埃地区。鉴于现有的住房强制

管理政策，这样的人口涌入，给老居民和新移民的共同生活造成了很大的问题。

1945 年 9 月 26 日，在英、美、苏三国占领区交界的弗里德兰，建立了一个大型接待站。在以后的几十年里，弗里德兰一直是德裔移民西方以及战俘回返西方的第一站。由于战争拆散了成千上万的家庭，德国红十字会成立了一个寻人服务机构，甚至在战争结束几十年后，许多失踪军人和平民的问题，还仍然得不到解决。

在对占领区进行精确划分之后，美国人和英国人撤离了萨克森、图林根和梅克伦堡，柏林被划分为 4 个区域。

苏维埃地区由德国中部和东部组成，有近 1800 万居民；不列颠地区为德国西北部，美国地区包括德国南

部以及飞地不来梅和不来梅哈芬。与最初的计划不同，法国人还是在德国西南部获得了一个占领区。

美国和英国已经在 1941 年的《大西洋宪章》中，承诺遵守政治原则，例如人民的自决权、放弃暴力、裁军和国际合作，但斯大林却想巩固自己国家在欧洲的统治地位。因此，苏联开始在其西部边界，建立对苏联友好的卫星国。对此，英国前首相温斯顿·丘吉尔，于 1946 年 3 月 5 日以"铁幕"这个概念来描述，这张落在欧洲大陆上的铁幕，从波罗的海的什切青，一直到亚得里亚海的的里雅斯特。

对纳粹战犯的审判

然而，东西两方还是有两个开拓性的决定：作为国际联盟的后继组织，于 1945 年 6 月 26 日在旧金山成立了联合国；召集了一个国际军事法庭，对德国主要战犯进行审判。

1945 年 11 月 20 日在纽伦堡开庭的审判中，第一次，一个国家的主要军事和政治人物被追究责任。战争结束前，阿道夫·希特勒和约瑟夫·戈培尔夫妇自杀，同样，前党卫军全德领导人海因里希·希姆勒和前德意志劳工阵线负责人罗伯特·莱伊，也在被捕后自杀。对自 1945 年 5 月 2 日以后一直失踪的马丁·鲍曼，是在他缺席的情况下审判的。

在纽伦堡的起诉书中，还设定了新的国际法——"阴谋危害和平"和"危害和平罪行"，即准备和进行侵略战争，以及"战争罪"和"危害人类罪"。1946 年 10 月 1 日，包括鲍曼在内的 12 名被告被判处绞刑，也包括前纳粹第二号人物赫尔曼·戈林，他于 10 月 15 日自杀。死刑于 1946 年 10 月 16 日执行。

7 名被告被判处长期徒刑或无期徒刑，有 3 项起诉被判决释放。

民主的重新开始

在《波茨坦协定》中，盟军之间是这么商定的：要给德国人民一个机会，"自己做好准备，在民主与和平的基础上，重建自己的生活"。这包括重建各联邦州；用在政治上尽可能没有污点的人，建立起行政管理机构；允准政党和报刊存在；让臣服于威权的奴才，成为成年的国家公民的"再教育"行动。

新的行政州，新的政治生活

梅克伦堡州、萨克森州、图林根州，以及勃兰登堡省和萨克森－安哈尔特省，于 1945 年 7 月在苏联占领区（SBZ）成立。从莫斯科返回的德国共产党高官瓦尔特·乌布利希，对如何在新政府中分派职位作出指示："必须看起来是民主的，但我们必须掌握一切。"

在美国占领区，1945 年 9 月创建了巴伐利亚州、大黑森州和符腾堡－巴登州，于 1947 年 1 月建立了包括不来梅哈芬在内的不来梅州。

在英国占领区，从 1946 年中开始，相继成立了北莱茵－威斯特法伦州、石勒苏益格－荷尔斯泰因州、下萨克森州和汉堡；1945 年至 1946 年，在法国占领区划分了巴登州、莱茵兰－普法尔茨州和符腾堡－霍亨索伦州。有着特殊地位的萨尔兰州，在经济上与法国挂钩。巴登州、符腾堡－巴登州和符腾堡－霍亨索伦州于 1952 年合并为巴登－符腾堡州。

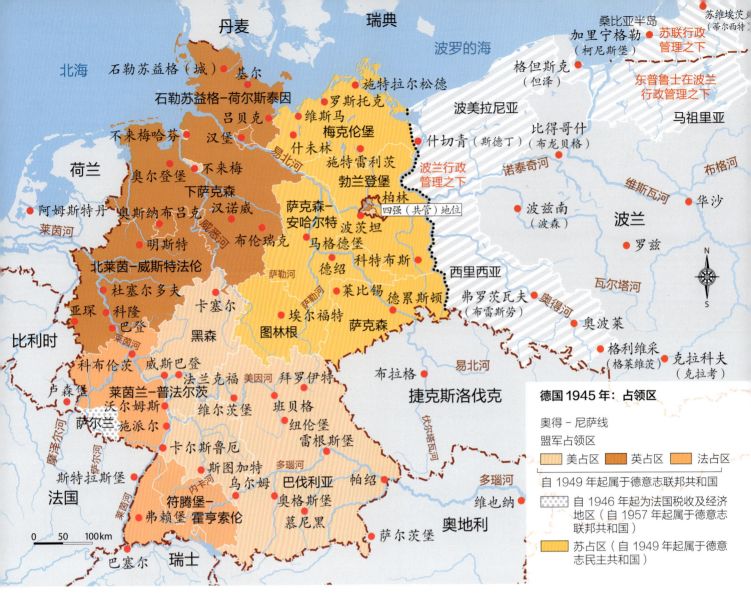

丹麦　瑞典

北海　石勒苏益格（城）　基尔

波罗的海

桑比亚半岛　苏维埃茨（蒂尔西特）

加里宁格勒（柯尼斯堡）　苏联行政管理之下

石勒苏益格－荷尔斯泰因　吕贝克　汉堡　施特拉尔松德　罗斯托克　维斯马　梅克伦堡　什未林　施特雷利茨　勃兰登堡　格但斯克（但泽）　波美拉尼亚　比得哥什（布龙贝格）　东普鲁士在波兰行政管理之下　马祖里亚

不来梅哈芬　什切青（斯德丁）

荷兰　奥尔登堡　不来梅　下萨克森　汉诺威　布伦瑞克　明斯特　北莱茵－威斯特法伦　杜塞尔多夫　波兰行政管理之下　柏林　四强（共管）地位　波兹南（波森）　波兰　华沙

易北河　威悉河　萨克森－安哈尔特　波茨坦　马格德堡　科特布斯　诺泰奇河　罗兹　维斯瓦河　布格河

阿姆斯特丹　莱茵河　德绍　萨勒河　莱比锡　德累斯顿　弗罗茨瓦夫（布雷斯劳）　瓦尔塔河　N

比利时　亚琛　科隆　巴登　埃尔福特　萨克森　西里西亚　奥波莱

科布伦茨　威斯巴登　卡塞尔　图林根　奥得河　格利维采（格莱维茨）　克拉科夫（克拉考）

黑森　法兰克福　美因河　拜罗伊特　布拉格　易北河

卢森堡　莱茵兰－普法尔茨　沃尔姆斯　施派尔　维尔茨堡　班贝格　纽伦堡　雷根斯堡　伏尔塔瓦河　捷克斯洛伐克

萨尔兰　摩泽尔河　卡尔斯鲁厄　斯图加特　乌尔姆　多瑙河　帕绍

斯特拉斯堡　内卡河　巴伐利亚　奥格斯堡　慕尼黑　维也纳

法国　莱茵河　符腾堡－弗赖堡　霍亨索伦　萨尔茨堡　奥地利

0　50　100km

巴塞尔　瑞士　多瑙河

德国 1945 年：占领区

奥得－尼萨线
盟军占领区

美占区　英占区　法占区
自 1949 年起属于德意志联邦共和国

自 1946 年起为法国税收及经济地区（自 1957 年起属于德意志联邦共和国）

苏占区（自 1949 年起属于德意志民主共和国）

1947 年 2 月 25 日，盟军管制委员会宣布，普鲁士为"军国主义和反动派的工具"而予以解散。

各占领区对非纳粹化的处理方式不同。

在苏占区，是基于一个经济和社会的根本转变；在英占区和法占区，对快速重建看得更为重要；而在美国人的管辖范围内，他们尽可能地让所有成年德国人，回答一份有关其个人政治过往的调查表。根据牵涉参与程度，每个人将被分类为重罪者、有罪者、轻罪者、追随者和无罪者。前三个类别将受到劳改营和其他惩罚，而追随者则被处以罚款。然而实际上，许多前纳粹分子通过提供虚假信息逃避了惩罚，而那些主要的重罪者，大多销声匿迹躲藏了起来。

开始时，在苏占区允许有其他政党存在。1945 年 6 月 11 日，德国共产党公开宣布并保证，他们认为"将苏维埃制度强加于德国的方式是错误的"。6 月 15 日，

由奥托·格罗提渥担任主席的中央委员会，成为社会民主党人的临时领导机构。自 6 月 26 日起，代表民众阵营的是以安德烈亚斯·爱马仕、雅各布·凯撒和恩斯特·列美尔为首的基督教民主联盟（CDU），以及 7 月 5 日成立的自由民主党（LDP）。

以这样的一个各色政党组合，苏联人试图为整个德国，做一个先锋角色样板。

库尔特·舒马赫于 1945 年 4 月，在汉诺威建起了"舒马赫博士办公室"，作为党的非官方总部，以此在西部地区开始社民党的重新建设。与格罗提渥不同的是，他断然拒绝与共产党合作："一个政党要像它的基本思想和组织结构那样……才是民主的……一个在共产党领导下的社民党，其实无外乎也是一个共产党。"

在占领当局的巨大压力下，社民党于 1946 年 4 月 22 日，在苏占区与共产党合并而成为德国统一社会党

库尔特·舒马赫

于 1895 年 10 月 13 日出生在库尔姆（西普鲁士）的库尔特·舒马赫，在 1914 年通过了高中紧急毕业考试后自愿当兵。当年 12 月受重伤，因右臂截肢而离开军队。在哈雷、莱比锡和柏林，他接受了法律学和国家政治学高等教育，并获得博士学位。

1918 年，舒马赫加入了社民党，从 1924 年至 1931 年，他是符腾堡州议院议员，并在 1930 年至 1933 年期间，担任国家议院议员，招致国家社会主义者的特别憎恨。

1933 年 7 月，舒马赫被捕，并直到 1944 年被关押在不同的集中营，其中只有一次短暂中断。

战争结束及社民党重新合法后，他是 3 个西部占领区社民党重建的主要人物。自 1946 年 5 月 11 日起，他担任党主席，1949 年后成为联邦议院反对派主席。他致力于民主社会主义和民族统一运动，并向西方同盟国力求德国人民的完全自决权。

舒马赫于 1952 年 8 月 20 日在波恩去世。

（SED），共产党人威廉·皮克和格罗提渥，共同担任统一社会党领导人。作为中央机关报，《新德意志报》于 4 月 23 日发了创刊号。

就像在东部地区一样，保守的基督教政治家在西部地区团结在一起，组成了一个宗教派别之上的全民政党。1945 年 12 月，基督教民主联盟（CDU）在巴德戈德斯贝格，首次实现了"全国聚会"。

成立于 1945 年 10 月的巴伐利亚基督教社会联盟（CSU），在组织机构上仍然独立。

在魏玛共和国时期分裂为左右两个政党的西部地区自由党人士，在特奥多尔·豪斯的领导下，于 1948 年 12 月，在黑彭海姆团结组成了自由民主党（FDP）。

占领区的经济

为了改善人民的供应状况，美国的 26 个私人和教会援助组织，创立了"美国向欧洲援助合作组织"（CARE）。他们的救济物资，特别是食品和衣物，从 1946 年夏季开始，也使德国人得到帮助。尽管如此，在 1946 年至 1947 年那个特别寒冷的冬天，供应形势仍然很严峻。虽然有搜查令和禁令，但不光黑市兴隆，而且偷窃食物和燃料，也被认为是不可避免的不良行为。

就连科隆红衣大主教约瑟夫·弗林斯，在 1946 年跨年夜的布道中，都宣布"弗林斯"行为（以他名字所造的德语动词，意为不得已而为之的轻度偷窃行为——译者注）可以容忍："我们生活在这个时代，如果一个人以其他方式……无法得到，那么在紧急情况下，他将允许去拿那些他维持生命和健康所必需的东西。"

1947 年 1 月 1 日，英美两国将其占领区合并为联合经济区。1947 年 6 月，美国国务卿乔治·卡特莱特·马歇尔，提出了一项援助与发展计划。根据这项正式名称为"欧洲复兴计划"（ERP）的马歇尔计划，欧洲各国将借助于美国交付的货物、订单和信贷，来获得经济及在此基础上的政治稳定。

第一次汉诺威博览会，于 1947 年 8 月 18 日开幕，虽然它还只是经济繁华的一株嫩苗。

库尔特·舒马赫（左）和康拉德·阿登纳（右）及社民党经济学家卡洛·施密特

一对年轻恋人，正对一件"美国向欧洲援助合作组织"的包裹物品赞叹不已

1947 年 6 月，联合经济区的行政机构在美因河畔法兰克福合并。在 5 个关键部门，建立了以主任为最高领导的管理机构，并创建了一个议会，该议会的议员由所涉 8 个州的州议院选举产生。

法国最初拒绝将它的占领区加入该联合经济区，直到 1949 年 4 月 8 日，即联邦共和国成立前不久，该联合经济区，才由两合区正式成为三合区。

1948 年 6 月 20 日，在 3 个西部占领地区，开始发行德国马克（DM）。作为"头份"，每个人可以以 1:1 的比例用原帝国马克兑换 40 新马克，然后在 8 月份再换得 20 新马克。工资收入、退休金和租金按 1:1 转换，大多

数债务按 10:1 的比例贬值，私人储蓄的贬值比例为 100:6.5。

同一天晚上，联合经济区经济管理部门主任路德维希·艾哈德，自主宣布取消对 400 多种消费品的定量配给。人们惊讶地发现，橱窗和商店，是如何在一夜之间重新装满了货物，对货币稳定的期待，使贸易商人囤积了足量的紧俏物品。

6 月 23 日，苏联占领地区也宣布了货币兑换。因为还没有新印的钞票，所以先将票券粘贴在旧钞票上（"墙纸马克"）使用。

6 月 24 日，苏联封锁了柏林 3 个西部地区和德国西部之间的陆路和水路，从而封锁了所有客运和货运往来，同时还停止了电力供应。

对苏联的柏林封锁，美国和英国的回应措施是架设空中桥梁，即柏林空运，将大量食品、燃料和工业物资运入柏林。装载着食物的飞机，在柏林被称为"葡萄干轰炸机"，获得了被封锁人们的欢呼相迎。

1949 年 5 月 12 日，柏林封锁在持续了 11 个月后结束。

1948 年 9 月 9 日，社民党政治家恩斯特·罗伊特，在一次集会上提请国际援助："世界各国的人民，美国、英国、法国、意大利的人民！看看这个城市，理解这个城市，你们就不会允许、也不能够抛弃这个城市和这里的人民！"

一张 1948 年贴着票券的钞票

11 月 30 日，新成立的市议会，选举弗里德里希·艾伯特（德国统一社会党）为柏林东部地区的市长。

1948 年 12 月 5 日，在 3 个柏林西部地区，选举产生了市议会，罗伊特作为市长，成为西柏林市议院议长。

联邦共和国的建立

由于在德国土地上引入了两个分离的货币区，分裂已经成为定局，但是，在建立两个国家之前，仍有一些障碍需要克服。

根据战胜国意见，西德将成为联邦制国家。为此，在 1948 年 8 月，已经存在的 11 个州议会，首先必须通过一个有关制宪议会的法律，并以每 75 万名居民 1 名的比例，向会议地波恩派遣 1 名议会议员，每州至少应有 1 名议员。同时，从 8 月 10 日至 23 日起，州议员代表以及宪法和法律专家，在上巴伐利亚的海伦基姆湖宫会面，以制定一部基本法的草案。

基本法及第一个联邦议院

制宪议会于 1948 年 9 月 1 日首次召开会议。参会的社民党和基民盟和基社盟代表各有 27 名，自民党 5 名，德国党、中央党和共产党各有 2 名。除了这 92 名代表外，另有 5 名西柏林代表以咨询票参会。

已经 72 岁的基督教民主党人康拉德·阿登纳，担任制宪议会主席一职；社民党政治家卡洛·施密特，担任重要的主任委员会主席。讨论是根据魏玛共和国的经验进行的，出于这个原因，放弃了公民表决的元素（全民公决），立即生效的基本法将是不可侵犯的。国家元首获得的仅仅是代表权力，把政府首脑的落选与继任者的选举（建设性的不信任动议）结合在一起。

巴伐利亚州议会虽然否决了《基本法》，但也必须承认其法律效应。1949 年 5 月 8 日，战争结束正好 4 年，制宪议会通过了这一法律草案。

《基本法》于 1949 年 5 月 23 日宣布，它将一直有效，"直到一部德国人民自由决定的宪法生效为止"（第 146 条）。

西柏林拥有一个特殊的地位。最初的 8 名无表决权的议员，将由州议会选举产生（州议会是个统一的集合概念，柏林州议会事实上就是指市议会——译者注），所有同样适用于柏林的联邦法律，也必须在柏林州议会确认后才能生效（所谓的柏林条款）。

在 5 月 10 日就已将波恩设定为联邦共和国临时首都，而不是社民党偏爱的美因河畔的法兰克福，这主要是阿登纳坚持的结果，而他的家，就在波恩附近的罗恩多夫。

未来的经济和社会秩序，是第一次联邦议院大选中激烈讨论的中心问题。基民盟表明其"社会市场经济"的立场，社民党则力主重要的工业部门和金融部门的国有化。

1949 年 8 月 14 日，有 19 个政党参加了选举。每个联邦州，都有一个 5% 的最低选入门槛，每个选民只有一票。在 402 个议席中，基民盟和基社盟获得 139 个席位，社民党获得 131 个席位，自民党和人民党获得 52 个席位。巴伐利亚党（BP）和保守的德国党（DP）分别赢得 17 个席位，共产党获得 15 个席位，经济建设联合（WAV）获得了 12 个席位。经济建设联合，由慕尼

1948 年 9 月 1 日，制宪议会成立

黑律师阿尔弗雷德·洛里茨创立，是一个纯粹的抗议党，甚至在巴伐利亚州，也很快就失去了重要性。此外，天主教中央党（10 个席位），极右翼的德国保守党——德国右翼党（5 个席位），南石勒苏益格选民协会（1 个席位）和 3 名独立人士进入了第一届德国联邦议会。

在总数 410 名议员中（包括柏林），只有 28 名妇女。

联邦议院于 9 月 7 日举行了第一次会议。5 天后，由联邦议院和各州代表组成的联邦大会，选举了年龄 65 岁的自民党议员特奥多尔·豪斯担任总统。1954 年，在没有反对派候选人的情况下，他又一次得到确认，"爸爸豪斯"仍然担任国家总统，直到 1959 年 9 月 12 日。

第一届联邦总理于 9 月 15 日选举，阿登纳以 202 票，仅以 1 票多数的优势获胜，他同自民党和德国党组成执政联盟。

在 10 月 21 日的政府宣言中，阿登纳提出了代表所有德国人的唯一合法权，即也包括那些在"东部地区"的德国人。而"东部地区"，则成为贬低德意志民主共和国的称呼，一直长达几十年之久。

阿登纳最重要的外交政策目标，是将联邦共和国融入西欧。

年轻的联邦共和国

对社民党而言，第一次联邦议院选举令人失望，党主席库尔特·舒马赫成为联邦议院的反对党领袖。

关于《彼得斯贝格协议》，一直存在激烈争议。莱茵河畔柯尼希斯温特的彼得斯贝格酒店，一直到 1952 年，都是西方战胜国高级专员的所在地，根据占领法规，也是联邦共和国和西柏林的最高管制当局。

由阿登纳于 1949 年 11 月 22 日签署的协议，允许联邦共和国建立领事关系并加入国际组织。为此，联邦政府必须接受鲁尔国际管制。在 11 月 25 日举行的一次联邦议院群情沸腾的激辩中，舒马赫指责政府首脑是"盟军总理"。

康拉德·阿登纳

在他 73 岁那年，康拉德·阿登纳首次当选联邦总理。他过往的职业生涯已经相当值得尊敬：他于 1876 年 1 月 5 日出生在科隆，从 1906 年起当选市议员，自 1917 年起担任市长，同时还是普鲁士贵族院的成员。从 1921 年到 1933 年撤职，这位中央党政治家，一直担任普鲁士参院主席。

阿登纳在波恩罗恩多夫他的家中，度过了纳粹年代。从 1945 年 5 月起，再次担任市长，但被英国人于 1945 年 10 月"由于无能"而将他罢免。

跨地域的重要性，是他于 1946 年 1 月，当选为英国占领区基民盟的领导人。他以担任制宪议会主席的突出地位，作为成为联邦总理的跳板，并充分利用自己的宪法规范权限和能力，决定性地塑造了"总理民主"。

阿登纳三度连任。在他的党内和其联盟伙伴自民党的压力下，于 1963 年 10 月 15 日他 87 岁那年辞职。

阿登纳于 1967 年 4 月 19 日在罗恩多夫去世。

与第一次世界大战后不同，新的开始没有因为赔偿纠纷而负重不堪。大部分赔偿要求，通过对德国的设备拆除得到满足，且这类拆除于 1950 年结束。

1953 年 2 月 27 日签署的《伦敦债务协定》，最终结束了赔偿金的支付。

联邦政府最大的挑战之一，是如何安置被驱赶来到西部地区的人们，并使他们融入社会。该人口群在 1949 年占总人口的 16%，在巴伐利亚州占其人口比例的 23%，在石勒苏益格 – 荷尔斯泰因州为 28%，在下萨克森州达到 33%。

此外，再加上从德意志民主共和国过来的难民也呈上升趋势。从 1949 年到 1952 年底，超过 65 万人背弃了德意志民主共和国。

《战争损失补偿法》从 1952 年 4 月 1 日起追溯生效，目的是尽可能公正地使受战争影响特别严重的那部分人群，与那些不是因为背井离乡却失去住所的人群，拥有同等权利。

年轻的民主国家，还为文化和观念形成带来了新的自由。从 1945 年 8 月 1 日开始发刊的《法兰克福评论报》，属于跨地区报纸中最重要的主流报刊之一；10 月 6 日，是慕尼黑《南德意志报》首发日，1946 年 2 月 21 日，《时代》周报创刊号在汉堡市出版；新闻时政杂志《明镜》周刊，于 1947 年 1 月 4 日在汉诺威首次亮相。

1952 年 6 月 24 日，一种全新的报纸类型引起了公众的注意，汉堡出版商阿克塞尔·凯萨·施普林格的《图片报》，提供了一份跨地区轻松的、易消化的阅读食物——一份刊印有许多图片的大众娱乐报纸。之前，他已经在 1946 年，创立了广播杂志《听着》。

1947 年 11 月 8 日，在汉斯·韦尔纳·里希特和阿尔弗雷德·安德施的倡议下，成立了"四七社"，这是一个通过定期聚会而发展成为西德最重要的文学社团论坛。

1947 年 11 月 21 日，戏剧"门外的人"在汉堡剧场首演，沃尔夫冈·博尔彻特用它为战后归来的人们，写下了一份文学纪念。1946 年 10 月 15 日首映的德国首部战后电影，由沃尔夫冈·施陶特导演；德国电影股份公

特奥多尔·豪斯于 1953 年 9 月在他的总统官邸——波恩的哈默斯密德别墅，同康拉德·阿登纳交谈

西柏林的一间报亭。约 1948 年

司制作的《凶手就在我们中间》，也以描述战争罪行为主题。

不久，轻松浪漫的风格，又在银幕上占据了主导地位。故事片《罪人》，于 1951 年 1 月 18 日首映，其中希尔德加德·克奈夫裸露了几秒钟，造成了确凿的丑闻：当教会抗议风俗沦丧时，电影院观众却蜂拥而至。

德意志民主共和国的建立

在德国土地上出现了两个国家，是西方三个盟国与苏联之间日益疏远的结果，双方对于未来的德国在政治上应如何组成，有着完全不同的设想。从一开始，莫斯科的目标，就不仅仅是将其占领区牢固地纳入自己的势力范围，而且还杜绝违背其政治路线的一切反对派。

党派建立及第一个人民议会

由苏维埃占领地区的共产党和社民党合并组成的德国统一社会党（SED），从 1947 年起就按照苏联模式，发展成为一个马克思列宁主义干部党。而"民众党派"或者说"资产阶级"政党，如基民盟和德国自由民主党、德国民主农民党（DBD）和德国国家民主党（NDPD）等，则被德国统一社会党组织成为国家阵线。自 1949 年后，国家阵线又与"大众组织"如德国自由工会联合会（FDGB）、德国民主妇女同盟、自由德国青年（FDJ）以及文化工作者和农民互助协会一起，共同组成了"民主党团"。

对于即将举行的选举，制定了具有确定席位分配的标准清单。

当西方以各联邦州为起点而形成国家，东方的人们首先想到的是整个德意志。

德意志民主共和国的建立，是由德国统一社会党，通过 1947 年 12 月和 1948 年 3 月组织的两次"德国人民代表大会"筹备的。在其中第二次大规模活动中，选举产生了德国人民委员会，它由 400 名成员组成，其中 100 名来自西部地区。

该委员会在奥托·格罗提渥的指导下，制定了一部宪法，1949 年 5 月 30 日，这部宪法在第三次人民代表大会上，仅以一票反对被通过。在这次大会上选举产生的第二届德国人民委员会，于 1949 年 10 月 7 日在柏林举行会议，并宣布自己为临时人民议会。在 330 个议员中，德国统一社会党有 96 个。

4 天后，当年 73 岁的威廉·皮克，被临时人民议会和临时州议会（这样的州代表一直到 1958 年存在），全票一致选举为德意志民主共和国的第一任总统。10 月 12 日，人民议会确认了被任命为总理的格罗提渥及其内阁。

然而，真正的掌权者，是统一社会党领导人瓦尔特·乌布利希。

根据其措辞，民主德国的宪法，包含了许多真正民主的要素，但是，国家权力可以"限制或撤除"个人基本权利。其第 6 条中所列"煽动抵制"作为犯罪事实，具有极其重要的意义，它的范围如此之广，以至于几乎

1946 年，在苏联占领区，共产党和社民党合并为统一社会党。在 4 月的两党统一大会上，共产党高官威廉·皮克（左）正和奥托·格罗提渥握手，右边坐着瓦尔特·乌布利希

所有反对意见，都可以被定为犯罪。

1949 年 11 月 7 日，在俄罗斯十月革命 32 周年庆典上，第一次在柏林听到了德意志民主共和国国歌。"从废墟中站起来面向未来，让我们为你服务，德国，统一的祖国"，是诗人约翰尼斯·罗伯特·贝歇尔，受统一社会党中央委员会委托而撰写的歌词，音乐由纳粹年代流亡在美国等地而幸免于难的汉斯·埃斯勒创作。

作为"工人阶级的先锋队"，统一社会党占据了明显的领导地位，并在其第三届党的代表大会上（1950 年

瓦尔特·乌布利希

瓦尔特·乌布利希于 1893 年出生在莱比锡，并受过木匠训练，于 1912 年加入社民党，并于 1918 年加入斯巴达克斯同盟和共产党。在那里，他于 1927 年进入中央委员会（ZK），并于 1929 年被提升进入党的最高领导机构政治局。

作为政治局高官，他还代表共产党参加了萨克森州议院，并于 1928 年至 1933 年成为国家议院议员。从 1933 年到 1935 年，他流亡于布拉格、布鲁塞尔和巴黎，然后去了苏联。他在那里，经历并幸免了所有的"清洗"。1943 年 7 月，他与其他共产主义流亡者一起，成立了"自

由德国民族委员会"，并呼吁国防军士兵叛逃。

1945 年 4 月 30 日，乌布利希返回柏林，成为东德主要的政治领导人。在第三届统一社会党党代会后，从 1950 年 7 月 25 日起，他作为统一社会党政治局的第一总书记（1953 年后为第一书记），是"社会主义建设"的主要推动者。借助于莫斯科的支持，乌布利希度过了 1953 年 6 月 17 日的动乱，并于 1960 年担任国务委员会主席，从而正式成为德意志民主共和国领导人。

1971 年，乌布利希的统一社会党领导人职务，被埃里希·昂纳克取代，并于 1973 年 8 月 1 日在东柏林去世。

Der ehemalige Landarbeiter August Siegert, seine Ehefrau Luise und seine Schwieger-
mutter Martha Karius in Börnicke, Kreis Niederbarnim, erhielten durch die Bodenreform
30 Morgen Junkerland, Haus und Hof, Pferde, Kühe, Schweine, Schafe und Hühner.

Sie stimmen am 15. Oktober für unsere neue demokratische Ordnung,

FÜR DIE KANDIDATEN DER NATIONALEN FRONT.

德意志民主共和国所有党派组合而成的全国阵线选举广告。1950 年

7月20日至24日），展现了一个组织结构和意识形态都是斯大林主义的"新型政党"。

在1949年至1950年第一个两年计划之后，大会决定了1951年至1955年的第一个五年计划。其目标是：使工业生产增加一倍，提高劳动生产率；口号是："向苏联学习，就是学习胜利。"

"社会主义建设"

早在1945年9月2日，在"容克的土地在农民手中"的口号下，就开始了对占有100公顷以上的所有庄园主地产，进行无偿没收，这牵涉到超过7000个大庄园主，其拥有的土地总计330万公顷。大约三分之二征收的土地，被划分成5—10公顷的地块，分配给了"新农民"。其余的，则作为人民财产（VEG）进行管理经营。

根据苏联军事管理委员会（SMAD）的命令，"军国主义者和帝国主义者"的工业资产也被没收。这些被没收的公司中，有一部分成了苏维埃股份制公司（SAG），是苏联的财产——1953年，它被归还给东德。其余企业，被转化为国有的人民企业（VEB）。

国有零售商业的名称为商贸组织（HO）。依照苏联的模式，人们呼吁开展"社会主义竞赛"，并为"优质团队"授予奖励。

最早的"劳动英雄"之一，是矿工阿道夫·亨内克，他于1948年10月13日，在厄尔斯尼茨的"卡尔·李卜克内西"矿井里，在一个特殊矿层中，将东部地区矿工的平均出矿量，提高了387%。

亨内克因此而成为积极分子运动的形象代表，但是，他之所以能够多次地超标，只是由于相应地为他准备了一个特别丰产的矿层，而且同时又是特别方便开采的矿层位置。

在1952年7月9日至12日举行的统一社会党第二次会议上，乌布利希宣告了"有计划的社会主义建设"。这些措施包括：激化与中产阶级和资产阶级知识分子的斗争、建立农业生产合作社（LPG）、"通过组建武装部队"保卫"社会主义建设"、加强边界安全。

在经济领域，这意味着进一步扩大"人民财产"的国有经济并加强重工业。

1952年7月23日，德意志民主共和国人民议会，决定解散至此的5个州，并以14个行政区（东柏林除外）取代它们。

这项决定，使以前在外在形式上还是联邦制的民主德国，转变成了中央集权的单一制国家。

"国家安全"

1950年2月8日，人民议会决定成立国家安全部（德语"国家安全"的简称，读音为"斯塔西"，故国安部也被称为斯塔西——译者注），第一任部长是老共产党员威廉·蔡塞尔。

作为"党的剑和盾"，斯塔西要监控生活的所有领域，并且（通过侦察总部）还在"非社会主义国家"从事间谍活动。在德意志民主共和国，虽然没有像1930年代苏联那样的"作秀审判"，但是政治司法已被提上议事日程。"瓦尔德海姆审判"尤其如此：在萨克森州的瓦尔德海姆小镇，当占领军将拘留营解散后，共有3432个纳粹犯罪嫌疑人和战犯，被移交给了民主德国司法机构，并于1950年春天，在特别法庭以快捷方式进行了审判。在33项死刑判决中，有24项被执行，其余被告也被判处高量徒刑。

1950年2月15日，苏联占领军的包岑"特别拘留营"，被移交给民主德国。包岑一号监狱，即"黄色炼狱"，被视为国家不公正和政治迫害的象征，在东德家喻户晓人人畏惧。

年轻民主德国的艺术家

反法西斯的民主德国，对许多流亡回归的艺术家，还是产生了巨大的吸引力。

像海因里希·曼等作家就是这种情况，他于 1949 年接受了将要成立的德国艺术学院院长的任命，但却于 1950 年 3 月在美国去世；斯蒂芬·海姆，他于 1952 年移居东柏林，而他的大部分小说，却只能在西方出版。同样的还有作家贝托尔特·布莱希特，纳粹年代因流亡美国而幸存，与他的妻子海伦·威格尔一起，于 1949 年 1 月，创立了柏林剧团。

区块联盟与 6 月 17 日

1948 年至 1949 年柏林封锁开始两年后，随着朝鲜战争的爆发，东西方的对抗，在 1950 年 6 月，达到了一个新的高峰。这场冲突在 3 年后以达成一个停火协议而告终。

对于两个德国之间的关系，这虽然并不意味着公开对抗，却更加强了界限隔阂。

联邦共和国的西方联盟

联邦共和国于 1949 年 10 月 31 日，成为欧洲经济合作组织（OEEC）的成员。该组织成立于 1948 年 4 月，其初衷，是根据马歇尔计划，使从美国流入欧洲的资金得到分配。作为对应，苏联于 1949 年 1 月 25 日倡议成立了经济互助委员会（RGW），民主德国于 1950 年 9 月，成为该委员会的正式成员。

德国内部贸易（区域间贸易），是在两个中央银行之间进行结算的基础上进行的，联邦共和国给了民主共和国一个在贸易中无息透支（浮动）的保障。

1949 年 5 月 5 日在斯特拉斯堡成立的欧洲委员会，以促进成员国之间的政治合作作为主导，德意志联邦共和国于 1951 年 5 月 2 日加入。而在此之前两周，以法国人罗伯特·舒曼命名的、合并德法两国煤炭和钢铁生产的计划，已经在巴黎实施。在意大利和比荷卢经济联盟国

家的参与下，欧洲煤炭和钢铁共同体（EGKS，也简称为煤钢共同体）于1952年7月成立。煤钢共同体，则又是1957年3月成立的欧洲经济共同体（EWG）和欧洲原子能共同体（Euratom）的初期阶段组织。通过其理事机构，成立了像欧洲经济共同体委员会、部长理事会和议会等组织。欧洲经济共同体还为一个政治上统一的欧洲铺平了道路。

1949年4月，西方防御共同体北大西洋公约组织的建立，也使西德重新拥有武装力量成为一个话题。

联邦总理康拉德·阿登纳，支持法国首相勒内·普利文于1950年10月提出的、建立欧洲防务共同体

（EVG）的计划，并建立一支有德国人参与的欧洲军队。

苏联要阻止联邦共和国与西方建立联盟。斯大林于1952年3月10日，对欧洲防务共同体计划作出反应，向西方列强提出了一项全德和平条约，以及在波茨坦会议上划定的边界内，考虑德国统一的商讨建议。为此，联邦共和国应该承诺，未来的整个德国，将保持中立立场。4月9日，苏联还同意在德国全国范围内进行自由选举，条件是选举将在4个占领国控制之下进行。

阿登纳和西方列强拒绝了《斯大林照会》，却为此不得不背上骂名，可能错过了一次德国统一的机会。

1952年5月26日，3个西方盟国在对安全政策的

保留下（包括驻军及柏林四强责任），给予并承认联邦共和国拥有广泛的主权。

这份《德国条约》，是联邦共和国签署《欧洲防务共同体合约》，从而确定融入西方联盟的先决条件。

"社会主义建设" 的加强

德意志民主共和国的最初反应，是加速扩建边界设施，并于 1952 年 7 月，在统一社会党第二次会议上，通过了"建设社会主义"的决议。

但是，建立欧洲军队却从未发生过。1954 年 8 月 30 日，法国国民议会出于对丧失主权的担忧，而让欧洲防务共同体计划泡了汤。

尽管如此，西方联盟的行动仍在继续。随着《巴黎公约》（1954 年 10 月 19 日至 23 日）的签署，占领政体结束，盟国以驻军形式留在西德，德意志联邦共和国加入西欧联盟（WEU）和北大西洋公约组织。

《巴黎公约》于 1955 年 5 月 5 日生效，1954 年 3 月 25 日，苏联已经正式将全部主权，移交给了德意志民主共和国。

作为对西德加入北约的回答，1955 年 5 月 14 日，苏联在华沙成立了一个包括东德在内的东部军事联盟，即华沙条约组织。

暂且仍然以协约为基础的、缓和政策的最后一次尝试，是拉帕茨基计划。1957 年 10 月，时任波兰外交部长的阿达姆·拉帕茨基，向联合国全体大会提交了他的建议，由世界各大国保证，在中欧建立一个无核武器区。但是，联邦共和国和北约其他成员国对此均予以拒绝。

六一七事件

1953 年 6 月 17 日，一次自发的动乱，动摇了民主

德国议院于 1954 年 12 月讨论《巴黎公约》，站在讲台上的是联邦总理阿登纳

1953 年 6 月 17 日：波茨坦广场上抗议游行的参加者，在苏联坦克的射击面前惊慌逃窜

德国。苏联军队迅速干预，才阻止了统一社会党政权的倒台。这是在苏联势力范围内，反对东德政府统治权的第一次民众反抗。

　　人们的不满情绪已积聚了很长时间。

　　1952 年 7 月决定的"社会主义建设"，导致了偏重重工业，而牺牲了消费和社会福利。小农和中农的集体化、私人大商贸的摧毁以及对中产阶层私人财产的近似没收，造成了供应瓶颈。

　　约瑟夫·斯大林于 1953 年 3 月 5 日去世，这对东

德领导层，造成了涉及他们生存的威胁。暂时，他们依旧坚持原先的路线，并加强对反对派力量的管理措施。劳工工作指标提高了，作为仅存的非政府组织，新教教会日益处于防御状态，尤其是"青年教区"，成了统一社会党的眼中钉。自由德国青年的官方报刊《青年世界》，称其为"美国指使进行战争煽动、破坏和间谍活动的隐蔽组织"。

　　5 月 1 日，包括私人企业家、自由职业者，以及被叫做"边境跨越者"的、在西方工作的东德公民在内的

总共大约两百万人，被排除在用食品券才能获得的供应之外。从那时起，他们必须在商贸组织的商店中，以过高的价格购买基本食品。

在莫斯科的紧急命令下，统一社会党于 6 月 11 日，在短时间内宣布了一条"新路线"：他们承认犯了"许多错误"，降低了价格，试图改善供应，以及重新引入工人回程票的票价折扣。但是，他们依然坚持在 5 月底确定的、关于对所有国有公司劳工工作指标（每单位时间内的工作效率）超过 10% 的提高量决定。

对提高工作指标的抵制，首先是在柏林"德国第一条社会主义大道"——斯大林大道上的建筑工地发生。1953 年 6 月 16 日，偏巧是在这里和腓特烈斯海恩医院的建筑工地上，发生了一起罢工，并由此而自发地形成了向莱比锡大街部委大楼的示威游行。这时，即使取消工作指标提高的消息，也已不再能使群众感到满意。自 6 月 17 日凌晨起，聚集在施特劳斯贝格广场上的人群不断增加，政治要求很快也变得响亮：政府下台，自由和无记名选举，释放政治犯，统一德国。

人民警察在很大程度上已失去了控制。大约 11 时，第一批苏联军队介入，"T34"型坦克驶来，苏联士兵和武装人民警察（KVP），开始在政府机关所在区域驱散示威游行人群，这期间发生了人员伤亡。下午 1 点，苏联占领当局指挥部，宣布城市进入紧急状态。到了晚上，基本上恢复了平静，通往西柏林的边境过道被封闭。

不仅仅首都有抗议活动，在德意志民主共和国的至少 272 个城市乡镇，都发生了或长或短的罢工。大约 30 万人至 40 万人，自发地参加了抗议运动，主要发生地在格拉、耶拿、莱比锡、马格德堡、哈雷、勃兰登堡和格尔利茨，以及哈雷区的工业城市，如洛伊纳、比特费尔德、沃尔芬和魏森费尔斯。一些监狱、警察局、市政厅、国家安全部门和统一社会党的设施遭到冲击。下午，占领当局对德意志民主共和国的总共 217 个县城行政区中的 167 个，宣布进入紧急状态，有 50—125 人，在 6 月 17 日那天失去了生命。

解散了抗议活动后，当局迅速作出反应：到 6 月 19 日，据报道，共有 17 人被苏联战地军事法庭枪决。约 15000 人因六一七事件被捕，民主德国法院判决了大约 1800 名政权的反对者，苏联军事法庭判决了近 750 人。

而且当局很快也找到了评判动乱的一种官方用语：这是一次"法西斯未遂政变"，瓦尔特·乌布利希又稳稳地坐在他的位子上。

在接下来的几周内，统一社会党从上到下，从党的领导层一直到区县书记，进行了人事大清洗。其间，国家安全部部长威廉·蔡塞尔，党报《新德意志报》的主编鲁道夫·赫恩施塔特等批评人士，被作为"反党集团"从中央委员会除名，司法部长马克斯·费希纳，被特别忠于党的路线的希尔德·本杰明取代。

在德意志联邦共和国，6 月 17 日成为纪念日，从 1954 年至 1989 年（包括 1989 年），人们以"德国统一日"之名为其庆祝。

德意志民主共和国及苏联的"解冻"

3 年后，德意志民主共和国陷入了又一场信誉危机。1956 年 2 月 25 日，苏共党总书记尼基塔·赫鲁晓夫，向参加苏联共产党第二十次代表大会的代表们，详细揭露了斯大林所犯下的罪行。演讲本来应该是不对外透露的，但是很快就在西方媒体出现了其节选。

赫鲁晓夫的揭露，在共产主义世界引起了严重的动荡，在波兰和匈牙利爆发了起义。

在德意志民主共和国，恢复了一些被打入冷宫的、统一社会党高官的工作，并赦免了 15000 多名政治犯。

1957 年 3 月，东柏林哲学家沃尔夫冈·哈里希因，因"组建反国家阴谋团体"而被判处 10 年监狱徒刑，这标志了政策的再一次收紧。老共产党人埃里希·梅尔克，成为国家安全部新任首脑，他于 1931 年在柏林射杀了两名警官后就逃到了莫斯科，而自他返回以来，一直在参与政治警察部门的建设。

作家斯蒂芬·赫姆林于 1956 年 1 月 10 日，在民主德国第四届作家大会上做演讲

1960 年 2 月，乌布利希担任了新成立的国防委员会领导职务。在开国总统威廉·皮克于 1960 年 9 月去世后，总统职位没有得到重新任命，而是成立了一个国务委员会，作为集体领导机构予以取代。国务委员会的主席，也是瓦尔特·乌布利希，因此，与他华沙条约组织的其他同事相比，他拥有更多的职务。

乌布利希早在 1956 年 7 月就宣布的社会福利改善，经过拖延才得到实施。粮食配给直到 1958 年 5 月底才取消，而承诺的每周 43¾ 小时工作时间，直到 1967 年秋天才实现。

1958 年 7 月，统一社会党第五届党代表大会的决议更加豪放：在"完成社会主义"的道路上，德意志民主共和国要在 1961 年之前，超越德意志联邦共和国的生活水平，并让劳动人民的"包括所有重要食品及日常生活用品在内的"人均消费，赶上并超过"西德总人口的人均消费"。

然而，很快就显而易见，东德的经济，对于这项任务力所不及。

作家的新角色

伴随着官方对经济的乐观主义态度，社会主义制度下作家的任务也得重新表述。在 1956 年 1 月举行的民主德国第四届作家大会上，统一社会党领导人瓦尔特·乌布利希宣布，"社会主义的现实主义"是具有约束力的准绳。

为了产生更多的"符合政策准绳"的建设文学，1959 年 4 月，公布了宣传口号"拿起笔，伙伴"。"比特费尔德道路"，旨在让工人成为作家，同时让作家熟悉工人日常。不断关注艺术家对党的立场观点要求是否满足，和"现实的政治与美学评价"，在随后的时期中，经常发生矛盾。

农业

1950 年代末，以不同社会化程度分为三阶段的农业集体化，大大加快了速度。统一社会党希望有一个"农业经济生产和劳动生产率的提高，并进一步改善农村人口的物质和文化生活条件"。到 1959 年底，农业生产合作社耕地面积，仅占农业用地面积的 45.1%。因此到了 1960 年 1 月，党的任务，是必要时对农业集体化进行强制推行。1960 年 4 月，最后一个完成任务交差的，是卡尔·马克思城区（直到 1953 年为开姆尼茨）。

这些措施，导致了由于完不成农业计划规定的供应危机和新一波逃亡。从 1949 年到 1961 年，有 270 万人离开了德意志民主共和国，占总人口的七分之一。从长远来看，这样的放血，使国家无法生存。

"经济奇迹" 与重新武装

1950 年代是一个伟大的社会转折时代。

联邦共和国的经济模式是"社会市场经济"，是经济竞争和个人的自由创造，结合国家干预以实现充分就业、物价稳定、收入和财富公平分配、经济稳定增长、外贸平衡以及防止对竞争的限制。

在民主共和国，是希望废除生产资料的私有制，以及制定集中的计划指标，从而形成一个经济的稳步发展，没有危机和失业的社会。

1950 年 2 月中旬，西德劳工局报告称，有 200 万人失业，失业率达 13.3%。但是，在度过了最严重困难的战争影响之后，西德出现了一个与结构变化相联系的、强劲的上升趋势。在 1950 年至 1960 年之间，就业人数从 450 万增加到 2650 万，失业率从 11.0% 降至 1.3%。国内生产总值（BIP）翻了一番以上，在 1960 年代又增长了 1.5 倍。

在西德，工会于 1951 年 5 月 21 日在矿冶工业争取到的同等决定权，为社会稳定作出了贡献。相比之下，适用于整个其他工业的、1952 年 10 月 11 日的《企业劳资法》，仅赋予职工代表对于社会、人事和经济事务的话语权。

1956 年至 1957 年，金属工业工会进行了为期长达 114 天的罢工，以获得生病时法定工资的续付。1962 年 12 月开始，实行法定的 15 天最低年假，并于次年将此增加到了 18 天。1964 年，金属工业工会，首次坚持获得了假日补贴款权。

路德维希·艾哈德所著的《共同富裕》，成为联邦共和国经济奇迹的格言

德意志民主共和国的经济发展

在 1950 年代，德意志民主共和国也报道了非常高的经济增长，国民收入在这 10 年中增长了 2.5 倍。

但是，东德没有形成与西方相当的增长动力。在两个德国，1950 年代都是由劳工社会主导的。1955 年，

路德维希·艾哈德

西德的"经济奇迹"对许多德国公民而言，是路德维希·艾哈德的功劳。

1897 年 2 月 4 日，这位经济学家出生在菲尔特。直到 1942 年，他一直担任纽伦堡商业学院经济观察所所长。艾哈德于 1945—1946 年被任命为巴伐利亚州经济部部长，并于 1948 年在货币改革后强制经济结束时，以联合经济区经济管理主任的身份配合工作。从 1949 年到 1963 年，他是联邦共和国经济部长，并从 1957 年起担任副总理，是一位在早期建设年代中，具有独特魅力的人物。

1963 年 10 月 16 日，他接任康拉德·阿登纳担任联邦总理。1965 年联邦议院大选后，他与自由民主党的执政联盟，因面临自联邦共和国成立以来的第一次经济衰退，于 1966 年 10 月破裂。直到 1966 年 12 月 1 日，艾哈德一直担任少数党政府总理。他的继任者库尔特·乔治·基辛格，随后组成了一个大联盟政府。

艾哈德于 1977 年 5 月 5 日在波恩去世。

西德工业在所有工业国家中，每周工作 49 个小时，有最长的工作时间。到了 1960 年，劳资合同平均每周工作的时间，已降低到每周 44 个小时。

鉴于充分就业，西德经济让越来越多的外国劳动力进入本国。1955 年底，西德与意大利签订了第一份招工合同，随后签订的国家有西班牙和希腊（1960 年）、土耳其（1961 年）、葡萄牙（1964 年）和南斯拉夫（1968年）。1964 年 9 月，一个葡萄牙人成为第一百万个"外籍工人"而受到欢迎，并因此获得一辆轻骑摩托车。

在德意志民主共和国，劳动力短缺通过稳定增长的妇女就业率得到弥补。但是，西德的生活水平提高得越快，统一社会党放弃消费的呼声也越高（"我们今天的工作，是为我们明天的生活"），这必然导致信心危机。

体育

1952 年，德意志联邦共和国又被允许参加奥林匹克运动会。

1954 年 7 月 4 日，联邦德国足球队在伯尔尼以 3 : 2 击败匈牙利，赢得了世界冠军。赫伯特·齐默尔曼的广播报道，成为德国人深刻的集体记忆："舍费尔边线内传，头球攻门，被挡住了，拉恩只能从对方后卫前射门。他射门了，进了！进了！进了！他为德国进球了！"

如果说因"伯尔尼的奇迹"，使几代德国人为之而兴奋，但年轻人对来自美国的摇滚乐的热情，却让老一辈深感困惑，就如同在大城市中时兴的"好斗青年的骚乱"。

重新武装

1951 年 2 月，联邦议院决定建立联邦边境警察（BGS），这是一支隶属于联邦内政部、由 10000 人组成的国家干预部队。1952 年 1 月，基民盟政治家特奥多·布兰克宣布，不久将成立联邦德国军队。

民主德国在这一点上的步子，已经迈出了很大一步，到 1952 年底，武装人民警察的人数已超过 90000。此外，自 1952 年成立的工人阶级战斗队，作为统一社会党的武装民兵团体而存在。1956 年 1 月 18 日，人民议会通过了建立国家人民军（NVA）的法律，而普通义务兵役制在民主德国，直到 1962 年才被引入。

在联邦德国，1956 年初，第一批士兵进入了安德纳赫（陆军）、讷沃尼希（空军）和威廉港（海军）的联邦国防军军营。1956 年 7 月 7 日，联邦议院批准了普通义务兵役制，1957 年 4 月 1 日，第一批大约 10000 名应征兵入伍。基本兵役最初为期一年，到 1962 年 4 月延长到 15 个月，到 1962 年 7 月延长到 18 个月。从 1973 年到 1990 年，基本兵役又回到 15 个月。

直到 1957 年 3 月，公众才知道了有关在西德境内部署美国核武器的信息。4 月，阿登纳将其解释为"仅是大炮的进一步发展"，而这却是我们不能舍弃的。一周后，德国 18 位主要核科学家，在"哥廷根宣言"中呼吁放弃核军备。1958 年 3 月 7 日发起的"与核死亡斗争"运动，通过多次集会，将这一话题传达给了公众。一个计划在社民党领导的州如汉堡和不来梅，进行一次

前锋兼队长弗里茨·瓦尔特（中）和他的凯泽斯劳滕队友霍斯特·埃克尔（右），在 1954 年 7 月 4 日足球世界杯决赛胜利后，在伯尔尼范可多夫体育场，被场上兴奋的球迷高高举起

在波恩的巴德戈德斯贝格区议事大厅，社民党决定了新的基本纲领

对联邦国防军进行核装备的民意调查，被联邦宪法法院宣布不合法。

20世纪50年代的政党

面对不可避免的"冷战"，当时拥有78000名党员的德国共产党，于1956年被禁止，宪法法院因此批准了联邦政府提出的起诉。

在1953年第二次联邦议院选举中，基民盟－基社盟以45.2％的选票明显获胜。在1957年的下一次联邦议院选举中，萨尔兰人首次获准投票。自1947年以后，萨尔兰地区就与法国建立了经济和关税同盟。然而，在1955年10月23日，三分之二的萨尔兰人，拒绝了通过欧洲萨尔兰法规以免与德国永久分离。1957年1月1日，萨尔兰作为第十个联邦州，成为联邦共和国的一部分。

1957年9月15日的联邦议院大选，是阿登纳及其竞选口号"不要实验"的胜利。他之所以能够获得绝对多数选票，在很大程度上，还要归功于实行了动态养老金的养老制度改革，因为那属于联盟党的作为。

他当选的另一个重要原因，是他的莫斯科之行。1955年9月，阿登纳与莫斯科建立了外交关系，并且协议解决了最后一批德国战俘的回归。

1959年11月，社民党在巴德戈德斯贝格的一次特别党代会上，通过了一项新的基本纲领，从而也实现了向全民党的纲领性过渡。这包括对国防的认可，对社会市场经济的根本接受。

1960年6月30日，社民党副主席赫伯特·韦纳在联邦议院发表讲话，标志着党的外交政策的变化。他承认北约是"德国统一政策一切努力的基础和框架"。新开始的个人信号，是柏林执政市长维利·勃兰特成为总理选举候选人。由于政策朝中间开放，社民党得以在1961年（36.2％）和1965年（39.3％）的联邦议院选举中，不断稳定地增加其选票份额。

柏林墙的建造

德国现代历史上最令人压抑的章节之一，始于建造柏林墙。

对东柏林和西柏林之间区域边界设施的增强，和对与联邦共和国之间边界壁垒的加固，旨在转嫁这第二个德意志国家经济崩溃的矛盾，并以此来阻止德意志民主共和国的公民不断逃向西方。

逃离德意志民主共和国

自 1948 年以来，柏林被划分为总共 480 平方公里面积的 3 个西部地区，和包括历史悠久的、位于勃兰登堡门和亚历山大广场之间的城市中心、总共 403 平方公里面积的东部地区。德意志民主共和国于 1949 年，宣布它那一半东柏林领土为共和国首都，并视西柏林为"特别政治单位"。

3 个西方强国，为西柏林的地位，以及为西柏林属于联邦共和国一员的资格作了多次保证。苏联共产党领导人尼基塔·赫鲁晓夫，也为打破这些保证做了最后一次尝试。他于 1958 年 11 月 27 日要求，在一年内将西柏林转变为非军事化的自由城，否则，苏联将把控制柏林的权力，转让给德意志民主共和国，并由其控制进出柏林的通道。但是，西方强国拒绝对四强控制进行任何更改。

1949 年至 1961 年之间，在联邦共和国和西柏林登记为东德难民的大约 270 万人中，其中超过 160 万人，是通过东西柏林区域边界逃离的。在那些永久背弃这个工农国家的逃离者中，有许多年轻人，但也有许多训练有素和受过良好教育的熟练工人、医生和手工业者。

1961 年 6 月，乌布利希还在否认建造柏林墙的计划。在柏林墙建造后，西柏林官方在大的广告牌上，引用这位德意志民主共和国国家元首的保证，向所有人揭露他的谎言

将要死亡的彼得·费希特尔被东德
边境士兵"救援"

民主德国要不惜一切代价，防止再度出现"出埃及记"。

1961年6月15日，统一社会党党魁瓦尔特·乌布利希还在向西方记者保证："我们首都的建筑工人，主要是建造居住建筑，他们的劳动力得到了充分利用，没有人打算建一堵墙。"

建造柏林墙和它的后果

但是在1961年8月12日至13日的夜里，封闭的命令下达了。在凌晨的几个小时内，人民警察和工人阶级战斗队，先用铁丝网和路障封闭了边界东部区域。193条大街和小巷，一下子变成了死胡同，在以前的81个过境点中，只有7个还保持开放，直接位于边界上的房屋入口和窗户，都被砌砖封堵。封闭切断了4条地铁线和8条轻轨线，通向柏林东部的交通，只有腓特烈大街车站仍然开放。

西柏林的城市外围边界和德国国内边界（两德边界）也被关闭。东柏林的领导人，对新一次"六一七"的恐惧是没有道理的：当时，没有公开的愤怒，只有迷乱的心火。

西柏林市长维利·勃兰特（社民党），呼吁西方同盟采取积极的措施，但西方在柏林的城市军政指挥官及他们的政府，对此只有抗议照会。作为道义上的支持，美国副总统林登·贝恩斯·约翰逊，于8月19日来到西柏林。而联邦总理康拉德·阿登纳，因为联邦议院大选，直到8月22日才有时间处理此事。而那时，市中心带刺的铁丝网，已经被混凝土和砌砖所替代。

在随后的几十年中，155公里长的围墙，分几个阶段进行了扩建。在几乎完全是4米高和1米厚混凝土墙后面的东柏林区域，连接着一片草坪、壕沟和平整过的带照明系统的沙带、一条柏油通道、观察瞭望塔和地堡；末端是一道带铁丝网的接触围栏结构，触碰时会触发光学和声学信号，再加上一堵"后方墙"或障碍围栏。

然而，还是有人反复尝试翻越被称为"反法西斯防卫墙"的边界。1964年10月5日，在最大的、最轰动的隧道逃亡中，有57名东柏林人逃离。在一次枪战中，一名边境部队的下级军官重伤而亡。到1989年，至少有139人在柏林墙下因暴力而失去生命，其中包括101名逃亡者，30名并无逃亡打算的东柏林和西柏林人，以及8名边境士兵。

逃亡者彼得·费希特尔的死亡，引起了特别强烈的愤慨。1962年8月17日，这名18岁的年轻人，在边境通道"查理检查站"附近的齐默尔街，因肺部和腹部多处中弹，在死亡地带无助地失血而亡。

西柏林人对盟军保护的信任危机，并没有持续多长时间。在1962年10月的古巴导弹危机中，美国总统约翰·菲茨杰拉德·肯尼迪既展现强大力量又富有和谈意愿的结合，避免了与苏联爆发战争的危险。

1963年6月26日，当他到访柏林并在舍恩贝格市政厅前用德语"我是一个柏林人"结束他的演讲时，现场超过40万人为他欢呼。

对于民主德国公民而言，柏林墙的建造清楚地表明，即便他们尚未相信这个系统，他们也必须接受这个系统。在随后的时间段里，人们越来越多地退回到私人生活中。这当然也给东德带来了益处，因为东德保证了高水平的社会安全度，并能够在1960年代，实现生活水平的提高。

统一社会党在其于1967年4月召开的第七届党代表大会上宣布，在中央计划框架内，进一步自由化开放。工作重心不再是特别关注重工业，而是电气工程、机器制造和生产自动化。在"超越而不是赶上"的宣传口号下，要尽快地弥补与联邦共和国之间的差距，将民主共和国经济推向"世界水平"。

自由德国青年，是唯一官方批准的、14岁以上青年人的群众性组织，建立民主德国自己的青年文化，是他们的任务。

西方的影响必须尽可能地受到抵制。"难道真的是这样吗，难道我们必须模仿自西方的所有肮脏？同志们，我认为，那种单调的耶——耶——耶，以及其他无论叫作什么，是的，应该是结束的时候了。"乌布利希于 1965 年 10 月 11 日这样宣布。

民主德国在文化领域的划界

为了与德意志联邦共和国划清界限，东德从 1964 年开始发行的身份证，将持有人确认为"德意志民主共和国公民"。1968 年 2 月，德意志民主共和国提出了一个新宪法的草案，随后在"人民座谈"中进行了许多活动，对该草案还做了一些小的修改，然后在 1968 年 4 月 6 日，举行了德意志民主共和国历史上的第一次、也是唯一一次公民表决，获得了 94.49% 的赞成。

新宪法宣布，民主德国为"在工人阶级及其马克思列宁主义政党领导下的……德意志民族社会主义国家"。基本的人身权利得到保障，但失去了以前拥有的移民权、自由选择职业权和罢工权。

1974 年再次对宪法做了修改，但这次没有进行公民表决，而只是通过人民议会的决议，并删除了所有提及德意志民族的内容，甚至连国歌，都只能演奏而不再演唱，因为其中的那行歌词"德国，统一的祖国"不再

合适。1968 年 7 月 1 日，一个民主德国自己的《刑法》，取代了 1871 年的《刑法典》。

1964 年，国际奥委会（IOC）还只允许一支德国队参赛，但在 1968 年 2 月的格勒诺布尔第十届冬季奥运会和在 1968 年 10 月的墨西哥第十九届夏季奥运会上，两支德国队首次同时参加比赛，但使用相同的旗帜（带有奥运五环标志的黑色－红色－金色旗帜）和相同的颂歌（路德维希·范·贝多芬的《欢乐颂》）。在墨西哥城，民主德国代表队（获得 9 金、9 银、7 铜，代号 GDR），比联邦德国的代表队强（获得 5 金、11 银、10 铜，代号 FRG）。

从 1972 年起，民主德国运动员允许使用自己的国旗和国歌参加比赛。他们在 1956 年至 1988 年之间，作为"运动服外交官"参加比赛，并获得了许多世界和欧洲冠军荣誉，以及 203 枚奥运会金牌，尽管其中一部分是使用了有问题的方法。为此，民主德国加强了对运动项目的选择并大力扶持推动，从而尽可能多地获得奖牌。

民主德国还希望通过首都的新地标来突出地位：亚历山大广场上高 368 米的电视塔，为纪念共和国成立 20 周年，于 1969 年 10 月 3 日如期交付使用

"敢于更多民主"

1960 年代，变革之风在联邦共和国吹起。政治和社会，以及人们对生活的态度和价值观体系都在发生变化。在 1961 年的联邦议院大选中，基民盟和基社联失去了他们的绝对多数席位，康拉德·阿登纳只得与自由民主党结盟，才能在 1961 年 11 月 7 日第四次当选总理。他曾考虑过转而担任总统一职，但在 1959 年，他还是让自己的党内同事海因里希·吕布克当了总统。

在 1960 年代，除了政治，还有一些原因使人们感到紧张不安。在 1962 年 2 月 16 日至 17 日一夜，仅在汉堡就有 315 人因为 100 年来最严重的洪灾而死亡。沙利度胺丑闻于 1962 年 8 月被曝光：在其母亲服用了镇静剂沙利度胺后，超过 10000 多名新生儿在出生时，就患有畸形和神经损伤。

新的对父母一代秩序觉醒的叛逆，表现形式为一种青年文化的产生。1962 年 4 月 13 日，"星星俱乐部"在汉堡圣保利开业，从利物浦来的披头士乐队，以这儿作为走向世界的跳板。

1960 年代，也是性关系行为的一个 10 年新起点，1961 年 6 月 1 日，第一种口服避孕药投放欧洲市场。

从阿登纳到艾哈德

1963 年 10 月 15 日，阿登纳在 87 岁时告别政坛。违背了"罗恩多夫老人"的意愿，路德维希·艾哈德成为他的继任者。随着 1965 年 5 月 12 日与以色列建交，新任联邦总理艾哈德更强调针对以往的补偿政策，甚至

在传奇的汉堡"星星俱乐部"，披头士乐队于 1962 年 3 次登台客演。1965 年照片

对鲁道夫·奥格斯坦的逮捕引发了全国的抗议，就如这张照片所示。1962 年 11 月 2 日在慕尼黑

不惜与中东 10 个国家中断外交关系。

　　艾哈德的声誉因德国空军新型战斗机"星式战斗机"的危机而受损。联邦空军在使用美国开发的单引擎洛克希德战斗机时，以 F-104 G 机型特有的短翼，不仅用作拦截机，而且还用作战斗轰炸机和侦察机。由于技术问题，在服役的 900 多架战机中，有三分之二坠毁，并造成了 108 名联邦国防军飞行员死亡。

　　1965 年大选后，艾哈德继续与自由民主党结盟执政。在 11 月 10 日的政府声明中，他呼吁人民保持"适度克制"。在此期间，危机的症状已经明显——德国马克失去了购买力，煤炭和钢铁生产商陷入亏损状态。

　　1966 年 10 月 27 日，自由民主党的 4 位联邦部长辞职，艾哈德任期至 12 月 1 日结束。

　　此时，两个主要政党已就以基民盟政治家库尔特·乔治·基辛格为首的执政联盟达成协议。他的内阁，包括来自基民盟－基社盟的 11 名部长和 9 名社民党部长，其中的维利·勃兰特担任外交部长。

　　在联盟党中，基社盟主席弗朗茨·约瑟夫·施特劳斯，

得以重登联邦政治舞台。作为联邦议院议员（1949 年至 1978 年）和联邦部长（从 1953 年起），他被视为未来的明星，直到他的职业生涯在"明镜事件"中受到挫折。事件的起因，是 1962 年 10 月 10 日发表在《明镜》周刊上的一篇关于联邦国防军防御能力缺陷的文章（"有条件的防卫准备"）。因施特劳斯的命令，编辑部于 1962 年 10 月 26 日遭到搜查，《明镜》周刊创刊人鲁道夫·奥格斯坦和其他编辑部高级职员遭到逮捕。

　　起初，阿登纳还为他的部长辩护，甚至于在 1962 年 11 月 7 日，还在谈论"叛国深渊"。然而，出于对执政联盟伙伴自民党的考虑，阿登纳之后不得不牺牲施特劳斯。

　　现在，应该由作为财政部长的施特劳斯和他的经济部同事卡尔·席勒（社民党）来继续推动经济发展，他们通过"协调行动"来做到这一点。协调行动是指 1967 年 2 月首次建立的，由职工联合会、雇主联合会、专家委员会和政府组成的圆桌商谈，以及 1967 年 6 月通过的稳定经济法案。

　　由国家提供财政支持，尽可能地同时实现价格稳定、充分就业、外部经济均衡和适当的经济增长。

　　在随后的时间里，自 1949 年以来的第一次经济衰退，几乎在一瞬间就蓦然转入了繁荣。

"六八运动"

　　反对美国越南战争的抗议和对大学老旧条件的厌恶，导致了议会外反对派（APO）的出现。

　　本诺·欧内索格于 1967 年 6 月 2 日的死亡，引发了全国性的愤怒。这位 26 岁的德语文学专业的大学生，

于当晚在柏林德意志歌剧院前，参加了一次抗议集会，抗议独裁统治的伊朗国王沙阿穆罕默德·礼萨沙·巴列维，其间被一名警官开枪射杀。这个警官经两次庭审后被无罪释放，直到40多年后才知道，杀手也是一个斯塔西暗探。欧内索格的死亡激化了矛盾，并使社会主义德国大学生联盟（SDS），成为议会外反对派的核心。

1967年11月9日，在汉堡大学大礼堂校长的接任仪式上，两名大学生展开了写有"长袍之下，千年腐朽"字样的横幅，使学生运动有了其最具吸引力的口号。对于叛逆的大学生来说，视议会外反对派活跃分子为"闹事者"和"暴力学生"的出版商阿克塞尔·凯萨·斯普林格及其"图片报"，是他们反对的"幕后集团"的最重要支柱。抗议活动的高潮，发生在1968年2月17日至18日在柏林举办的越南大会上，反威权运动的学生领袖鲁迪·杜契克，在大会上呼吁进行一场反对美帝国主义的"革命力量全球化"运动。

1968年4月11日，杜契克在一次暗杀事件中，被一个年轻的右翼极端分子射中3枪，身负重伤。在接下来的复活节期间，在27个城市中发生了暴力冲突，其中大多数是针对出版商阿克塞尔·凯萨·斯普林格的。

1968年5月30日，联邦议院通过了备受争议的《紧急状态法》，该法案在发生国防、内乱和自然灾害的情况下，极大扩展了联邦政府的权限，同时使限制信件、

维利·勃兰特在被选为联邦总理后，在联邦议院宣誓就职

邮政和电讯的私密性成为可能。

勃兰特成为联邦总理

在动荡的1960年代末，基民盟－基社盟首次成为反对派。1968年1月底，随着瓦尔特·谢尔取代民族自

维利·勃兰特

维利·勃兰特于1913年12月18日出生在吕贝克，出生时的名字叫赫伯特·卡尔·弗拉姆。

勃兰特在青年时期就热心政治，并成为左翼社会民主主义者。他于1933年移民挪威，1940年到瑞典。战争结束后，他以记者身份返回，并于1948年重新入籍。

从1949年到1957年，他是社民党联邦议院议员，并于1957年成为西柏林市长。在1961年和1965年两次作为总理候选人败选后，他于1966年带领社民党进入大联盟，并担任政府外交部长。

1969年，他与自民党组成执政联盟。1971年，他因

旨在缓和紧张局势的东方政策，而获得诺贝尔和平奖。在1972年11月的新选举中，社民党首次成为最强大的政治力量。

因为纪尧姆间谍案，他于1974年5月6日辞职。从1976年到1992年，他担任社会党国际主席，并在1977年至1979年期间，领导一个叫南北委员会的国际组织，以解决国际发展问题。1987年，他辞去了任职23年之久的社民党主席职务。

勃兰特于1992年10月8日，在波恩附近的翁克尔去世。

由主义者埃里希·门德当选为党主席，自民党进行了纲领上的转变，这为社民党－自民党政治联盟奠定了基础。

依据社民党和自民党的选票，联邦大会于 1969 年 3 月 5 日，选举了社民党政治家古斯塔夫·海涅曼为第三任联邦总统。海涅曼的 5 年任期，以他努力作为"公民总统"形象为标志，舍弃任何空洞的激情（"我不爱任何国家，我爱我的妻子"）。

在 1969 年 9 月 28 日的联邦议院选举中，联盟党虽然以 242 个席位再次成为最强大的政治力量，但社民党（224 个席位）和自民党（30 个席位）却利用了这次机会，更换了政府。

10 月 21 日，联邦议院以 251 赞成票对 235 反对票、5 票弃权及 4 票无效，使维利·勃兰特当选为联邦总理。在随后的 13 年中，社会－自由联邦政府决定了政策。勃兰特在 10 月 28 日的政府声明中，提出了其执政基本路线：在"我们要敢于更多民主"的口号下，进行了许多内政改革，例如法律体系的自由、社会网络的扩大和教育制度的改革。勃兰特还以"我们希望对内对外，都成为并也将成为和邻居友好相处的民族"，同时阐明了一项新的东方政策。

"以接近求改变"

鉴于苏联在东欧最高统治地位的巩固，以及美国在越南战争中的失败，两个"超级大国"之间的关系，在 1970 年代朝着缓和方向变化。这给联邦共和国提供了更多的自由空间，以实行社民党政治家埃贡·巴尔早在 1963 年 7 月 15 日就提出的、"以接近求改变"这一概念所描述的战略。

这种"小步子政策"，最早是在柏林尝试的。

作为柏林墙建造后的人道主义缓和，1963 年 12 月 17 日，西柏林市议会与德意志民主共和国之间，达成了第一份访问这座城市东部的"通行证协议"，随后还达成了其他的一些协议。苏联和民主德国认为西柏林是一个独立的政治实体，但西方列强和联邦共和国都拒绝承认这种"三国理论"。

从 1964 年 9 月开始，民主德国允许其女性和男性养老金领取者，每年最长可以访问西方 4 个星期。鉴于外汇的长期短缺，3 个月后，东柏林方面对来自联邦共和国的访客，进行了强制性货币兑换。开始时，每人每天必须以 1:1 的比例，将 5 西德马克换成民主德国货币。根据两个德国之间关系的水平变化，这种"强制性兑换"的货币量，在随后的几年中有所增加或者减少。

统一社会党领导人瓦尔特·乌布利希因为坚持将"东德模式"，作为所有发达的"真正的社会主义"工业国的榜样，而在克里姆林宫渐渐名声跌落。

埃里希·昂纳克于 1971 年 5 月作为继任者上台。

勃兰特的东方政策

因为所实行的东方政策，联邦总理维利·勃兰特和他的外交部长瓦尔特·谢尔，显著地缓解了联邦共和国与其东欧邻国之间的紧张关系。

作为第一位联邦总理，勃兰特于 1970 年 3 月，访问了德意志民主共和国，并在埃尔福特受到好几千东德民众的欢呼庆祝。但在内容层面，他与东德部长会议主席维利·斯多夫的谈话，却没有使双方更接近；5 月在卡

埃里希·昂纳克

埃里希·昂纳克于 1912 年 8 月 25 日出生在萨尔兰维贝尔斯基兴（现为诺因基兴）的一名矿工之家，1926 年就加入了德国共产主义青年联合会（KJVD），后来加入了共产党。

作为非法青年工作的组织者，昂纳克于 1935 年 12 月在柏林被捕，并被判处 10 年徒刑。昂纳克从勃兰登堡 – 格尔德监狱获救后，于 1945 年 5 月加入从莫斯科飞返的"乌布利希集团"。从 1946 年到 1955 年，他担任德国自由青年主席。1971 年 5 月 3 日，昂纳克出任统一社会党中央委员会第一书记（从 1976 年 5 月起为总书记），从 1976 年 10 月起还担任国务委员会主席，并在全球范围内，使德意志民主共和国得到承认。

他于 1989 年 10 月 18 日被免职，并于 12 月 3 日被统一社会党开除。

昂纳克因滥用职权和贪污腐败而被起诉，有一段时间暂时逃亡莫斯科，但在 1992 年被引渡给联邦共和国。由于他身患癌症，一个已经开庭的、针对他的诉讼被取消。

1994 年 5 月 29 日，昂纳克在智利圣地亚哥去世。

塞尔举行的另一次会面，也只是改善了一下双方的气氛。

勃兰特拒绝了德意志民主共和国所要求的国际法律承认："即使在德国存在着两个国家，但它们相互间不是外国；它们之间的关系只是一种特殊的关系。"这是在他的执政声明中已经强调过的。

但是，这些会面，对联邦共和国与苏联之间在莫斯科举行的关于放弃武力的谈判，产生了积极影响。《莫斯科条约》于 1970 年 8 月 12 日签署，并宣布"今天和将来"，所有欧洲国家之间的边界不容侵犯，也包括奥得 – 尼萨线和两德边界。联邦政府在作为附件的"关于德国统一的信函"中确认，条约的内容与"自由自决"实现统一的政治目标不相矛盾。

1970 年 12 月 7 日在华沙签署的德国 – 波兰《华沙条约》，包含除了使关系正常化的愿望之外，还有双方放弃对于领土要求的相关内容。

勃兰特在 1943 年华沙犹太区起义受害者纪念碑前敬献花圈时下跪的照片，传遍了全世界。

1971 年 12 月 10 日，挪威议会诺贝尔委员会鉴于勃兰特的和解政策，为他颁发了诺贝尔和平奖。

勃兰特 – 谢尔政府因与东方签订的条约，被保守派指责为"出卖德国利益"。此外，在从一开始就只多出 12 票的勉强多数而组成的社民党 – 自民党执政联盟中，还出现了转向联盟党阵营的倒戈者。因此，基民盟和基社盟试图以建设性不信任投票推翻勃兰特，并由基民盟主席赖纳·巴泽尔取代。然而，在 1972 年 4 月 27 日的投票中，巴泽尔只获得 247 票，而不是必需的 249 票。直到很久以后，才有迹象表明，德意志民主共和国国家安全部，显然贿赂了两名基社盟议员，以使勃兰特继续执政。

新的强权人物：埃里希·昂纳克于 1971 年 5 月 28 日，在一个统一社会党的青年组织自由德国青年集会上讲话

德意志联邦共和国总理在纪念碑前，为在华沙犹太区起义中被德国士兵杀害的反抗者下跪

1972 年 5 月 17 日，联邦议院批准了《莫斯科条约》和《华沙条约》，它们促成了 1972 年 6 月 3 日生效的《柏林四强协定》。这份协定强调了 4 个战胜国的特殊责任，同时确定，西柏林虽然不是联邦共和国的一部分，但西柏林与联邦共和国之间存在特殊联系。

《柏林四强协定》、1971 年 12 月的《过境协定》和 1972 年 5 月的《运输协定》，首次对出入柏林的陆路和水路过境交通，以及西柏林人到城市东部和到东德的旅行可能，作了具有约束力的规定。

1973 年 12 月 11 日签订的德国 – 捷克斯洛伐克《布拉格条约》，宣布 1938 年将苏台德地区分离的《慕尼黑协定》为"无效的"。

在 1972 年 11 月 19 日的联邦议院提前大选中，社会自由执政联盟得到确认。激烈而又充满激情的选举活动，造成了高达 91.1% 的唯一一次的特高投票率。在 496 个议席中，社会民主党人以 230 个席位，首次成为联邦共和国最强大的政治力量。

1972 年 12 月 21 日的《两德基础条约》，首次规定了两个德国之间的关系。

条约商定了对现有边界的、相互"依据国际法"的承认，但联邦共和国对德意志民主共和国不予以国际法的承认。在随后的时期内，从西德去东德的旅行人次明显增加了，在特殊情况下，甚至还在退休年龄之下，从东德到西德旅行也成为可能。

在 1963 年至 1989 年之间，联邦共和国用外汇或者原材料，从东德的监狱，购买了 33755 名政治犯的自由。

1973 年 9 月 18 日，德意志联邦共和国和德意志民主共和国成为联合国成员国。在接下来的时期中，除联邦共和国以外，其他西方国家在外交上承认了民主德国，并在东柏林开设了使馆。出于两个德意志国家之间所处的特殊关系，波恩和东柏林都宣布在对方的机构为"常驻代表"。

国际社会的承认，显然提高了民主德国的自信心，1976 年开放的"共和国宫"，建在 1950 年被炸毁的柏林王宫的遗址上，作为大型活动中心和人民议会的所在地。

沃尔夫·比尔曼被取消国籍

1975 年 8 月 1 日，35 位国家元首或政府首脑，在赫尔辛基签署了《欧洲安全与合作会议（CSCE）最终法案》。其中所宣布的意向声明，尽管不受国际法约束，但为许多东欧国家的人权运动，提供了新的动力。

为了摆脱令人烦恼的批评者，东德政府放松了对一些想要离开者的限制。歌曲创作者沃尔夫·比尔曼被取消国籍，导致了政府与许多文化工作者之间的激烈冲突。长期以来，他一直被禁止在民主德国演出，只允许他作西方巡演，但在 1976 年 11 月 13 日首次演出后，比尔曼的国籍被取消了。

这一措施引发了强烈抗议，许多著名艺术家和知识分子，离开了德意志民主共和国，其中包括作家尤尔根·福克斯和莱纳·昆泽，还有歌曲创作者格鲁夫·帕纳赫，以及很受观众喜爱的演员兼歌手曼弗雷德·克鲁克。

新社会运动与"波恩转向"

1970 年代对在联邦共和国的德国人而言，是一个充满危机和动荡的时期：油价猛涨、经济低迷、恐怖主义的挑战和对环境破坏的抗议不断增加，以及核能的危险，使许多联邦共和国公民陷于困惑。

社会改革

同时，国家和社会的现代化开始了，这包括中小学和大学的改革，以及刑法改革。

刑法改革的重点，是罪犯的再社会化考虑和废除各种形式的刑事执行（强劳监禁，监狱监禁和拘留），诸如成人通奸、皮条客、兽奸和同性恋之类的罪行被废除。

经过长期的政治和法律争辩后，1976 年对《刑法典》218 条关于人工流产判刑的改革，是在指导模式的基础上来进行规定的。

选举投票年龄从 21 岁降低到 18 岁，成人年龄和婚姻年龄限制，也从此定为 18 岁而不是 21 岁。

在婚姻法和家庭法中，权利平等的原则成为主导，在姓氏的选择上也是如此。在离婚的情况下，婚姻破裂原则取代了先前的过错原则。

1972 年 1 月，新的《企业组织法》，在法律上规定企业必须组织职工委员会，并扩大了职工代表的参与权。1976 年，凡员工超过两千人的大公司，采用了企业（雇主和雇员）共同决定法。

1972 年 1 月，关于禁止极端分子进入公务员职业的《激进分子法》，引发了激烈的争论。超过 1000 名主要是德国共产党成员的申请人，没有被录用为公务员，原因据称是对宪法缺乏忠诚。

1970 年代，石油也成了政治的工具。在第四次以阿战争中，阿拉伯产油国于 1973 年 10 月，对与以色列结盟的国家实施了石油供应抵制。因此，必须尽可能地限制燃油消耗，如 1973 年 11 月 25 日，这是联邦共和国实行的 4 个无车星期天中的第一个。对于西方经济而言，石油价格突增，意味着痛苦的经济衰退。

1974 年 4 月 24 日，联邦总理的私人顾问君特·纪尧姆被揭露为东方间谍。两周后，维利·勃兰特承担了政治责任并辞职。前财政部长赫尔穆特·施密特于一天后被提名为继任者，并在 1974 年 5 月 16 日被联邦议院选举为总理。

在经济政策中，施密特碰上了棘手的经济滞胀现象——价格急剧上涨，同时出现经济停滞萧条和失业率上升。失业人数从 1973 年至 1977 年之间，从年平均 27.3 万人（失业率 1.2%）增加到了 102.9 万人（失业率

4.5%）。1975 年 11 月，施密特和法国总统瓦莱里·吉斯卡尔·德斯坦邀请六个最重要工业国家的国家元首和政府首脑，来到朗布依埃会面，以此建立了世界经济峰会的传统（自 1976 年起成立的 G7）。

工业国加大了努力，希望通过节约能源和改用其他能源，来结束对石油的依赖，这导致了核能的大规模扩张。相应的抵制也很快形成，1975 年 2 月，抗议者占领了巴登维尔核电站的建筑工地，虽然这场冲突最终和平解决了，但从 1976 年 10 月起，在易北河下游布罗克多夫发生的冲突不断，其中一些几乎类似于内战。

在接下来的几年中，抗议活动进一步加剧，尤其是自 1979 年在美国哈里斯堡核电站发生了"近乎最大设想的事故"，以及 1986 年在切尔诺贝利核反应堆灾难

1972 年，约 30 名妇女当众烧毁了她们因涉嫌违反刑法第 218 条而收到的调查通知书

以后，事实证明了核能带来的巨大危险。1980年6月，警察对下萨克森州戈莱本由核能反对者建立的营寨"温德兰自由共和国"作了清场。按能源政策者的意愿，在那儿将建造一个核废料处理场。

反对核能和保护环境的抗议活动，导致了"绿色运动"的出现，1980年1月，"绿党"成为联邦层面的政党。

恐怖主义

1972年，西德人突然意识到，世界政治未解决的问题，并没有被阻止在联邦共和国的边界外。在慕尼黑举办第二十届奥林匹克运动会（1972年8月26日至9月11日）的欢乐气氛，在9月5日凌晨突然被打断——巴勒斯坦武装组织"黑色九月"的成员，闯入以色列队奥运村驻地，开枪射杀了两名以色列人，并劫持了另外9人。在人质劫持的当天晚上，在菲尔斯滕费尔德布鲁克机场，以一场血腥的人质营救尝试结束。

而在3个月前，警察逮捕了红军派（RAF）的领导人。

经过多年的通缉追捕，安德烈亚斯·巴德尔、霍尔格·梅恩斯和扬·卡尔·拉斯佩，于1972年6月1日在美因河畔法兰克福，经过长时间的枪战交火后被捕。自6月7日在汉堡逮捕了古德伦·恩斯林、6月15日在汉诺威逮捕了前左翼月刊《具体》记者乌尔丽克·迈因霍夫之后，红军派的强硬核心被排除了。他们以"城市游击队"形式对抗国家和美国驻军设施，从而挑动"统治者的暴力"，企图以此来获得民众支持的战略失败了。国家以最大的力度作出反应，大规模升级装备了警察，并强化和扩大了刑法。

被监禁的红军派成员，于1975年5月在斯图加特－斯达姆海姆受到审判。迈因霍夫于1976年5月9日自杀，巴德尔、恩斯林和拉斯佩于1977年4月28日被判处无期徒刑。

差不多与此同时，一帮"第二代"恐怖分子开始了武装斗争。1977年4月7日，联邦检察院总检察长西格

1976年10月30日，群众举行了反对在布罗克多夫建造核电站的第一次示威游行，警察使用了高压水枪

重新建立的德国－法国友好：联邦总理施密特和法国总统瓦莱里·吉斯卡尔·德斯坦，1977 年在波恩

弗里德·布巴克被枪杀；7 月 30 日，德累斯顿银行的董事会发言人于尔根·彭托，在一次未遂绑架案中被杀；1977 年 9 月 5 日，红军派突击队在科隆绑架了雇主联合会主席汉斯·马丁·施莱尔，并在一份绑架声明中，要求释放被监禁的红军派成员。

为了使联邦政府承受更多压力，10 月 13 日，4 名巴勒斯坦恐怖分子，劫持了汉莎航空的飞机"兰茨胡特"。经过一段方向迷乱的飞行后，被劫持的波音 737 终于降落在索马里首都摩加迪沙。10 月 18 日晚上，联邦边防警察部队的一个反恐特种部队第九大队（GSG 9）

赫尔穆特·施密特

与"幻想主义者"维利·勃兰特相反，1918 年 12 月 23 日出生在汉堡的赫尔穆特·施密特，被认为是政治事务中清醒的实干家，无论是担任汉堡的警察，即内政参议员（1961—1965 年），还是担任联邦议院议员（1953—1962 年及 1965—1987 年）。作为一位锋芒尖锐的辩论家，这位社会民主党人得一别名叫"臭嘴施密特"。

社会自由执政联盟成立后，前国防军的中尉担任了国防部长（1969—1972 年）、财政经济部长（1972 年）和财政部长（1972—1974 年）。

作为联邦总理，他领导着一个社会自由联盟，直到 1982 年。在自民党部长退出后，施密特于 1982 年 10 月 1 日，被基民盟－基社盟发起的建设性不信任投票推翻。

自 1983 年以后，他是汉堡《时代》周报的联合出版人，并以吸薄荷烟的"老政治家"形象，留在德国公众视野中。

施密特于 2015 年 11 月 10 日在汉堡去世。

Anarchistische Gewalttäter
– Baader/Meinhof-Bande –

Wegen Beteiligung an <u>Morden</u>, <u>Sprengstoffverbrechen</u>, <u>Banküberfällen</u> und anderen Straftaten werden steckbrieflich gesucht:

Meinhof, Ulrike,
7. 10. 34 Oldenburg

Baader, Andreas Bernd,
6. 5. 43 München

Ensslin, Gudrun,
15. 8. 40 Bartholomae

Meins, Holger Klaus,
26. 10. 41 Hamburg

Raspe, Jan-Carl,
24. 7. 44 Seefeld

Stachowiak, Ilse,
17. 5. 54 Frankfurt/M.

Jünschke, Klaus,
6. 9. 47 Mannheim

Augustin, Ronald,
20. 11. 49 Amsterdam

Braun, Bernhard,
25. 2. 46 Berlin

Reinders, Ralf,
27. 8. 48 Berlin

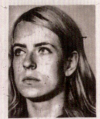
Barz, Ingeborg,
2. 7. 48 Berlin

Möller, Irmgard,
13. 5. 47 Bielefeld

Mohnhaupt, Brigitte,
24. 6. 49 Rheinberg

Achterath, Axel,
15. 4. 35 Hannover

Hammerschmidt, Katharina,
14. 12. 43 Danzig

Keser, Rosemarie,
24. 8. 47 Ebersberg

Hausner, Siegfried,
24. 1. 52 Selb/Bayern

Brockmann, Heinz,
1. 3. 48 Gütersloh

Fichter, Albert,
18. 12. 44 Stuttgart

Für Hinweise, die zur Ergreifung der Gesuchten führen, sind insgesamt **100 000 DM** Belohnung ausgesetzt, die nicht für Beamte bestimmt sind, zu deren Berufspflichten die Verfolgung strafbarer Handlungen gehört. Die Zuerkennung und die Verteilung erfolgen unter Ausschluß des Rechtsweges.

Mitteilungen, die auf Wunsch vertraulich behandelt werden, nehmen entgegen:

Bundeskriminalamt – Abteilung Sicherungsgruppe –
53 Bonn-Bad Godesberg, Friedrich-Ebert-Straße 1 – Telefon: 02229 / 53001
oder jede Polizeidienststelle

Vorsicht! Diese Gewalttäter machen von der Schußwaffe rücksichtslos Gebrauch!

通缉海报，20世纪70年代

赫尔穆特·施密特祝贺他的继任者赫尔穆特·科尔。科尔在 1982 年 10 月 1 日当选为联邦总理

解救了人质。巴德尔、恩斯林和拉斯佩通过偷送进监狱的无线电得知了此事后，自杀身亡，施莱尔的尸体于 10 月 19 日，在米卢斯（阿尔萨斯）被发现。

　　国家和企业界的主要人物遭到暗杀的案件，一直持续到 20 世纪 90 年代，而红军派，也直到 1998 年才自行宣布解散。

社会自由联盟时代的结束

　　尽管在对待恐怖分子的问题上，施密特总理展现出了他强硬坚定的态度，但在 1976 年 10 月 3 日的联邦议院选举中，却只能勉强胜出联盟党总理候选人赫尔穆特·科尔。

　　4 年后，1980 年 10 月 5 日，他的社会自由联盟，战胜了联盟党及其候选人弗朗茨－约瑟夫·施特劳斯（基社盟），但这却要归功于自民党选票的强劲增加。而且，

施密特遇到了问题，因为他自己所在的社民党中的大多数，都不愿意跟随他一起支持 1979 年 12 月 12 日的北约双轨决策。那天，北大西洋公约组织成员国，在布鲁塞尔决定，对欧洲部署的美国地基导弹系统进行现代化改造，并同时向苏联提出建议，开启限制这类武器系统的谈判。

　　然而，施密特面对的更为紧迫的是就业问题。1979 年的伊朗伊斯兰革命和 1980 年 9 月第一次海湾战争的爆发，引发了第二次石油危机，失业人数接近了两百万大关。自民党要求限制政府开支以减少国家负债，并进行一项社会保险体系的改革，并于 1982 年 9 月 17 日，将其 4 名联邦部长从政府撤出。

　　3 天后，基民盟－基社盟议会党团提名科尔，作为定于 10 月 1 日举行的建设性不信任投票的总理候选人。社会自由联盟时代结束了。

分裂的德国最后几年

在社会自由联盟失败后，联邦议院于 1982 年 10 月 1 日，以基民盟 – 基社盟和多数自民党的选票，选举了赫尔穆特·科尔为新的联邦总理。

基民盟主席通过 12 月 17 日进行的信任问题提案，从而获得了他所希望的提前选举授权，依据他同新的执政盟友之间的协议，也未获得多数。1983 年 3 月 6 日，选民们确证了科尔的计划：基民盟 – 基社盟以 48.8% 的得票率，只差一点而错过了绝对多数，但自民党和社民党则明显丢失了选票。

科尔政府

绿党以 5.6% 的得票率首次进入联邦议院。在随后的时间里，绿党与社民党在州一级层面上建立了多个执政联盟，其中最早一个红 – 绿组合，是 1985 年 12 月在黑森州建立的。约施卡·菲舍尔在威斯巴登的州议院宣誓就职，他当上环境部长时所穿着的那双白色运动鞋，后来走进了博物馆。

1983 年选举胜利后，科尔建立了一个由基民盟 – 基社盟和自由民主党组成的政府。新政府通过节省预算的政策，成功地刺激了私人投资。尽管经济强劲复苏，但 1983 年至 1989 年之间的失业人数，仍保持在平均每年两百万以上。

同时，好几起政治事故和丑闻，使科尔的第一任期黯然失色。在 1981 年底公之于世的弗利克公司政党捐金事件中，经济部长奥托·拉姆斯多夫伯爵（自民党）

1983 年，绿党强烈反对在联邦共和国安装美国中程导弹，但是，在 1983 年 11 月 22 日，联邦议院还是通过了装备升级决定。联邦议院的绿党议员对投票结果作出的反应是，高举起围巾并呼吁抵制。图右侧高举围巾的是绿党女政治家佩特拉·凯利

丹麦

北海

波罗的海

德意志联邦共和国和德意志民主共和国

········ 两德边界
------- 西柏林边界
* 直到 1999 年为德意志联邦共和国
临时首都

弗伦斯堡

基尔

施特拉尔松德

格赖夫斯瓦尔德

罗斯托克

吕贝克

什未林

什切青
（斯德丁）

不来梅哈芬

汉堡

新勃兰登堡

波兰

荷兰

奥尔登堡

不来梅

维滕贝格

东柏林
德意志民主共和国首都

西柏林

法兰克福
（奥得河畔）

汉诺威

德意志
民主共和国

波茨坦

布伦瑞克

马格德堡

科特布斯

明斯特

德意志联邦共和国

哈雷

莱比锡

杜塞尔多夫

卡塞尔

德累斯顿

科隆

爱森纳赫

格拉

卡尔·马克思城

波恩*

莱茵河

富尔达

霍夫

布拉格

法兰克福

美因河

捷克斯洛伐克

美因茨

维尔茨堡

卢森堡

纽伦堡

萨尔布吕肯

雷根斯堡

多瑙河

斯图加特

斯特拉斯堡

奥格斯堡

法国

慕尼黑

弗赖堡

萨尔茨堡

巴塞尔

瑞士

奥地利

0 50 100 150km

赫尔穆特·科尔（左一）和罗纳德·里根（左起第三）及两名着便装的高级军官在比特堡的战士公墓

参与其中，因此他不得不辞职。国防部长曼弗雷德·沃纳（基民盟）于 1984 年初，因北约将军君特·基斯林涉嫌同性恋，以安全隐患为由让其退休，这无意间上了标题新闻，而事实证明该指责是错误的，因此必须为基斯林恢复名誉。

科尔与法国总统弗朗索瓦·密特朗，于 1984 年 9 月在凡尔登举行的第一次世界大战死亡者纪念活动中的共同亮相，在国内外受到广泛关注。但在 1985 年 5 月，科尔却让美国总统罗纳德·里根感到十分尴尬：他们在艾费尔山脉比特堡参观的战士公墓中，还埋着武装党卫队成员的坟墓。

1985 年 5 月 8 日，正值德国投降 40 周年之际，自 1984 年以后担任联邦共和国总统的基民盟党人里夏德·冯·魏茨泽克，发表了令人难忘的讲话：战争的结束对于德国人来说，是从"国家社会主义反人类系统残暴专制下"的解放。国家社会主义不是自然灾害，德国的分裂不是战争结束的结果，而是纳粹独裁的结果，"我们决不能将 1945 年 5 月 8 日与 1933 年 1 月 30 日分开"。

在 1987 年 1 月 25 日的联邦议院选举中，科尔政府继续执政。全民政党基民盟－基社盟和社民党，都失去了选票，而自民党和绿党则获得了选票的增加。

德意志民主共和国的经济困境

在这同时，东德正待解决经济问题。自 20 世纪 70 年代中期以来，东德生活水平的发展就一直停滞不前，个人日用消费品的供应，也经常处于紧缺状态。德意志民主共和国的公民，越来越多地申请移居联邦共和国，并利用西方国家的使馆或波恩常驻东柏林代表处，作为获得出境许可的通道。

由于高外债和缺乏贷款能力，东德不得不向"阶级敌人"寻求帮助。有趣的是，偏偏是巴伐利亚州保守派州长弗朗茨·约瑟夫·施特劳斯，让联邦政府在 1983 年 6 月，为 10 亿德国马克的贷款作了担保。一年之后，联邦政府又担保了 9.5 亿德国马克的贷款。

作为回报，东柏林简化方便了两德之间的旅行，并拆除了沿两德边界的自动射击系统。

东西方的武器装备此时也显著地增加：1983 年 11 月，联邦议院根据北约的双轨决策，批准了部署潘兴 2 战术导弹和巡航导弹。

这一现实，和平运动的和平抵制也改变不了什么。一个月前，大约有 50 万人在波恩示威，抗议北约的军备扩充。

1985 年 3 月，当时 54 岁的米哈伊尔·戈尔巴乔夫，当选为新的苏共领导人。他宣布了一项改革政策，其核心术语"转型"和"开放"很快也在西方成为习惯用语。

然而，对于统一社会党领导层来说，这实在更是一个灾难的预示：1987 年，统一社会党首席理论家库尔特·哈格将"转型"比拟为"墙纸改变"，认为民主德国完全不必效仿。

统一社会党继续坚持强硬措施，不仅针对那些对不断严重的环境破坏和空气污染提出批评的环保团体，也针对那些在"铸剑为犁"的口号下，要求华沙条约组织裁军的教会，以及所有独立的和平团体。

德意志民主共和国的终结

1989 年 5 月 7 日，民主共和国呼吁其公民在地方选举中投票。据称，有 98.85％的人投票给了全国阵线的候选人。不过在计票时，民权团体第一次以观察员身份参与，并向当局证明大规模的作假。

自匈牙利于 1989 年 5 月 2 日开始拆除对奥地利的边境障碍设施后，越来越多的东德公民，试图通过去匈牙利度假而逃往西方。8 月 19 日，几百人利用在匈牙利肖普朗和奥地利默尔比施交界处的一次"泛欧野餐"逃跑。

鉴于日益增加的人潮，匈牙利于 9 月 11 日开放了与奥地利的边界，这样一来就更势不可挡了。

9 月 30 日，联邦外交部长汉斯－迪特里希·根舍，将消息传达给挤满了联邦德国驻布拉格大使馆的、4000 多名满怀希望和焦虑的德意志民主共和国公民，他们现

1989 年 10 月 6 日戈尔巴乔夫抵达东柏林后，埃里希·昂纳克用传统的社会主义兄弟般的亲吻，欢迎米哈伊尔·戈尔巴乔夫

1989 年 11 月 4 日，成千上万的人在柏林亚历山大广场要求德国的自由和民主

在可以离开东德了。他们是乘坐东德德意志国铁路的火车，进入联邦共和国的。

同时，那些希望留在东德并争取变革的人们变得活跃起来。9月9日和10日，在柏林附近的格吕海德成立了第一个全国反对派团体，名称为"新论坛"，由30多名艺术家、医生、科学家和牧师组成。在随后的几周中，出现了其他反对派团体，其中包括"民主觉醒"和东部社民党。

不久，就出现了第一个在莱比锡有数千人参加的星期一示威游行。

尽管有难民潮，但德意志民主共和国领导层，还是在10月7日邀请了东方集团名流，参加共和国成立40周年庆祝活动。戈尔巴乔夫也来了，并要求统一社会党政治局做出大胆的决定。

非正式的，可能是在与昂纳克进行的只有两个人面对面的交谈中，戈尔巴乔夫说了他的那句名言："谁来得太晚，谁就会受到生活的惩罚。"

伴随共和国生日的，是自1953年6月17日以来最大的抗议集会。两天后，在莱比锡，刚好避免了一场公民与国家政权之间的暴力对抗。10月16日，已经有超过12万人走上街头，并大声呼叫"我们是人民"。

对国家领导和对党领导的压力每天都在增加，埃里希·昂纳克于10月18日辞任统一社会党主席。他的长年"王储"埃贡·克伦茨，升任党的最高领导。克伦茨在一次电视讲话中宣布，要"重新达到在政治和意识形态上的进取"。

与此同时，不仅去莱比锡的尼古拉教堂的人们为和平祈祷，随后参加每周一次的"星期一示威"的人数不断增加，11月4日，多达100万人聚集在柏林亚历山大广场，要求进行民主改革，这是在民主德国所见过最大的、非国家控制的示威活动。

3天后，总理维利·斯多夫领导的政府辞职。第二天，被认为是温和的希望承担者、统一社会党德累斯顿地区负责人汉斯·莫德罗，被提名为新任总理，而统一社会

西柏林的学生于 1989 年 11 月 10 日在博恩霍尔默大街的过境点，夹道欢迎来自东柏林的访问者

党中央委员会，也选举了新的政治局。

但是，这再也不能阻止德意志民主共和国的衰亡。

11月9日，政治局委员君特·沙博夫斯基宣布了柏林隔离墙的开放，这是在民主德国电视台播报的新闻中发布的。

会上，他翻找出一张有关新旅行规定的纸，据此，将来可以"不存在先决条件地申请私人出国旅行"。当被问及其生效的时间时，沙博夫斯基在下午6时57分看上去明显不怎么确定："这问到了点子上，据我所知，是马上，立即。"

起初，几乎没有人理解这条消息的含义，但从晚上9点起，人们开始拥挤在东柏林检查站前。当德国电视一台（ARD）在晚间版"今日新闻"中，也于22时42分播出了隔离墙开放的消息后，开始了大规模的人潮风暴。

夜里23时14分，博恩霍尔默大街的第一道拦障升起，然后因瓦利登大街和太阳大道的拦障也升起了。

建成28年后，隔离墙倒塌了，随着东德边界的向西开放，德国的统一，重新回到了世界政治议程上。

重新统一的德国
和它在世界的新角色

"本该在一起的，将重新一起成长"

困难的共同生活

新的挑战

默克尔时代

2006 年 6 月 30 日，无数球迷在科隆莱茵河畔，庆祝德国国家队闯入足球世界杯半决赛

"本该在一起的，将重新一起成长"

1989 年 11 月 9 日至 10 日的那个夜里，在那些从东柏林到西柏林的过境点，"疯狂"可能是最常用的词。早晨，柏林执政市长瓦尔特·莫波尔（社民党）在波恩作联邦参院主席就职演讲时说："昨天夜里的德国人民，是世界上最幸福的人民。"

傍晚，东西柏林约 3 万人，欢聚在舍讷贝格市政厅前参加一个集会，社民党名誉主席维利·勃兰特表述了当日金句："我们现在正处在这么一种状态，我们将重新一起成长，那本该在一起的。"

德国统一的路上

11 月 13 日，仍然按照卫星党体制组成的人民议院，确认了汉斯·莫德罗领导的民主共和国新政府，但只有 28 个政府部门，比起过去是明显减少了。以前令人恐惧的斯塔西首领埃里希·梅尔克，营造了不同寻常的快活气氛：他向议会议员保证，国家安全部始终"与所有劳动人民保持着极其高度的联系"，而他本人则"热爱所有人——每个人"。11 月 17 日，梅尔克的国家安全部改名为"国家安全局"，梅尔克本人也于 12 月 3 日，被开除出统一社会党。

就在同一天，克伦茨不得不辞职，律师格雷戈尔·吉西，成为了新的希望。他下令为统一社会党建立新的领导结构，并将其更名为"民主社会主义党"（PDS）。

应两大教会的邀请，国家政府和新的政治团体代表，于 12 月 7 日首次聚在一起，举行了一次"圆桌会议"。体制内的代表面对着反对派——"统一左派"倡议、社民党（1990 年 1 月 13 日起改为 SPD，之前为 PSD）、人民运动组织"立即民主"和"新论坛"、绿党、绿盟、和平与人权倡议、独立妇女协会和其创建人沃尔夫冈·施努尔、后来被曝光为斯塔西密探的"民主觉醒"党。"圆桌会议"将自己视为直到新一届人民议会选举之前政府的控制机制，并且还起草了一份民主德国宪法草案。

1990 年 1 月 15 日，大约两千名示威者，冲进了位于柏林诺曼嫩街的前国家安全部总部，搜查了部分档案，拆毁了一些设施。他们想阻止自 1989 年 11 月以来斯塔西员工用碎纸机销毁罪证文件的"纸狼行动"。

那时，约有 8.5 万名全职员工和 10 万多名"非正式员工"，为梅尔克做秘密警察工作。

联邦总理赫尔穆特·科尔（基民盟）令人惊讶地在 11 月 28 日提出了"十点计划"。作为提供经济援助的前提，他要求民主德国采取具体的改革措施，以便在自由选举后通过建立"联邦结构"，从而在迈向联邦国家秩序的道路上取得进展。

为了平息世界的担忧，应该将一个可能的德国统一，融入欧洲一体化中。仅仅美国对此有着广泛的认同，而法国和英国对此持怀疑态度，苏联则持反对态度。

当科尔在 12 月 19 日访问德累斯顿时，在与莫德罗的讨论中，仍然还在把"合约共同体"形式处理双方关系作为话题。鉴于民众要快速进入富裕的西方社会的诉求，以及民主德国政治和经济的衰落，"合约共同体"很快就过时了。

作为柏林人的圣诞节礼物，勃兰登堡门于 12 月 22 日重新开放，东方西方成千上万的人，一起庆祝了整个德国的新年。

半年后，开始拆除贝尔瑙尔大街上的隔离墙，"啄墙鸟"们也已经存在好几个星期了，他们对这个混凝土结构建筑物强行进行处理，并将墙块作为热门的纪念品出售。坐落在腓特烈大街上举世闻名的查理检查站，于 6 月 22 日被拆除。

1990 年 3 月 18 日，在提前了两个月举行的人民议会第一次自由选举中，一个在科尔的压力下由基民盟、民主觉醒和基社盟联合组成的保守派"德国联盟"，成为最强大的政治力量，得票率为 48%。此前被看好的社民党，只得到 21.9% 的选民投票，而统一社会党的改组党民主社会主义党（简称民社党）也得到了 16.4% 的票数。

基民盟的洛塔尔·德梅齐埃，与社民党和自民党结成执政同盟，并于 4 月 12 日，被人民议院选举为总理。他的目标是尽可能快地"结算"民主德国。

德意志民主共和国的结构解体

两个德意志国家之间，立刻就开始了一个建立经济和货币同盟的谈判，并于 1990 年 5 月 18 日签署通过。

一个月后，联邦议院和国民议会不仅批准了相关条约，而且还批准了关于最终承认奥得－尼萨线为波兰西部边界的决议。

1990 年 7 月 1 日，德国马克成为官方货币。工资、薪金、养劳金、租金、租赁和奖金以 1:1 的比例转换；储蓄也是如此，但取决于账户持有人的年龄，最高限额在 2000—6000 东德马克之间。所有其他债权和债务大致以 2:1 互换结算。

德国足球运动员于 7 月 8 日在罗马以 1:0 击败阿根廷，继 1954 年和 1974 年之后，第三次获得世界杯冠军，与 1990 年夏天的节日气氛交相辉映。

7 月 14 日，科尔去了苏联。两天后，他通过在高加索小镇热列兹诺沃德斯克与苏联总统米哈伊尔·戈尔

1990 年 2 月的柏林圆桌会议上，社民党、新论坛、基民盟、绿党、民主觉醒、自由德国工会联合会、统一左派及其他组织代表，与民主德国政府代表讨论

巴乔夫进行的会谈，出乎意料地达成了一项协议：德国在统一后应该获得完全的主权，并能够根据自己的意愿决定结盟归属关系。

对于世界政治真实关系的认识，以及鉴于联邦德国为他的国家在经济转型中提供的金融资助，是戈尔巴乔夫作出此决定的关键。

7月22日，人民议会决定废除行政划区，并重组1952年解散的5个联邦州。最终，以363票中的294票，人民议会于8月23日，通过了以《基本法》第23条为基础的加入联邦共和国的决定。

超过1000页的《统一条约》于8月31日签署，其中关于未来的人工流产法问题，以及归还被没收私有财

赫尔穆特·科尔

16年零26天，赫尔穆特·科尔担任联邦总理的时间，超过了他的任何一位前任总理。

他于1930年4月3日出生于路德维希港，很早就涉足政治，并在其家乡加入了青年联盟（JU）和基民盟。在莱茵兰－普法尔茨州，科尔是州议会议员（1959—1976年）和州长（1969—1976年）。他于1973年当选为基民盟联邦主席，并作为党内首席候选人，在1976年联邦议院选举中，带领联盟取得了48.6%得票率这么一个轰动性的结果。但这还不足以组建政府，然后他便成了联邦议院反对派领袖。

他的时刻到了，1982年10月1日，他在自民党的

帮助下，推翻了赫尔穆特·施密特（社民党）。在1983年3月新的大选中，联盟是最强大的政治力量，得票率达48.8%。

柏林墙倒塌后，弥合德国分裂的机会来了，科尔也利用了这个历史性的机会。他作为"统一总理"的功绩，帮助基民盟－基社盟，在1994年连续第四次赢得大选。

在败于社民党挑战者格哈德·施罗德之后，他不得不于1998年10月26日离开总理府。他作为前总理的声望受到明显损害，因为他一直坚持，拒绝解释其党所获高达百万捐款的来源。

科尔于2017年6月16日在路德维希港去世。

1990年7月16日，赫尔穆特·科尔（右）和米哈伊尔·戈尔巴乔夫（中）及汉斯－迪特里希·根舍（左）在高加索

在议院大厦前一个简朴的庆祝活动中，1990 年 10 月 3 日零点整，德国国旗飘扬在联邦各州州旗中间

产赔偿时的优先地位原则，尤其存在争议。

在民权活动家的压力下，斯塔西档案问题以这样的方式得到解决：所有有关以前受到迫害的民主德国公民的 600 万份文件，可以被借阅使用。1991 年底，新论坛的联合创建人、非党派牧师约阿希姆·高克，作为联邦专员，接收了斯塔西文件的监管（"高克管理局"）。

在最初的犹豫之后，所有 4 个二战胜利大国（法国、英国、苏联和美国）都接受承认了德国的统一。四国外交部长于 9 月 12 日，在莫斯科与两个德意志共和国的代表签署了二加四会谈的最终文件。通过这项准和平条约，德国重新获得了全部主权。统一后的德国，放弃核、生物和化学武器，并将其武装力量减少到 37 万人。

抢在国家统一之前，在接下来的几周内，自民党、社民党以及基民盟，率先实现了党的统一。

统一而不华丽

对于在统一日那天的庆祝活动，联邦总统里夏德·冯·魏茨泽克，警告不要有任何过分的激情："但是，没有一条路能够绕开这一认识：实现统一，意味着要学会分享。"

10 月 3 日作为"德国统一日"，取代了 6 月 17 日而成为国定假日。10 月 4 日，原联邦共和国的 519 名人民代表和前人民议会的 144 名议员，聚集在德国议院大厦的会议大厅，召开了第一次全德意志联邦议院会议。

10 月 14 日，在加盟地区进行的首次州议会选举，证实了人民议会选举的趋势：社民党只在勃兰登堡州获得首位，在其他州，基民盟要么能够独自（萨克森州），要么就是与自民党一起（萨克森 – 安哈尔特州、图林根州、梅克伦堡 – 西波美尼亚州）组建政府。

在 1990 年 12 月 2 日的联邦议院选举中，联盟党以 43.8％ 的得票率，再次证明了自己是最强大的政治力量，社民党跌至 33.5％，得了自 1957 年以后它的最差结果。

社民党首席候选人奥斯卡·拉方丹，在东部地区几乎无法赢得任何选票。他竞选的主要议题之一，是统一的代价，而科尔总理明智地避开了这个问题。不仅如此，科尔还许诺不久就将新的联邦州，变为一片"繁荣景象"。他继续与自由民主党结盟执政，并于 1991 年 1 月 17 日，第四次当选为联邦总理。

困难的共同生活

仍然由赫尔穆特·科尔领导的、由基民盟－基社盟和自民党组成的联邦政府，现在面临着艰巨的任务，即如何能够使新联邦州的人民，从由国家控制的生活，走上一条多元的民主之路；如何能够使东德的经济，从中央计划经济，过渡到一个根据需求变化的市场经济。

1990年3月15日，还根据民主德国部长会议的决议，成立了专门的信托机构，来管理国家公共财产。统一之后，这一信托机构变成了一个联邦直属公法机构。他们的主要任务是解散、整改、私有化，或者关闭拥有410万员工的8500多家企业集团（联合企业）和国有企业（VEB），以及国有农业和林业企业。到1994年底该机构解散为止，大约有14500家企业和企业部门找到买家。

经济政策措施

1990年5月，联邦政府为新的联邦州设立了总额为1607亿马克的"德国统一"基金。1991年3月，联邦政府决定了"振兴东部合资联营"进行基础设施建设和创造就业机会的战略措施，1991年度和1992年度的投资额，分别均为120亿马克。

6周后，联邦宪法法院确认，不必将1945年至1949年之间的资产没收重新归还。与此相反，在处理民主德国建立后的没收资产时，应基本上按照"归还优先于赔偿"的原则。

从7月1日起，一个税率为7.5%的"附加团结税"附加在工资税、个人所得税和公司所得税上，先为期一年。在联邦议院大选之前，科尔还排除了增加税率。

1993年3月13日，通过了"东部团结公约"，目的是在不大举国债的情况下支撑德国统一。1995年1月1日，附加团结税又被无限期重新引入（至1997年为7.5%，从1998年以后为5.5%）。第一个东部团结公约于2004年到期，2001年6月通过的"团结公约2"，旨在继续均衡生活水平，有效期至2019年，总额达1566亿欧元。

1991年6月20日，联邦议院经过情绪兴奋的辩论，以338票对320票，赞成将柏林选为未来的议会和政府所在地。包括国防部在内的许多联邦政府部门，将在波恩保留其第一个办公地点，这开始了新旧首都的一轮繁荣，并在20年后依然继续着。

过去的清算，现在的问题

德国不仅着眼于未来，而且也回望过去，在这里，要处理的是一个曾经犯有许多过错的政权。

清理德意志民主共和国刑法不当行为，首先涉及的是边界当局。针对边防士兵、他们的上级军官以及军事和政治领导代理人的刑事诉讼案件，超过240起，一个案件通常有多名被告。前国防部长海因茨·凯斯勒，于1993年9月被判处七年半监禁，为最高刑期。在"政治局审判"中，柏林地方法院，判处统一社会党的最后一位领导人埃贡·克伦茨因"间接杀人罪"获六年半监禁。对前国务委员会主席埃里希·昂纳克的诉讼，由于其健康状况，于1993年初中断。昂纳克于1994年5月29日，在智利圣地亚哥去世。

潜在隐藏着的、通常转化为暴力的排外仇外行为，成为德国一个主要社会问题。1991年9月，年轻的新纳粹分子，袭击了萨克森北部城市霍耶斯韦达的一个寻求庇护的难民宿舍。在随后的时间中，屡次发生袭击难民住所的事件，如1992年8月发生在罗斯托克利希滕哈根城区的事件。

仇视外国人，并不仅仅是东部德国的现象。1992年11月，两名右翼极端分子，纵火焚烧了石勒苏益格－

叙尔特岛

北海

波罗的海

德意志联邦共和国行政区域划分
- - - 各州之间界限
······· 行政区边界

石勒苏益格-荷尔斯泰因州
● 基尔

梅克伦堡-前波美拉尼亚州
● 什未林

汉堡汉萨自由市
● 汉堡

不来梅汉萨自由市
● 不来梅

威悉-埃姆斯行政区
（1978—2004年）

吕讷堡行政区
（1978—2004年）
自1993年属吕讷堡

下萨克森州

马格德堡行政区

柏林直辖市
● 柏林
波茨坦

● 汉诺威
汉诺威行政区

萨克森-安哈尔特州

勃兰登堡州

明斯特行政区
（自1972年）

代特莫尔德
行政区
（自1972年）

布伦瑞克
行政区
（1978—2004年）

● 马格德堡

德绍行政区
（1991—2003年）

杜塞尔多夫
行政区

北莱茵-威斯特法伦州

哈雷行政区
（1991—2003年）

莱比锡行政区
（自1991年）

德累斯顿行政区
（自1991年）

● 杜塞尔多夫

阿恩斯贝格
行政区

卡塞尔行政区

● 埃尔福特

● 德累斯顿

科隆行政区
（自1972年）

吉森
行政区
（自1981年）

黑森州

图林根州

自2008年
属开姆尼茨

萨克森州

● 波恩联邦市

科布伦茨行政区
（1968—1999年）

达姆施塔特行政区
（自1981年）

开姆尼茨行政区
（自1991年）

莱茵兰-普法尔茨州

特里尔行政区

● 威斯巴登

● 美因茨

下弗兰肯行政区
（自1973年）

上弗兰肯行政区

萨尔兰州

莱茵黑森-
普法尔茨行政区
（1968—1999年）

中弗兰肯行政区
（自1973年）

上巴伐利亚行政区
（自1973年）

● 萨尔布吕肯

斯图加特行政区
（自1973年）

巴伐利亚州

卡尔斯鲁
厄行政区

● 斯图加特

下巴伐利亚行政区
（自1973年）

巴登-符腾堡州

施瓦本行政区
（自1973年）

● 慕尼黑

弗赖堡行政区
（自1973年）

图宾根行政区
（自1973年）

上普法尔茨行政区
（自1973年）

博登湖

0   50   100   150km

下萨克森州：
　　2005年1月1日，布伦瑞克、汉诺威、吕讷堡和威悉-埃姆斯4个行政区划分被撤销，其行政机关和行政区政府被解散，行政区政府的职责及权限由州政府及相应的政府行政机构分担。

莱茵兰-普法尔茨州：
　　2000年1月1日，剩下的科布伦茨、特里尔和莱茵黑森-普法尔茨3个行政区政府被转换到新的机构中，其职责和权限不再是地区性的，而是根据事务来决定处理，并在一些情况下扩展到整个联邦州。

萨克森-安哈尔特州：
　　行政区于2004年1月1日解散，相应的行政区工作由为整个联邦州所设的行政管理机关接管。州行政管理机关的总部设在哈雷，在德绍和马格德堡设其分支机构。

1994 年 11 月，柏林地方法院中止了对原斯塔西领导人埃里希·梅尔克因在柏林墙前杀害逃亡者的审判，因为他处于无法接受庭审的状态。而此时，梅尔克因于 1931 年谋杀两名警察，已被判处 6 年徒刑

荷尔斯泰因州默尔恩市镇的一所房屋，3 名土耳其女性死亡。

在整个联邦共和国，到处都在举行反对仇外排外的示威游行和烛光链活动。

1993 年 5 月 29 日上午，一栋在索林根居住着土耳其移民的住宅，遭到纵火袭击，造成 5 人死亡。

鉴于寻求庇护难民的不断涌入（仅在 1992 年就达到将近 44 万人），政府和反对派社民党协商同意，通过在《基本法》中加入新的第 16a 条，来改变难民庇护法。根据这一改变，受到政治迫害的人，其个人权利得以维持；但来自其他欧共体国家和"安全第三国"的寻求庇护者，将在无须进行法律诉讼的情况下被遣送回去。1993 年 5 月 26 日，联邦议院以 521 票对 132 票，批准了这一《避难妥协法》。

冲击演讲及盟军送别

1994 年 5 月，联邦大会选举基民盟候选人罗曼·赫尔佐克为联邦总统。直到那时，赫尔佐克还是联邦宪法法院院长，他在卡尔斯鲁厄的继任者，是社民党政治家及长年担任柏林司法参议员的尤塔·林巴赫，这是第一位女性联邦宪法法院院长。

赫尔佐克给人们留下深刻记忆的，是 1997 年 4 月他的第一次"柏林演讲"，当时他要求，德国必须"来一下猛然冲击"；另一个就是他将 1 月 27 日，定为大屠杀遇难者纪念日。

1994 年秋天，最后一批盟军离开联邦共和国。9 月 8 日在勃兰登堡门前，为 3 个西方盟友举行隆重的归营送别仪式，显得远比 8 月 31 日在柏林御林广场，为俄罗斯军队举行的欢送仪式要友好得多。在勃兰登堡门前，许多西柏林人眼泪汪汪，因为他们一直把法国人、英国人，尤其是把美国人，视为他们自由的护卫者。

科尔时代的结束

1994 年 10 月 16 日，基督教 – 自由联盟勉强胜出，科尔再次担任总理。此时世界经济结构发生了很大变化，到 1998 年，德国的失业总人数，已经上升到 400 万以上，新联邦州的情况尤其严重。

根据德国金属工业工会主席克劳斯·茨维克尔提出的建议，政府与劳资双方谈判代表一起，于 1996 年 1 月，达成了一个"工作和位置保险联盟"。工会为了新工作职位的增加，而在工资要求上作了克制，但由于对在疾病情况下工资继续支付的争论，于 1996 年 5 月，又宣布终止了该劳工协议。

关于对国家社会福利的财力可行性争议，越来越多地决定了政治分歧。1995 年开始支付护理保险金福利，这一新的社会福利的资金来源，是由雇主和雇员分担交款，相当于每月毛收入的百分之一。

不久之后，艺术项目"被包裹的议院大厦"让柏林人和他们的客人感到兴奋。在联邦议院投票通过之后，艺术家夫妇克里斯托和珍妮·克劳德，被允许在 1995 年 6 月底至 7 月初，用银光闪烁的聚丙烯纤维，覆盖议院大厦。同时，柏林不仅在波茨坦广场这个好多年属于欧洲最大的建筑工地上，建造了不少新建筑，还使其成为了一个新的中心。

而在争取政治中心的竞争中，红绿联盟比黑黄联盟更成功。以下萨克森州州长格哈特·施罗德作为首席候选人的社民党，在 1998 年 9 月 27 日，以 40.9% 的得票率超过了联盟党（35.1%），从而能够与联盟 90/ 绿党（6.7%）组成政府。投票后一个月，联邦议院选举施罗德为联邦总理。

1994 年 8 月 31 日，联邦总理赫尔穆特·科尔和俄罗斯总统鲍里斯·叶利钦，在柏林特雷普托公园的苏联纪念馆检阅了红军

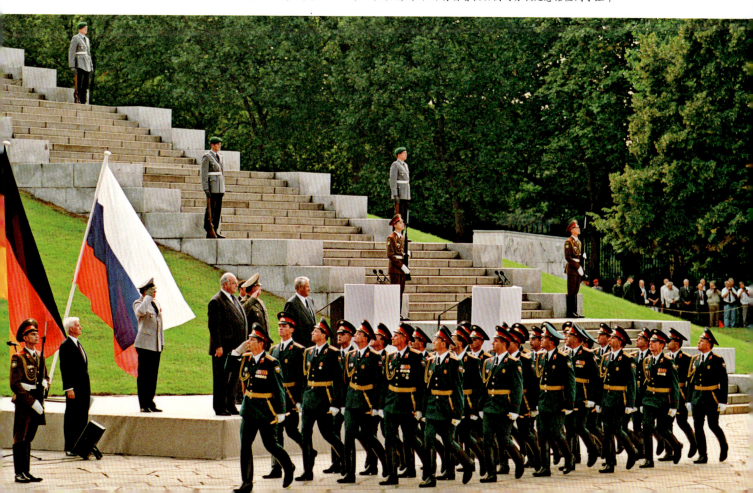

上万的人在欣赏被克里斯托包裹起来的议院大厦

新的挑战

短短几周后，红绿联盟就面临重大挑战，其中包括德国联邦国防军的"区域外投入"。

如果说 1993 年至 1994 年在索马里，联邦国防军在这个北约条约区以外第一次投入大的使用，是作为联合国维和部队，还具有人道主义性质，那么，参加 1999 年春季对南斯拉夫进行为期 78 天的北约空袭，是部队建立以来的首次战斗行动。北约组织的理由是，在大多数阿尔巴尼亚族裔居住的塞尔维亚科索沃省，必须阻止战争罪。塞尔维亚军队撤离后，北约科索沃维持和平部队（驻科部队）的士兵进入该省。

红－绿改革

最早的红－绿改革之一是公民法改革，这一改革扩大了双重国籍的可能性。由于基民盟的强烈抵制，并得助于一个 1999 年 2 月反对双重护照的签名运动，基民盟赢得了黑森州州议院选举，这使该法律草案得以修正。

法规于 2000 年初生效，引入了基于出生地原则申请公民身份的可能性，以及在 8 年连续合法居留后获得加入国籍的权利。

1999 年夏天，议会和政府从波恩迁至柏林。4 月 19 日，联邦议院拥有了按照英国建筑大师诺曼·福斯特爵士设计改建的议院大厦，中央是一个可以通行的玻璃大穹顶。5 月 23 日，联邦大会在那儿选举了约翰内斯·劳（社民党）担任联邦总统。随着坐落在施普雷河畔总理府的揭幕，联邦政府于 2001 年 5 月初，完成了从波恩到柏林的搬迁。

红－绿改革项目包括"工作、培训和竞争力联盟"、税制改革和退出核能。

2000 年 6 月，通过了原子能折中方案，并根据每个核能系统 32 年的总运行时间，确定了它们的剩余电量，这与能源政策的变化，以及法律上促进鼓励可再生能源的发展紧密相连。

由于来自美国的压力越来越大，联邦政府开始了对尚还在世的前纳粹强迫劳工进行补偿。2000 年 7 月，国家和经济界承诺，各投入 50 亿德国马克建立一个基金，从而建立起一个"记忆、责任和未来"基金会。

至今，联邦政府已向 170 万前强迫劳工和奴隶劳工支付了个人补偿。

基民盟的更新

选举失败后，基民盟不得不重新定位。1998 年 11 月 7 日，赫尔穆特·科尔在任职 25 年后，辞去了基民盟党主席的职务。沃尔夫冈·朔伊布勒接任了该党的领导，前家庭和环境部长安格拉·默克尔，当选了基民盟第一任秘书长。

一年后，科尔将他的政党推上了风口浪尖。1999 年 11 月，前总理承认，作为基民盟领导人，他已经通过秘密账户，将资金转给了党的机构。一个月后，他承认，在 1993 年至 1998 年之间，他为基民盟接受了多达 200 万德国马克的捐金，其并未出现在账目报表中。他以给捐金人的荣誉承诺为由，而拒绝透露捐助者的姓名。2000 年 1 月，黑森州基民盟承认，其在 1980 年代将资金转移到了瑞士，这样做的目的，是将回流伪装成可能的德国犹太移民的"匿名遗产"。2000 年 2 月，由于与军火商游说者的捐金存在矛盾，朔伊布勒辞职。两个月后，基民盟选举默克尔为党主席。

施罗德的议程

2001 年 1 月，第一批女兵穿上制服进行基本武器训练。

不久之后，政府出台了一项国家养老金资助（里斯

人生中途：1999 年 12 月，在波恩举行的一次新闻发布会上，基民盟秘书长安格拉·默克尔与党主席沃尔夫冈·朔伊布勒

特养老金）法律和一种老年基本社会保障。

在 2001 年 9 月 11 日纽约世界贸易中心和华盛顿五角大楼遭到恐怖袭击之后，施罗德总理向美国保证了他的"无限声援"。从 2001 年 10 月起，美国和英国介入了阿富汗内战，并在很大程度上结束了激进的伊斯兰塔利班统治，而正是塔利班，给为恐怖袭击负责的恐怖组织基地组织提供了庇护。

2001 年 11 月，联邦议院以微弱多数，支持派遣士兵加入一支国际安全部队前往阿富汗。同时，红—绿联盟决定建立所谓的反恐计划，通过该计划得以筹备额外资金，并扩大安全部门的权限。

在接下来的一个月里，出现了"披萨震惊"（"国际学生能力评估计划"的英语大写字母缩写"PISA"的读音——译者注），在全球最大的学生成绩比较中，德国在 32 个参加测试国家中，仅排在第 22 位，这便促使了之后教育系统的全面改革。

2002 年 1 月 1 日，德国人告别了马克和芬尼，引入欧元和欧分。作为 3 亿多欧洲人的共同现金货币，它是 1991 年 12 月在马斯特里赫特决定的"欧洲人民更加紧密的联盟"的初步结晶。

2002 年 3 月，虽然联邦参院确认了红绿党的《移民

法》，但由于对社民党－基民盟执政的勃兰登堡州的表决有效性存在争议，卡尔斯鲁厄联邦宪法法院，于2002年12月提出反对申诉。一个相应的修正版于2005年初生效，其中的一个核心点，是对非欧盟国家的技术人才放宽移民条件。

基于艰难的经济形势，施罗德在联邦议院选举准备阶段，就成立了一个由大众汽车公司人事主管董事彼得·哈茨领导的委员会。该委员会于2002年8月，提出了减少失业的建议，并利用德国东部的洪水灾害时期，作为具有公众效应的出台时机。

2002年8月的易北河抗洪、1997年7月的奥得河抗洪以及2013年6月的多瑙河抗洪，都属于联邦共和国历史上规模最大的民事救灾行动。

在2002年9月22日的选举中，红绿党以微弱多数胜出，并以306个议院议席，比反对党领先了11个席位。

2003年2月，失业人数达到了470万，社会保障制度的改革，变得越来越急迫。

2003年3月，施罗德宣布了他的"2010议程"，对劳动力市场、养老金制度和卫健体系，进行了影响深远的改革："我们将削减国家的救济，提倡个人责任感，并要求每个人，作出更多的个人奉献。"

改革的核心，是将现在叫联邦劳动部的地方劳动局和地方社会保障局，合并组合成劳动联合体（ARGE），即职业介绍中心；将以前对长期失业者的失业救济金和社会救济金，合并为由国家税收资助的失业救济金2（ALG2）。

议程政策使社民党经受了严峻的分裂考验，同时也加强了与其竞争的左翼的力量：从工会和失望的社会民主党人士中，形成的"选举替代－劳动和社会公正"（WASG），于2007年6月，与统一社会党继任党民主

格哈德·施罗德和社民党秘书长奥拉夫·舒尔茨，在2003年6月1日的党代会上投票赞成"2010议程"

社会主义党合并，组成了一个新党派，即德国左翼党。

　　与阿富汗的情况不同，施罗德坚决拒绝了参加美国领导的针对伊拉克的军事行动。该行动于 2003 年 3 月 20 日开始，以可以质疑的理由和未经联合国安理会授权而进行。尽管美国总统布什于 2003 年 5 月 1 日宣布了行动的胜利，然而，即使推翻了独裁者萨达姆·侯赛因，伊拉克终究还是一个内部四分五裂的国家。

默克尔时代

　　2005 年 5 月 22 日，当在莱茵河畔和鲁尔河畔的北莱茵－威斯特法伦州已经执政了 39 年的社民党州政府被选下台后，联邦总理格哈德·施罗德，决定将一切赌注，都押在提前的、新的大选这张牌上。

　　联盟党的选举胜利，似乎已经是早就商定好了的，但是在经过一场热闹的赶超追击后，社民党于 2005 年 9 月 18 日，仅仅以微弱劣势在基民盟－基社盟后居第二位。在没有其他切实多数的情况下，基民盟－基社盟和社民党，在 10 月 10 日商定了一个大联盟。

大联盟

　　政府的执政纲领，包括将增值税从 2007 年 1 月 1 日起从 16% 提高到 19%、对最高收入阶层征收 3% 的个人所得附加税（"富人税"）、引入父母津贴作为收入替代福利，以及将退休年龄从 2012 年起定为 67 岁。

　　2005 年 11 月 22 日，联邦议院选举基民盟领导人安格拉·默克尔为联邦政府的首脑，这是第一次由一名妇女和东德人担任联邦总理。

　　"默克尔时代"开始了。

　　自 1974 年以后，联邦德国于 2006 年第二次作为东道主，举办了世界杯足球赛。从 6 月 9 日到 7 月 9 日，德国在为期 4 周的"夏天童话"中，展现了自己最美好的一面。德国足球队获得第三名，意大利在决赛中，通过点球大战击败法国。

　　两年后，德国和整个世界被金融危机所震撼。

　　危机始于美国，那里的银行，甚至向低收入者推行房地产贷款，然后将其风险转化为高度投机的金融产品。拥有 158 年历史的金融机构雷曼兄弟，于 2008 年 9 月破产，结束了人们对市场自我修复能力无限信任的时代。

　　在德国，房地产金融行海波地产控股公司，必须通过数十亿美元的资助和担保才能避免破产。10 月 5 日，默克尔和财政部长佩尔·施泰因布吕克（社民党），为所有私人储蓄存款给出了一个国家担保。

　　作为金融危机的后果，2009 年，德国经济 6 年来首次萎缩，国内生产总值（BIP）以 −4.7%，形成自 1949 年以后从未有过的最大历史降幅。

默克尔的第二任期

　　经过 4 年的大联盟，2009 年 9 月 27 日的大选，使基民盟－基社盟和自由民主党成为多数，而社民党则以 23.0% 的第二选票得票率跌至历史的最低点。

　　在联邦议院中，联盟党和自由民主党共拥有 332 名议员，而反对派只有 290 名议员，默克尔于 10 月 28 日，

一个德国士兵在阿富汗昆都士附近。2011 年

再次确认了她的执政地位。

2009 年 9 月 4 日，是德国联邦国防军在阿富汗的最艰难时刻。在昆都士附近，一个由德军方面要求的美军对塔利班所劫持的两辆油罐车进行的空袭，造成多达 142 人丧生，其中包括许多平民。

在新任命的国防部长卡尔·特奥多尔·楚·古滕贝格（基社盟）的主持下，义务役征兵制于 2011 年 7 月 1 日被中断，德国联邦国防军转变成为志愿军。

北约驻阿富汗国际维和部队于 2014 年底到期，到那时为止，共有 55 名联邦国防军士兵在那里丧失了生命，其中 35 名士兵在战斗中牺牲。

默克尔的第二任期在外交政策方面，是由欧洲主权债务危机的后果决定的。为了避免希腊的国家破产并因此带来不可估量的风险，在 2010 年 5 月，德国绑定了一个前所未有的援助计划。爱尔兰、西班牙和葡萄牙也需要紧急援助，总部位于美因河畔法兰克福的欧洲中央银行（ECB），做出了部分偏离其稳定性原则的反应。同时，紧缩计划几乎在欧洲各国启动。

在国内政治方面，德国参与救助希腊的义务行动，导致了在 2013 年 2 月右翼民粹主义抗议党"德国另类选择"（AfD）的成立。国内普遍的不满情绪，不仅在政治光谱的右端显而易见——在"斯图加特 21"铁路项目上的争端，主要的反对派来自左翼和环保团体，这使"愤怒的公民"成为 2010 年度最时髦的用语。

联邦政府在环境政策方面，并不总是遵循一条统一的方针路线。

在运营商承诺缴纳一个有限期的核税后，红－绿联盟执政时通过的退出核能决定，刚于 2010 年 9 月被取消，但默克尔总理在 2011 年 3 月日本福岛发生核灾难，以及巴登－符腾堡州基民盟在执政 58 年后败选之后，又做出了相反决定——2011 年 6 月 30 日，联邦议院决定在 2022 年之前，彻底退出核能。

2015 年 9 月，联邦总理安格拉·默克尔在柏林（施潘道）的难民临时收留营，允许一个难民和她一起自拍

自 2004 年就任的联邦总统霍斯特·克勒，在他连任差不多一年后，出人意料地于 2010 年 3 月辞职，他的继任者克里斯蒂安·武尔夫（基民盟），也于 2012 年 2 月提前放弃了他的任职。武尔夫受到调查，因为他涉嫌在下萨克森州政府州长任期内，收受贿赂和提供利益支持。但这项指控，后来被证明是毫无根据的。

作为他的继任者，社民党和绿党推举了前民主德国民权人士约阿希姆·高克。在自民党也转向高克之后，联邦大会于 3 月 18 日，选举了这位原斯塔西文件监管部门的负责人作为新的国家元首。安格拉·默克尔感觉受到嘲弄，因为高克并不是她提名的候选人。

默克尔的再次成功

然而，在随后的 2013 年 9 月 22 日举行的联邦议院选举中，默克尔庆祝了又一场胜利：以 7.7 个百分点的增幅，获得第二选票的 41.5%，使联盟党的席位增加到 311 个。

它先前的执政联盟伙伴自民党，自 1949 年以来，首次没能跳过门槛进入议会。在联盟党接受了其一些核心要求后，尤其是引入法定最低工资、社民党在内部表决通过的基础上，决定加入大联盟。

在接下来的一年中，社会凝聚力受到了一次严肃的考验，因为默克尔于 2015 年 9 月 4 日至 5 日夜里作出的开放边境决定，让至少两万个滞留在匈牙利、其中许多是来自叙利亚的难民，通过奥地利进入了联邦共和国，她改变了德国的面貌。

默克尔的口号"我们能做到！"使得另类选择党和右翼极端势力群情高涨，特别是在 2014—2015 年度，这股势力在右翼民粹主义运动和反伊斯兰教义的佩吉达运动（这是"爱国欧洲人反对西方伊斯兰化"德语大写字母缩写"PEGIDA"的读音——译者注），在德累斯顿的大游行中得到大肆宣泄。尤其是在东部德国，难民的涌入导致多起仇外和对寻求庇护者营地的袭击。

在 2015 年至 2016 年除夕之夜，数百名妇女在科隆和其他德国城市遭到性侵和扒窃。经查明，大多数肇事者，来自摩洛哥和阿尔及利亚。政策在 7 月 7 日做出了反应，按照"不就是不"的原则严厉了性侵刑法。极端的难民于 7 月份在维尔茨堡和安斯巴赫发动的恐怖袭击事件，以及 2016 年 12 月 19 日在柏林圣诞市场上造成 12 人被杀害的卡车袭击，使伊斯兰极端主义恐怖活动，在德国也构成了真正的危险。

2017 年 2 月 12 日，外交部长弗兰克－瓦尔特·施泰因迈尔（社民党）当选为国家总统，成为高克的继任者。在 2017 年 9 月 24 日将要举行的联邦大选前夕，社民党一致选举欧洲政治家马丁·舒尔茨为新任党主席和总理候选人。然而，因他的提名所引发的社民党民调高位，很快就烟消云散了。

在 2017 年 6 月 30 日的一项历史性决定中，联邦议院批准了"婚姻平权"法案，即批准了男同性恋婚姻和女同性恋婚姻的同等社会地位和权利。

社民党、绿党和左翼党，坚持了这项表决的投票通过，尽管在议院中，基民盟－基社盟占据多数。默克尔此前曾在一次记者采访中，用良知决定在这个有争议的话题上做文章，社民党立即以违反执政联盟协议予以阻止。

联邦议院绿党议员，在议会大厅庆祝"婚姻平权"的通过。在中间戴着眼镜的是伏尔克·贝克，多年来，他一直在为同性恋者的婚姻而争取权利

时间轴（纪年表）

公元前 102—公元 101 年：罗马通过条顿及辛布里战争，暂时抵御了日耳曼人的侵入。

9 年：罗马人在与由切鲁西酋长阿米尼乌斯率领的日耳曼人的条顿堡森林战役中惨败。

50 年：建立科隆尼亚·克劳迪乌·阿拉·阿格里皮内西姆，即今天的科隆。

83 年：开始建造古罗马界墙，这是一条介于莱茵河和多瑙河之间的罗马防线。

约 90 年：建立上日耳曼尼亚省和下日耳曼尼亚省，并分别以美因茨和科隆作为首府。

98 年：塔西陀的文献《日耳曼尼亚志》问世。

260 年：阿勒曼尼人越过上日耳曼尼亚防线。

375 年：在阿提拉率领下，游牧民族匈奴人将哥特人从黑海北边驱逐，日耳曼民族开始了大规模的迁徙。

493 年：狄奥多里克大帝在意大利建立东哥特王国。

约 498 年：墨洛温家族的克洛维一世，将法兰克人统一于法兰克王国，并在兰斯接受了天主教的洗礼。

719 年：教皇格里高利二世委派本笃会修士圣波尼法爵（"德意志使徒"），到后来成为德国的地区传教。

732 年：法兰克王国宫相查理·马特，在图尔战役（普瓦提埃战役）中，击败了从西班牙入侵的摩尔阿拉伯人。

751 年：小丕平（丕平三世）罢免了墨洛温王朝希尔德里克三世的王位，并自封为国王。

771 年：查理大帝成为法兰克王国唯一的统治者。

782 年：在阿勒尔河畔费尔登的血腥法庭上，据称有 4500 名萨克森人被处决。

800 年：查理大帝在罗马接受皇帝加冕，亚琛成为法兰克王国中心。

843 年：法兰克王国因《凡尔登条约》一分为三，东法兰克王国由德意志人路德维希统治。

870—880 年：从弗里斯兰到普罗旺斯的原中法兰克王国，被西法兰克王国和东法兰克王国分割，其边界成为日耳曼语和罗曼语之间的语言分界。

911 年：法兰克大公康拉德一世成为第一位德意志国王，标志了从东法兰克王国向德意志帝国的过渡。

955 年：奥托一世国王在奥格斯堡附近战胜匈牙利人。

962 年：奥托一世在罗马加冕为皇帝，建立了"神圣罗马帝国"（至 1806 年）。

1024 年：康拉德二世开创了萨利安朝代。

1075 年：教皇额我略七世要求世俗服从于罗马教皇的威权。

1077 年：去卡诺萨受罚：额我略七世撤销对亨利四世的逐出教会令。

1122 年：《沃尔姆斯政教条约》，结束了皇帝和教皇之间关于任命主教的授职权（叙任权）之争。

1125 年：亨利五世的死亡，也宣告了萨利安家族的消亡，选帝侯开始实行。

1138 年：第一位施陶芬国王康拉德三世即位。

1143 年：阿道夫二世·冯·荷尔斯泰因伯爵建立了吕贝克，吕贝克法律成为许多城市的榜样。

1155 年：腓特烈一世·巴巴罗萨被加冕为皇帝。

1180 年：韦尔夫统治者狮子亨利失去了他的公国，巴伐利亚落入维特尔斯巴赫家族之手。

1184 年：美因茨宫廷大会，骑士文化的高潮。

1190 年：巴巴罗萨皇帝亡于第三次十字军东征途中。

1198 年：德意志骑士团成为教会的骑士团。

1198 年：第一次双选：菲利普·冯·施瓦本，以及韦尔夫家族的奥托四世，双双被选为国王。

1203 年：游吟诗人及恋歌诗人瓦尔特·冯·德·福格尔魏德，首次有记载地在文献中被提及。

1212 年：施陶芬家族腓特烈二世被选为国王。

1221—1224 年：艾克·冯·莱普哥夫编写了《萨克森之镜》。

1226 年：德意志骑士团开始了东方殖民。

1229 年：腓特烈二世实现了十字军东征，并自我加冕为耶路撒冷王国国王。

1231 年：多米尼克传教士康拉德·冯·马尔堡，被委派为宗教法庭领导。

1241 年：汉堡和吕贝克之间签订协议，为汉莎城市同盟奠定了基础。

1248 年：科隆大教堂开始建造。

1254 年：空位时代，一直到 1273 年，没有一个被普遍认可的德意志王国国王（神圣罗马帝国皇帝）。

1273 年：选帝侯选举鲁道夫·冯·哈布斯堡为德意志王国国王，哈布斯堡王朝建立。

1347—1352 年：大瘟疫（黑死病）在欧洲夺去了 2500 万人的生命，占欧洲总人口的三分之一。

1356 年：查理四世的黄金诏书规范了国王选举。

1370 年：《施特拉尔松德和约》，汉莎同盟获得了波罗的海地区的霸权地位。

1386 年：创建海德堡大学。

1410 年：德意志骑士团在坦能堡战役中被波兰和立陶宛战胜，骑士团统治走向衰落。

1414 年：康斯坦茨大公会议（至 1418 年）结束了教廷大分裂，恢复了教会的统一。

1452—1455 年：古腾堡《圣经》在美因茨出现，活字印刷技术很快在欧洲普及。

1453 年：君士坦丁堡被奥斯曼帝国征服，中世纪向文艺复兴时期过渡。

1460 年：石勒苏益格及荷尔斯泰因公国，与丹麦王国结成君合国（至 1863 年）。

1486 年：《女巫之槌》造成了对女巫迫害的合法化。

1495 年：公布《永久国家和平》，设立神圣罗马帝国最高法院。

1517—1648 年

1517 年：马丁·路德在维腾贝格发表他的《九十五条论纲》，反对赎罪券，宗教改革开始。

1519 年：西班牙哈布斯堡王朝查理五世与法国弗朗索瓦一世，争夺罗马–德意志国王王位。

1521 年：马丁·路德拒绝撤回他的（批评教会的）论著而遭受帝国制裁令（沃尔姆斯皇帝诏书）。

1524—1525 年：农民起义以失败告终。

1525 年：普鲁士骑士国成为世俗公国。

1530 年：新教教派（亦译福音教派或路德教派——译者注）信仰论著《奥格斯堡信条》问世。

1532 年：第一部德意志刑法典《卡洛林那刑事法典》问世。

1534 年：第一版《路德圣经》出版（新旧约全书德语译本——译者注）。

1534—1535 年：重洗派在明斯特掌权。

1555 年：《奥格斯堡国家及宗教和约》，让所有王侯自己决定信仰选择（"谁的领地，谁的信仰"）。

1608—1609 年：新教"联盟"与天主教"同盟"形成。

1618 年："布拉格抛窗事件"作为对重新天主教化的反抗，三十年战争开始。

1625 年：丹麦参战，无功而返。

1630 年：瑞典国王古斯塔夫二世·阿道夫介入三十年战争，站在处于危险境地的路德教派一边。

1632 年：吕岑战役，古斯塔夫阵亡。

1634 年：帝国统帅阿尔布雷希特·冯·华伦斯坦将军，被自己手下的军官谋杀。

1648 年：在明斯特和奥斯纳布吕克签署的《威斯特伐利亚和约》，结束了德国境内的三十年战争。

1658—1795 年

1658 年：作为哈布斯堡王朝的权势平衡而组成了莱茵同盟。

1675 年：普鲁士选帝侯腓特烈·威廉在费尔贝林战役中战胜瑞典人。

1688 年：神圣罗马帝国（大同盟）与法国之间的普法尔茨选帝侯继承权战争开始（直至 1697 年结束）。

1697 年：萨克森选帝侯、强大的奥古斯特·冯·萨克森，成为君合国波兰–立陶宛国王。

1701 年：勃兰登堡选帝侯腓特烈三世·冯·勃兰登堡，在柯尼斯堡城堡给自己戴上了"普鲁士国王"王冠。

1713 年："国事诏书"——奥地利哈布斯堡王朝的女性继承。

1740 年：腓特烈二世成为普鲁士国王，发动了与奥地利的第一次西里西亚战争（1740—1742 年）。

1744—1745 年：第二次西里西亚战争，腓特烈二世维护了他的所有权主张。

1756—1763 年：七年战争，尽管经历许多次的挫折失败，普鲁士还是跻身欧洲强国之列。

1772—1795 年：在三次瓜分波兰中，波兰被俄国、普鲁士和奥地利瓜分。

1778—1779 年：巴伐利亚王位继承战争。

1784 年：柯尼斯堡哲学家伊曼努尔·康德，发表了他的论文《什么是启蒙运动？》。

1789 年：法国大革命爆发。

1792—1797 年：第一次反法同盟战争，普鲁士参加同盟战争对抗法国。

1795 年：普鲁士签署《巴塞尔和约》。

1803—1849 年

1803 年：《帝国代表重要决议》，对莱茵河左岸地区德国王侯的领地划归法国后遭受的损失作出了补偿。

1806 年：在因拿破仑一世的意愿而建立了莱茵邦联之后，弗朗茨二世皇帝脱下了神圣罗马帝国的皇冠。

1806—1807 年：第四次反法同盟战争，以普鲁士的战败及大片地区的丢失宣告结束。

1807—1808 年：普鲁士的"施泰因改革"（主要是解放农民，建立城市行政秩序及改革内阁）。

1812 年：普鲁士与俄罗斯之间签订的《陶罗根停战协定》，是解放战争的推动力。

1813 年：莱比锡"民族会战"，拿破仑战败。

1814—1815 年：维也纳会议决定了欧洲的新秩序，德意志联邦替代了没落的神圣罗马帝国。

1817 年：学生社团举行了瓦尔特堡节日。

1819 年：科泽布谋杀案，促成了"追究煽动者"和《卡尔斯巴德决议》，以镇压争取自由的活动。

1826 年：阿尔弗雷德·克虏伯接过了他父亲在埃森的铸钢厂领导权，并将其发展成为一个全球企业。

1832 年：德国南部自由主义者举行汉巴赫集会。

1834 年：德意志海关同盟建立。

1835 年：第一条德国铁路线纽伦堡–菲尔特开通。

1837 年：恩斯特·奥古斯特二世·冯·汉诺威，将"哥廷根七君子"逐出大学。

1844 年：西里西亚纺织工起义被镇压。

1847 年：普鲁士举行联合议院大会。

1848 年：《共产党宣言》在伦敦出版。

1848 年：德国三月革命——全德国民议会在美因河畔法兰克福召开。

1849 年：全德国民议会通过了《帝国宪法》，腓特烈·威廉四世国王拒绝了（德意志皇帝）皇冠。

1854—1890 年

1854 年：格林的第一卷《德语词典》出版。

1862 年：奥托·冯·俾斯麦被任命为普鲁士内阁首相。

1863 年：全德工人联合会（ADAV）成立。

1863—1864 年：德意志 – 丹麦战争，丹麦不得不割让石勒苏益格、荷尔斯泰因和劳恩堡。

1866 年：普鲁士与奥地利之间的"德意志战争"，导致了德意志联邦的解散。

1866 年：普鲁士领导之下的北德意志联邦成立。

1867 年：卡尔·马克思出版了他的基础理论文献《资本论》第一卷。

1870—1871 年：德意志–法兰西战争爆发，色当战役。

1871 年：普鲁士国王威廉一世，在凡尔赛宫镜厅宣布为德意志帝国皇帝。

1871—1887 年：国家与天主教教会之间的"文化斗争"爆发。

1873 年：（维也纳）股灾导致了"大萧条"。

1873 年：奥地利 – 匈牙利、俄罗斯及德国结成"三帝同盟"。

1875 年：德国社会主义工人党（SAPD）建立。

1878 年：欧洲列强参加柏林会议。

1878—1890 年：《社会党人法》用以对付社会民主党人。

1879 年：德意志帝国与奥匈帝国之间的"德奥同盟"建立。

1883—1889 年：俾斯麦的社会立法（医疗保险法、意外事故保险法及养老保险法）。

1884 年：德意志 – 西南非洲，第一个德意志殖民地。

1884—1885 年：在柏林召开刚果会议。

1887 年：与俄罗斯缔结秘密的《再保险条约》。

1888 年："三帝年"——新皇帝威廉二世登基。

1890 年：奥托·冯·俾斯麦被解除帝国首相职务。

1898—1932 年

1898 年：开始建设深海舰队，建立以青岛为首府的胶州湾"保护区"。

1900 年：中国的"义和团运动"。

1904 年：在德意志 – 西南非洲的赫雷罗人起义。

1911 年："豹子飞跃阿加迪尔"——第二次摩洛哥危机的结果，是承认法国对摩洛哥的保护国地位的开始。

1912 年：社会民主党第一次成为帝国议院中最强大的政治力量。

1913 年：在阿尔萨斯 – 洛林发生的"扎伯恩事件"。

1914 年：针对奥匈帝国皇位继承人弗朗兹·费迪南大公的萨拉热窝暗杀事件，引发了第一次世界大战。德军在法国的推进过程中，在马恩河受阻。

1915 年：首次在伊珀尔使用了毒气弹化学武器。

1916 年：凡尔登战役。

1918 年：11 月革命迫使威廉二世流亡，德国签署了停战协议。

1919 年：《凡尔赛条约》签署。

1919 年：《魏玛宪法》使德国成为一个共和国。

1920 年：总罢工使"卡普政变"流产。

1922 年：外交部长瓦尔特·拉特瑙被谋杀。

1923 年："鲁尔斗争"及恶性通货膨胀——引入地租抵押马克。

1923 年：希特勒慕尼黑政变。

1924 年：道威斯计划减轻了战争赔款的负担。

1925 年：保罗·冯·兴登堡当选国家总统。

1926 年：德国加入国际联盟。

1929 年：纽约股市崩盘，引发了世界经济危机。

1930 年：海因里希·布吕宁组建"总统内阁"。

1932 年：德国失业人口达到 612.7 万。

1933—1955 年

1933 年：阿道夫·希特勒被任命为国家总理，国家议院通过了希特勒的《授权法》。

1935 年：重新引入普通兵役制。

1936 年：奥林匹克运动会在德国举行。

1938 年：奥地利归入希特勒德国，吞并苏台德地区的《慕尼黑协定》签订。

1939 年：入侵波兰，第二次世界大战开始。

1940 年：占领丹麦和挪威，以及法国、荷兰、比利时和卢森堡。

1941 年：占领希腊和南斯拉夫，入侵苏联（"巴巴罗萨行动"）。

1942 年：万湖会议：关于"犹太人问题的最终解决方案"。

1943 年：第 6 集团军在斯大林格勒投降。

1944 年：暗杀希特勒行动失败。

1945 年：国防军无条件投降，德国被划分为占领区。

1946 年：纽伦堡国际军事法庭，审判主要战争罪犯。

1948 年：在西部地区引入了德国马克。

1948—1949 年：封锁柏林与盟军的"空中桥梁"。

1949 年：制宪议会宣布《基本法》，康拉德·阿登纳（基民盟）当选为第一位德意志联邦共和国总理。

1949 年：在东柏林成立了德意志民主共和国。

1952 年：西方列强拒绝了《斯大林照会》。

1952 年：统一社会党第二次会议，宣布了"建设社会主义"，在民主德国由行政区取代了原先的州。

1953 年：民主德国内的起义尝试被苏联驻军镇压。

1954 年："伯尔尼奇迹"：德国队以 3:2 战胜匈牙利队，第一次赢得足球世界杯冠军。

1955 年：联邦共和国成为北大西洋公约组织成员，《巴黎公约》结束了占领政体。

1955 年：民主德国成为华沙条约组织的创建成员。

1956—1970 年

1956 年：第一批士兵服役，联邦议院批准了普通义务兵役制的实施。

1957 年：萨尔兰成为第十个联邦州。

1957 年：联邦共和国成为欧洲经济共同体（EWG）的创建成员。

1958 年：联邦宪法法院阻止了针对联邦国防军核装备的民意调查。

1959 年：社民党实行"戈德斯贝格纲领"，从而纲领性地过渡成为一个全民政党。

1960 年：民主德国完成农业集体化。

1961 年：建造柏林墙。

1962 年："明镜事件"，导致了联邦国防部长弗朗茨·约瑟夫·施特劳斯（基社盟）的免职。

1963 年：美国总统约翰·菲茨杰拉德·肯尼迪访问柏林。

1963 年：总理康拉德·阿登纳（基民盟）辞职，路德维希·艾哈德（基民盟）成为继任者。

1964 年：一个葡萄牙人作为第一百万个外籍工人在科隆受到欢迎。

1966 年：在路德维希·艾哈德辞职后，库尔特·乔治·基辛格（基民盟）组建了一个执政大联盟。

1967 年：柏林大学生本诺·欧内索格在沙阿集会时，被警察射杀。

1968 年：对学生领袖鲁迪·杜契克的暗杀，引发了全国范围针对出版商阿克塞尔·凯萨·斯普林格的抗议。

1968 年：联邦议院通过了《紧急状态法》。

1968 年：民主德国拥有了一部新宪法。

1969 年：联邦议院大选：维利·勃兰特（社民党）组建了一个社民党和自民党联盟的政府。

1970 年：勃兰特的东方政策：《莫斯科条约》和《华沙条约》。

1971—1990 年

1971 年：瓦尔特·乌布利希的统一社会党领导人位置被撤换，继任者为埃里希·昂纳克。

1972 年：针对勃兰特的建设性不信任投票失败，在提前的联邦议院大选中，社民党成为最强大的党派。

1972 年：在德国举行奥林匹克运动会，慕尼黑奥运村遭到恐怖袭击。

1973 年：两个德国成为联合国成员。

1973 年：石油价格猛涨，实行无车星期天。

1974 年：纪尧姆事件导致勃兰特辞职，赫尔穆特·施密特（社民党）成为新任联邦总理。

1977 年：雇主联合会主席汉斯·马丁·施莱尔，被"红军派"（RAF）绑架并谋杀。

1980 年：绿党成为联邦层面的政党。

1980 年：新纳粹制造了（慕尼黑）啤酒节恐怖袭击。

1981 年：针对在布罗克多夫建造核电站的抗议示威。

1982 年：社民党–自民党联合执政失败后，赫尔穆特·科尔（基民盟）当选为联邦总理。

1985 年：德国投降 40 周年，联邦总统里夏德·冯·魏茨泽克发表讲话。

1985 年：17 岁的网球职业选手鲍里斯·贝克尔，成为德国第一位、同时也是至此最年轻的温布尔登网球公开赛冠军。

1986 年：切尔诺贝利核反应堆"超级最大可信事故"，对联邦共和国造成影响。

1989 年：德意志民主共和国成立 40 周年，埃贡·克伦茨接替埃里希·昂纳克，成为统一社会党党首。

1989 年：柏林墙倒塌，民主德国所有边境向西方开放。

1990 年：第一次，也是唯一一次自由的人民议会选举。

1990 年：德意志民主共和国加入联邦共和国，德国经 40 多年分裂后实现统一。

自 1991 年

1991 年：柏林将成为议会及政府所在地。

1994 年：盟军撤离联邦德国。

1994 年：迈克尔·舒马赫第一次赢得一级方程式冠军——他以 7 个冠军成为世界冠军纪录保持者。

1995 年：为东部建设而设的团结附加税。

1995 年：护理保险金开始支付。

1998 年：赫尔穆特·科尔在执政 16 年后败选，格哈特·施罗德（社民党）组建了一个红绿执政联盟。

1999 年：科索沃战争，联邦国防军自建立后的第一次参与战斗行动。

1999 年：议会及政府迁入柏林。

2001 年：在纽约和华盛顿遭到恐怖袭击后，给美国以"无限声援"，参与阿富汗战争。

2002 年：欧元取代了马克和芬尼。

2003 年：社会改革"2010 议程"。

2005 年：议院选举后，第二次大联盟执政，基民盟主席安格拉·默克尔，成为第一位女性联邦总理。

2008 年：金融危机及经济萎缩。

2011 年：义务役征兵制被中断，联邦国防军转变成为志愿军。

2011 年：连环谋杀案事件，国家社会主义地下组织（NSU）新纳粹小组被发现并揭露。

2014 年：德国足球队第四次成为世界冠军。

2015 年：为难民开放德国边境，联邦总理默克尔说："我们能做到！"

2017 年：联邦议院通过"婚姻平权"法案。